KB240887

현금흐름 분석과 현금흐름표 작성

박길동(회계사) 지음

Part I 현금흐름의 이해와 분석
Part II 현금흐름표 작성

경영활동과 기업가치 개선

가치창출 관점에서 분석한 재무제표

현금흐름의 이해와 분석 사례

현금흐름표 작성원리와 실무적용

개정
증보판

SAMIL | 삼일인포마인

www.samili.com 사이트 **제품몰** 코너에서 본 도서 **수정사항**을 클릭하시면 정오표 및 중요한 수정 사항이 있을 경우 그 내용을 확인하실 수 있습니다.

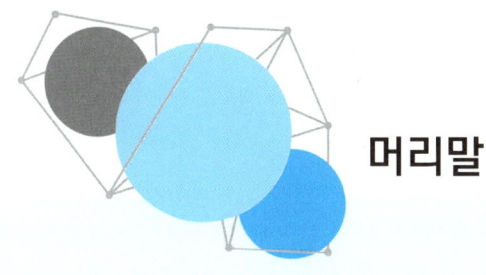

머리말

본서는 다음을 목적으로 하고 있습니다.

첫째, 현금흐름에 대한 이해와 분석 능력 배양
둘째, 현금흐름표 작성 방법 해설

🔵 현금흐름의 이해와 분석

회사의 존재이유는 무엇일까요? 물론 다양하겠지만 이익과 현금 창출이 기본임은 부정하기 어렵습니다.

손익계산서와 재무상태표는 중요한 재무정보입니다. 그러나 발생주의에 따라 작성되어, '현금'을 제대로 설명하지 못한다는 약점이 있습니다. 따라서 현금흐름표에 대한 정확한 이해가 필요합니다. 여러 재무지표와 현금흐름을 통해 회사의 문제점을 파악하고 개선점을 도출해야 합니다.

현금흐름을 제대로 분석하기는 어렵습니다. 분석 결과를 보면 천편일률적입니다. 단편적인 분석은 잘못된 결과를 가져오기 십상입니다. 흔한 결론 중의 하나는 고정비를 감축해야 수익성과 현금흐름이 좋아진다는 것입니다.
그런데 고정비의 본질은 무엇일까요? 과연 고정비는 줄어들 수 있을까요?

알고 있는 개념들을 다시 되돌아 볼 필요가 있습니다.

기업가치가 좋아져야 현금흐름이 원활해지고 현금이 증가합니다. 따라서 가치 창출 관점에서 경영활동을 이해해야 합니다. 사업 관점에서 자산과 부채의 구성을 바라봐야 합니다. 기본 재무정보뿐만 아니라 현금흐름표를 해석하고, '현금'의 추세를 살펴봐야 합니다. 그리고 레버리지 효과, 운전자본 관리, 자금운용 정책, 사업 포트폴리오 재편 등 다양한 관점에 따라 살펴보고 종합적으로 판단해야 합니다.

PART Ⅰ에서는 여러 개념을 사례로 쉽게 설명하고자 하였습니다. 각론이 아닌 총론으로 접근했습니다. 누구나 쉽게 읽고 현금흐름과 가치 활동에 대해 생각하는 시간을 갖고자 했습니다. 그러나 중요한 메시지는 일관성 있게 강조하고자 노력하였습니다.

사람마다 현금흐름에 대한 분석기법과 판단은 다를 수 있습니다. 제한된 자료와 한정된 지면이라는 특성상 본서의 사례분석도 부족한 점이 있을 것입니다. 그럼에도 본서의 접근방법은 기업실무에 도움이 될 것으로 확신합니다.

🔵 현금흐름표 작성

현금흐름을 제대로 파악하려면 현금흐름표에 대한 이해가 선행되어야 합니다. 반드시 기업실무에서 직접 현금흐름표를 작성하고 그 의미를 숙지해야 합니다.

실무에서는 현금흐름표 작성에 어려움을 토로합니다. 그러나 현금흐름표의 원리는 사실 매우 단순합니다. 원리를 명쾌하게 설명하고자 하였고, 계정과목별로 구체적인 적용 과정을 기술했습니다.

기업실무에서는 대부분 정확성과 완전성이 검증되는 정산표 방식을 채택하고 있습니다. 따라서 본서도 정산표 방식을 중심으로 내용을 전개했습니다. 현금흐름표 원리와 각 계정 과목별 회계처리를 떠올리며 양식에 따라 예제를 살펴보면, 자연스럽게 실무에 접목될 것입니다.

본서는 많은 사례와 해석이 포함되어 있습니다. 교과서적인 견해뿐만 아니라 일부 사견 (私見)도 포함되어 있습니다. 이는 사례에 대한 접근과 해석을 위해 불가피한 것임을 양해 바랍니다.

PART Ⅰ과 PART Ⅱ는 분철이 가능하도록 구성되어 있습니다. 편의에 맞게 사용하시기 바랍니다.

🔵 감사의 말씀

저에게 출간은 얄팍한 지식과 유치한 문체(文體)를 드러내는 부끄러움을 동반합니다. '이미 수많은 현금흐름 관련 책이 있는데, 굳이 한 권을 추가할 필요가 있을까? 독자들의 시간과 비용을 낭비하지는 않을까?'라는 걱정도 있었습니다. 그러나 본서를 이용하신 Junior CPA와 기업 실무자분들의 Feedback에 힘을 얻어 2024년 개정판을 출간합니다.

많은 분들의 도움으로 완성도가 높아졌습니다.

집필 과정을 지켜보며 용기를 북돋아 준 김현준 대표님, 원고를 읽고 많은 조언을 주신 K님, 이중욱 선생님, 오택근 선생님 그리고, 책이 출간되기까지 아낌없이 지원해 주신 삼일인포마인의 이희태 대표이사님과 임직원을 비롯한 많은 분들께 감사드립니다.

마지막으로 저와 같이 무형자산을 공유하고 있는 MS와 MD에게 고마운 마음을 이 책으로 대신합니다.

2024년 5월
저 자

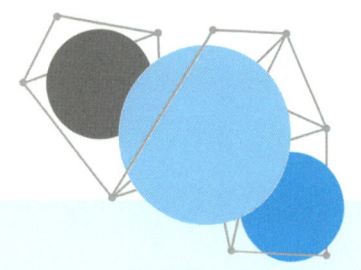

차례

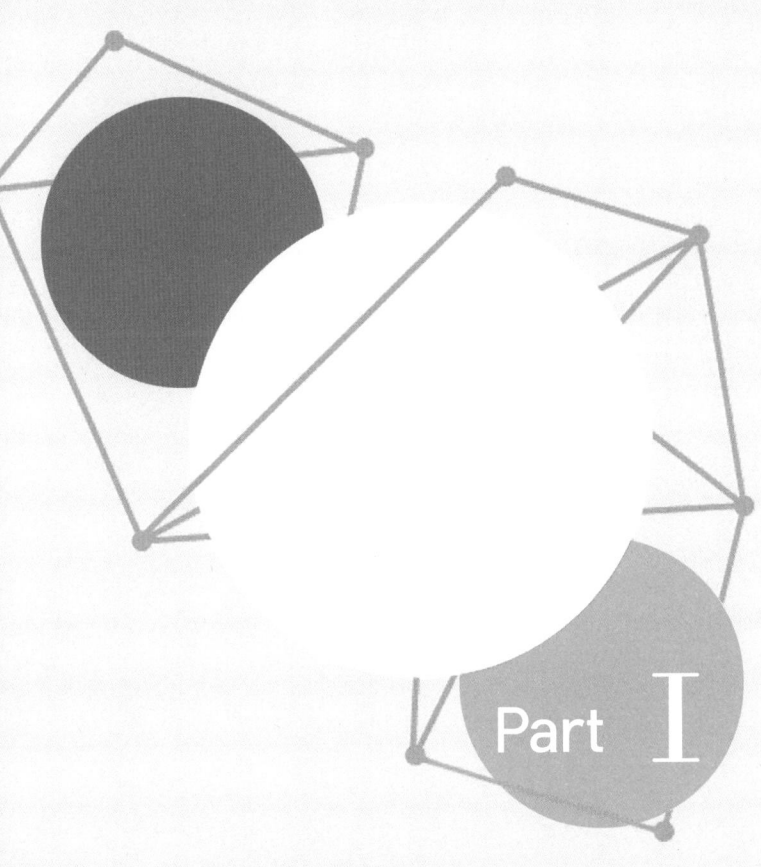

Part I

현금흐름의 이해와 분석

현금흐름를 분석하고 해석하는 과정은 만만치 않습니다. 단편적인 분석은 잘못된 결론으로 귀결될 수 있습니다. 자칫 회사의 가치를 훼손할 수 있는 정책을 시행할 수도 있습니다.

현금흐름에 대한 이해와 분석은 다음과 같은 여러 개념을 필요로 합니다.

- 현금순환주기와 가치 창출 과정
- 가치창출 요소에 대한 이해
- 기업가치 평가
- 재무제표 간 상관관계
- 변동비와 고정비, 레버리지 효과
- 운전자본 관리 등

〈PART I〉에서는 여러 재무 개념에 대한 정확한 이해를 도모합니다. 익숙했던 여러 개념을 비틀어 보고 종합적인 통찰을 시도합니다. 회계처리가 아닌, 가치창출 관점에서 재무제표를 살펴봅니다. 본서는 숲을 보고 나무를 바라보는 접근방법을 취하고 있습니다.

본서는 어떤 상황에서나 적용될 수 있는 절대반지를 제공하지는 않습니다. 이미 알고 계신 내용들을 되짚어 보고, 고민하는 시간을 가졌으면 합니다.

〈PART I〉은 여러 사례를 제시하고 있습니다. 특히 〈제6장〉은 기업들을 분석하고 있습니다. 〈PART II〉에서 다루고 있는 내용이 선행된다면 보다 깊이 있는 이해가 가능할 것입니다.

제1장

경영활동과 핵심역량

01 현금순환 주기

(1) 기업의 경영활동

회사가 존속하는 이유는 무엇일까요? 정통적인 이론은 이윤을 추구한다는 '경제적 목적론'을 지지하고 있습니다. 그러나 최근에는 이윤 이외에도 기업이 사회적 책임을 추구한다는 '목적다원설(企業目的多元說)'이 보다 널리 받아들여지고 있습니다. 그러나 목적다원설도 이윤 추구 자체를 부정하지는 않습니다. 다만 이윤을 목적 달성에 따른 사회적 보상으로 본다는 관점에 차이가 있을 뿐입니다.

많은 회사들이 사회적 책임을 포괄한 경영 이념을 내세우고 있습니다. 그러한 경영 이념도 '이익과 현금'이 전제되어야 합니다. '인간 중심'을 내세우더라도 손실이 발생하고 현금이 부족하여 계속기업이 불확실해지면 구조조정이 발생합니다. '인간 중심'에 반대되는 명예퇴직 등이 부득이하게 발생합니다. **지속 가능한 경영을 위해서는 이익과 현금이 반드시 뒷받침되어야** 합니다.

이러한 관점으로 기업의 경영활동을 단순화시켜 볼까요?

> **기업의 활동**
> '돈과 사람 등 자원을 모아, 무엇인가에 투자하여, 이익을 창출한다.'

🔹 재무제표와 경영 활동의 관계

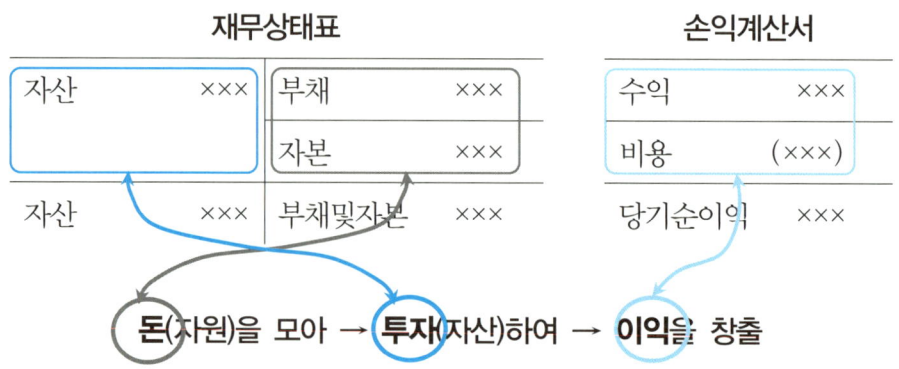

회계는 기업의 경영활동을 수치화하여 체계적으로 보여줍니다.

① 자원을 모은 내역 : 남의 돈(차입금 등 부채)과 나의 돈(자본)이 어떻게 구성되어 있는가? → 재무상태표의 오른쪽

② 투자한 내역 : 투자한 자산은 어떻게 구성되어 있는가? → 재무상태표의 왼쪽

③ 이익을 창출한 내역 : 어떻게 이익을 창출하였는가? → 손익계산서

회사의 경영활동을 살펴보려면 재무제표를 정확하게 해석하고 판단할 필요가 있습니다. 그런 목적으로 부채비율이나 이자율보상배율 등 여러 지표가 개발되었습니다. 재무제표를 해석하고 분석하는 다양한 책들을 찾아 볼 수 있습니다.

계정과목 별로 세부적인 내용을 설명하고 그 관계를 분석하는 것도 필요합니다. 그러나 보다 중요한 것은 전체적인 그림을 다양한 관점에서 이해하고, 현황과 결론을 통찰할 수 있어야 합니다. 큰 관점에서 이슈를 파악하고 방향을 설정한 이후 각론으로 들어가는 것이 적절합니다. 물론 각론에서 제기되는 이슈는 총론에 다시 반영되고 정합성이 유지되는지 살펴보아야 합니다.

본서는 그러한 관점에서 접근하고 있음을 전제하기 바랍니다.

(2) 현금순환주기

회사의 경영활동을 단순화시켜 봅시다.

• 구매 활동 : 보유하고 있는 현금으로 원재료를 구매
• 생산 활동 : 생산공정에 원재료를 투입하여 제품을 생산
• 판매 활동 : 생산된 제품을 판매
• 현금 회수활동 : 외상으로 판매되어 발생된 채권을 회수

현금순환주기

현금 ⟶ 원재료 ⟶ 제품 ⟶ 매출채권 ⟶ **현금**
　　　　구매　　　　　생산　　　　영업

[Question]
① 현금순환주기에서 가장 중요한 활동은 무엇인가?
② 더 많은 돈을 가지기 위한 방법은 무엇인가?
③ 재고자산과 매출채권의 역할은 무엇인가?

현금순환주기는 원재료를 구매하는 시점부터 채권을 회수하는 시점까지입니다. 현금이 원재료, 제품, 매출채권으로 바뀌었다가 다시 현금으로 되돌아오는 사이클입니다. 그리고 수익성이 있다고 함은, 출발점의 현금보다 마지막에 회수한 현금이 더 큰 것을 의미합니다.

잠시 생각해 봅시다. 현금순환주기에서 중요한 활동은 무엇일까요? 즉, 수익성 있는 기업이 되기 위한 핵심 활동은 무엇일까요?

원재료를 저렴하게 구입하고 제품을 더 비싸게 판매하면 수익성이 증가합니다. 그러나 경쟁 시장을 전제하면 동일한 제품을 남들보다 더 싸게 사고 더 비싸게 팔 수 없습니다. 좋은 거래 관계가 있다면 일시적으로 가능하겠지만 결국은 정상 가격으로 돌아갑니다.

현금순환주기에서 중요한 활동, 즉 수익성이 있는 기업이 되기 위한 핵심 과정은 다음과 같습니다.

- **생산 활동 : 좋은 제품을 생산하는 과정**
- **영업 활동 : 생산된 제품을 외부에 적절하게 전달하는 과정**

따라서 일반적인 회사에서는 공장장과 영업담당 임원이 많은 권한과 의무를 가지게 되죠.

생산활동과 영업활동

생산활동은 회사 자체 내에서 가치를 창출하는 과정이며, 영업활동은 이렇게 창출된 가치를 외부에 전달하는 과정입니다. 아무리 회사가 가치가 있는 기술이나 제품이 있다고 주장해도, 외부에 적절하게 전달하지 못하면 (즉, 팔지 못하면) 수익성이 없습니다. 그리고 영업 능력이 좋아도 좋은 제품이 없으면 저가로 판매할 수밖에 없어서 수익성이 낮습니다.

따라서 기업의 경쟁우위를 유지하려면 다음사항이 필수입니다.
① 외부에서 필요로 하거나, 외부의 필요를 창출할 수 있는 기술이나 제품이 무엇인지를 정의(전략)
② 그 기술과 제품을 창출하기 위한 내부적인 노력(생산)
③ 생산된 결과물을 외부에 전달(영업)

가치를 창출하는 자산

기업가치를 창출하는 데 사용되는 자산은 무엇인가요?

① 생산활동에 사용되는 자산 : 공장 설비 등의 유·무형자산과 기계를 다루는 사람(인적자원)

② 영업활동에 사용되는 자산 : 영업활동을 수행하는 사람(인적자원)

즉, 유·무형자산과 사람이 회사에서 가장 중요합니다.

재고자산이나 매출채권은 그 자체가 가치창출에 크게 기여하지는 않습니다. 안정적인 생산과 판매를 위해 부득이하게 보유하는 자산으로 보시는 것이 더 정확합니다.

(3) 돈을 더 많이 보유하기 위한 방법

현금순환주기에 대하여 조금 더 살펴보겠습니다. 그리고 더 많은 돈을 가지기 위한 방법을 생각해 봅시다.

앞서 생산활동과 영업활동이 가장 중요하다고 했습니다. 따라서 생산활동과 영업활동을 개선하는 것이 더 많은 돈을 가지는 첫 번째 방법입니다.

그리고 또 무엇이 있을까요? 현금순환주기를 단축하는 것입니다. 원재료 구매부터 외상대금을 회수하기까지의 주기가 짧을수록 좋습니다. 예를 들어 보겠습니다.

	꽃등심 식당	콩국수 식당
판매 단가	50,000원	10,000원
이윤	20,000원	4,000원
Table 회전 시간	2시간	15분

꽃등심을 팔려면 숯불도 지펴야 되고, 고기를 굽는 등 시간이 많이 걸립니다. 반면, 콩국수집은 Cycle이 짧아 2시간 동안 8번 회전이 가능합니다. 두 식당이 2시간 동안 남기는 이윤을 계산하면 다음과 같습니다.

• 꽃등심 : 20,000원

• 콩국수 : 4,000원 × 8번 = 32,000원

마지막으로 돈을 더 많이 가지기 위한 방법은 **재고자산과 매출채권을 줄이는 것입니다.** 재무상태표를 떠올려 보면 '자산 = 부채 + 자본'입니다. 부채와 자본의 합이 동일하다고 가정해 봅시다. 다음 그림에서 보듯이 매출채권과 재고자산이 줄어든다면 상대적으로 현금은 증가합니다.

⏺ 채권과 재고자산은 현금의 또 다른 모습!

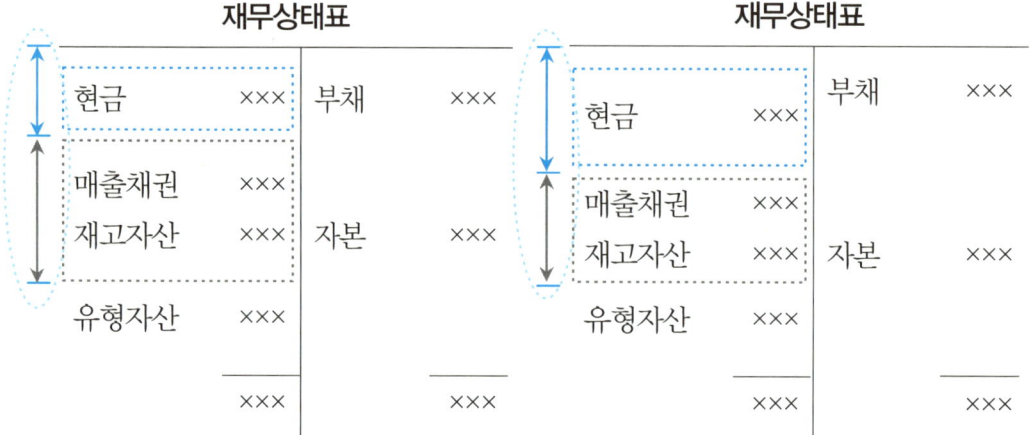

재무상태표			
현금	×××	부채	×××
매출채권	×××		
재고자산	×××	자본	×××
유형자산	×××		
	×××		×××

재무상태표			
현금	×××	부채	×××
매출채권	×××		
재고자산	×××	자본	×××
유형자산	×××		
	×××		×××

재고자산과 매출채권의 역할

현금순환주기를 통해 유형자산과 무형자산이 중요하다고 하였습니다. 그렇다면 현금순환주기에 있는 다른 자산 즉, 재고자산과 매출채권의 성격은 무엇일까요?

원재료와 제품 즉, 재고자산과 매출채권은 현금의 또 다른 모습입니다. 가치 창출에 크게 기여하지는 않습니다. 오히려 기업의 유동성을 개선시키려면, 현금의 또 다른 형태인 재고자산과 매출채권은 가능한 최소화되는 것이 바람직합니다.

그렇다면 기업이 가치를 창출하는 데 크게 도움이 되지 않는 원재료와 제품 그리고, 매출채권을 보유하는 이유는 무엇일까요? 그 이유는 생산활동과 영업활동을 원활하게 진행하기 위함입니다. 원재료를 적당히 보유하고 있어야 생산에 차질이 없습니다. 그리고 판매를 위해 안전재고도 필수불가결합니다. 그러나 그 성격은 핵심 활동인 생산활동과 영업활동을 보조하기 위한 것이며, 그 자체로 가치가 창출한다고 보기 어렵습니다.

재고자산과 매출채권이 많으면 진부화 위험이나 회수불이행 위험만 커집니다. 따라서 이러한 위험을 최소화하고 유동성을 개선하려면, 적정 규모 이상의 재고자산과 매출채권은 보유하지 않는 것이 바람직합니다.

현금순환주기

현금 $\longrightarrow$ 원재료 $\longrightarrow$ 제품 $\longrightarrow$ 매출채권 $\longrightarrow$ 현금
구매 *생산* *영업*

[Question]
① 현금순환주기에서 가장 중요한 활동은 무엇인가?
② 더 많은 돈을 가지기 위한 방법은 무엇인가?
③ 재고자산과 매출채권의 역할은 무엇인가?

현금을 더 많이 가지기 위한 방법

• 제조활동과 영업활동의 개선
• 현금순환주기 단축
• 재고자산과 매출채권 관리

02 레버리지와 위험

신문이나 방송을 보면 고정비를 감축해야 한다는 이야기가 자주 나옵니다. 고정비는 감축할 대상이며, 감축할 수 있을 것처럼 느껴집니다. 과연 그럴까요?

변동비와 고정비에 대한 개념은 많이 들었습니다. 그래서 익숙합니다. 그러나 오히려 잘못 이해하고 있는 경우도 많습니다. 본 장에서는 변동비와 고정비를 다시 생각해 보고, 고정비에 대한 선입견을 검토해 보고자 합니다.

(1) 변동비와 고정비

변동비는 생산 수량이나 매출액에 비례하여 발생됩니다. 원재비, 판매수수료 등을 예로 들 수 있습니다. 반면 고정비는 생산 수량이나 매출과 무관하게 발생하는 지출입니다. 감가상각비나 무형자산상각비 등을 예로 들 수 있습니다.

인건비가 변동비인지, 고정비인지는 주의할 필요가 있습니다. 과거에는(지금도 상당수의 교과서에서는) 변동비로 분류하였습니다. 알바비는 변동비로 분류할 수 있겠지만, 정규직 인건비는 고정비로 간주하는 것이 적절합니다. 왜냐하면 알바는 자유롭게 수급이 가능하지만, 노동법 등의 강화로 정규직은 쉽게 줄일 수 없기 때문입니다.

정규직은 오랜 동안 회사에서 경험을 쌓고, 교육 등을 통해 경력을 개발하게 됩니다. 시간이 지날수록 소중한 자산이 됩니다. 따라서 쉽게 줄이거나 늘릴 수 없습니다.

산업화 이후에 사람이 수행하던 작업 중 상당 부분을 기계가 대체해 왔습니다. 앞으로 AI 등이 발달하면 기계장치 등의 비중은 더욱 커져갈 것입니다. 즉, **경제가 발달하면 변동비의 비중은 감소하고, 고정비 비중은 증가**합니다.

변동비의 원천이 되는 자산은 생산 수량이 감소하거나 증가할 때, 즉시 대응하여 조절할 수 있습니다. 그러나 고정비는 그렇지 않습니다. 예를 들어 생산수량이 감소한다고 해서, 즉시 정규직을 줄이고 기계장치를 처분하기 어렵습니다. 물론 거액의 명예퇴직금을 지급하고 기계장치를 고철로 처분할 수 있습니다. 그러나 많은 손실이 수반되므로 용이하지 않습니다.

변동비와 고정비

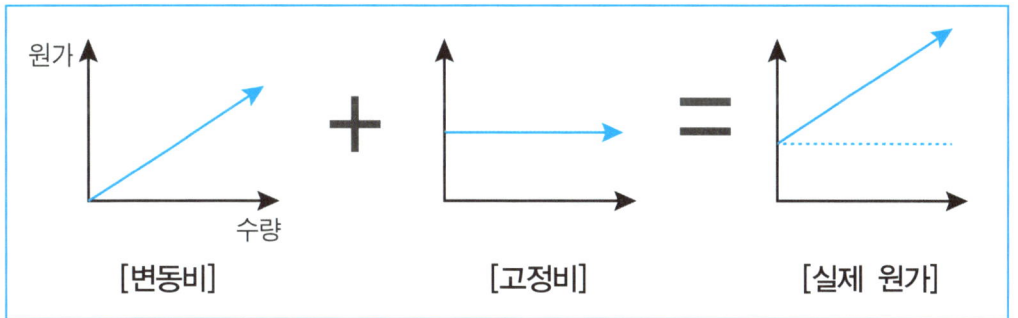

변동비	고정비
• 생산 수량(또는 매출)에 비례하여 발생	• 생산 수량(또는 매출)과 무관하게 발생
• 원재료, 판매수수료, **알바비**	• 유형자산, 무형자산, **인건비**

장기적으로는 모두 고정비!

변동비와 고정비는 단기적인 관점에서 구분되는 개념입니다. 장기적으로는 모든 지출이 변동비입니다. 생산량이 100,000개인 기계장치를 구입하면, 100,000개의 제품을 생산할 때까지는 고정비에 해당합니다. 그러나 1년에 생산량이 100,000개씩 지속적으로 증가한다고 가정해봅시다. 그렇다면 매년 기계장치를 1대씩 사야 합니다. 따라서 장기적인 관점에서는 변동비에 해당합니다.

(2) 고정비와 영업레버리지

다음 예를 통해 변동비와 고정비에 대한 개념을 살펴보겠습니다.

A氏는 동네에 마트를 개설하려 합니다. 두 가지 대안을 놓고 고민 중입니다.

	대안 1	대안 2
운반도구	자전거	트럭
인원 구성	알바 3명	정규직 1명, 알바 2명

대안 2의 단점은 마트 개설 시점에 거액의 투자비가 든다는 것입니다. 트럭을 사려면 많은 돈이 필요합니다. 게다가 정규직 1명을 채용하면 4대 보험료뿐만 아니라 장사가 되지 않는다고 쉽게 자를 수도 없습니다.

반면, 대안 1은 자전거만 필요합니다. 초기 비용이 적습니다. 그리고 매출 정도에 따라 알바를 고용하면 되므로 부담도 적습니다.

그런데 대안 2의 장점도 있습니다. 매출이 증가하여 운반량이 크더라도 트럭을 이용하면 손쉽게 빠른 시간에 운반할 수 있습니다. 규모의 경제효과가 발생하지요.

그리고 정규직과 알바는 아무래도 업무 자세(Attitude)가 다를 수밖에 없습니다. 정규직은 오래 근무하기에 물건 진열이나 물품 구매 등에 노하우가 쌓입니다. 업무를 효율적으로 할 수 있습니다. 또한 손님을 더 정성스럽게 대하고, 알아서 청소도 열심히 합니다. 정규직은 단골이 늘어야 직장이 유지되고, 월급도 인상되기에 업무에 애정을 가지게 됩니다.

우측에 있는 대안 1과 대안 2의 매출에 따른 손익변동 추세를 살펴봅시다.

	대안 1	대안 2
고정비	낮음	높음
손익분기점	낮음	높음
매출이 적을 경우	손실이 적음	손실이 큼
매출이 클 경우	이익이 적음	이익이 큼

🌐 영업레버리지 효과

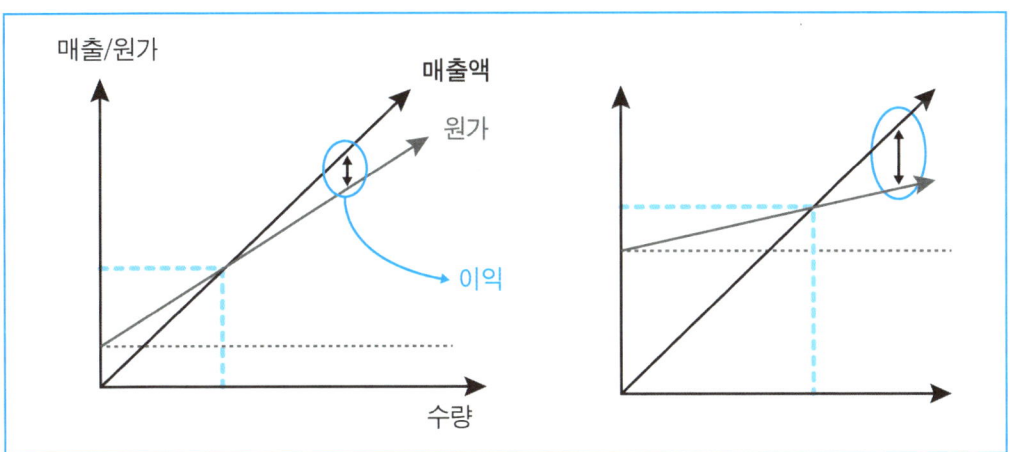

<table>
<tr><td>

대안 1

• 자전거
• (규모에 따라) 알바 고용
   * 알바 수는 매출정도에 따라 결정

</td><td>

대안 2

• 트럭 + 정규직 1명
• (필요 시) 알바 고용
   * 알바 고용은 매출 정도에 따라 결정

</td></tr>
</table>

　유형자산이나 정규직과 같은 고정투자가 클수록 손익분기점은 높아집니다. 그리고 매출 변동에 따라 손익의 변동이 큽니다. 따라서 장사가 잘되면 이익이 급증하지만, 장사가 안 되면 거액의 손실이 발생합니다. 요약하면 **고정비(트럭, 정규직)에 대한 투자가 클수록 이익의 변동은 커집니다. 이를 영업레버리지라고 합니다.**

　영업레버리지는 고정비를 가지고 있다는 사실 자체에서 발생합니다. 그리고 보유하고 있는 고정비의 비중이 클수록 영업레버리지가 증가합니다. 또한 (무형자산과 같이) **보유하고 있는 자산 자체에 리스크(Risk)가 있다면 영업레버리지는 더 증가합니다.** 리스크와 자산의 관계는 뒤에서 자세하게 살펴보겠습니다.

(3) 차입금과 재무레버리지

사업자금이 부족하면 대출을 받게 됩니다. 사업자금 중 일부가 차입금이라면 내가 투입할 자본은 감소합니다. 물론 그 대가로 이자를 지급해야 합니다.

이자비용을 제외한 잔여 이익이 나(주주)에게 귀속되는 금액입니다. 주주들은 이자를 지급하고도 잔여 이익이 있어야, 배당금을 받을 수 있습니다.

자금을 공급하는 대가로 금융기관은 이자를 받게 되고, 주주들은 배당을 받게 됩니다. 손실이 발생해도 이자비용은 반드시 지급되어야 합니다. 이자를 지급하지 않으면 부도가 납니다. 반면, 주주들은 잔여 이익이 있어야 배당을 받을 수 있습니다. 자금을 제공한 대가를 받는 순위 측면에서는 주주가 불리합니다. 금융기관(부채)보다 주주(자본)는 후순위입니다.

그렇다고 주주가 항상 불리하지는 않습니다. 금융기관은 선순위이기 때문에 안정적이지만, 정해진 이자만 받습니다. 그러나 주주들은 잔여 이익이 커질수록 배당금도 커집니다. 주주들은 회사가 성장할수록 그 과실을 같이 나누어 가지게 됩니다.

차입금의 규모가 클수록 매출의 변동에 따라 (이자를 지급한 이후) 잔여 이익의 변동도 커지게 됩니다. 이를 재무레버리지 효과라고 합니다.

재무레버리지는 차입금(부채)이 있기 때문에 발생합니다. 그리고 차입금의 비중이 클수록 재무레버리지도 커집니다.

인건비의 변동비화?

정규직은 고정비라고 했습니다. 고정비는 영업레버리지로 인한 위험을 야기합니다. 회사는 위험을 회피하기 위하여 고정비보다는 변동비를 선호하는 경향이 있습니다.

최근 사모펀드(PEF)가 기업을 인수하는 사례가 빈번합니다. 사모펀드는 기업을 인수하여 수익성을 향상시킨 후, 비싼 가격으로 되파는 것을 목표로 합니다. 일반적으로 취득 후 3~5년 정도 지나면 처분합니다. 따라서 3~5년 즈음에 실적이 극대화되기를 원합니다. 10년 이후에도 수익성이 유지되는지에 대해서는 별 관심이 없습니다.

사모펀드는 인수 이후 유형자산을 분할 매각하고, 인원을 구조조정합니다. 고정비 비중을 줄이는 것이죠. 정규직을 줄이고 파견업체나 도급업체로부터 용역을 제공받습니다. **고정비를 변동비화** 하는 것입니다. 이를 통해 단기적으로 이익은 증가할 수 있지만, 기업의 핵심역량은 조금씩 소실될 우려가 있습니다.

인적자원의 분류

우리나라 경제가 발달하는 과정에서 인적자원은 큰 역할을 했다고 평가됩니다. 인적자원은 다음 중 어디에 속하는지 생각해 봅시다.
- 우수한 인적자원
- 저가(低價)의 풍부한 노동력

우수한 인적자원이라면 충분한 급여가 주어지고 회사의 자산으로 존중 받아야 합니다. 그러나 좋은 일자리는 적고, 취업은 매우 어렵습니다. 이 현상을 보면 우수한 인적자원에 대한 수요보다 공급이 훨씬 많음을 알 수 있습니다.

인건비가 상승함에 따라 외국인 노동자의 유입이 폭발적으로 증가했습니다. 기계의 발달로 자동화가 이루어지고 있습니다. 최근에는 최저임금 논란이 시끄러웠습니다. 저가의 인적자원에 대한 배려는 부족하고, 저가(低價)를 벗어나기에는 시간이 걸릴 듯합니다.

인적자원이 존중받는 구조로 변해야 합니다. 패러다임의 변화가 필요합니다. 존중받지 못하는 저가의 노동력을 내가 (또는 내 아이가) 제공하기는 싫습니다. **저출생** 추세는 기성세대에 대한 다음 세대들의 답장입니다.

- 매출액 100,000원, 영업이익률 20%인 사업이 있으며, 투자자금은 300,000원이 필요함.
  - 1안 : 300,000원을 전액 자기자본으로 조달
  - 2안 : 50,000원만 자기자본으로 하고, 250,000원은 차입(이자율 : 5% 가정)

[요구사항]

1. 1안과 2안에 따른 주주의 이익률을 계산하시오.
2. 만일 매출액이 30,000원으로 감소한 경우 1안과 2안에 따른 주주의 이익률을 계산하시오.

	매출 100,000원		매출 30,000원	
	1안	2안	1안	2안
영업이익	20,000	20,000	6,000	6,000
이자비용	–	(12,500)	–	(12,500)
순이익	20,000	7,500	6,000	(6,500)
투자한 금액	300,000	50,000	300,000	50,000
이익률	6.7%	15.0%	2.0%	(−)13.0%

[재무레버리지 효과]

- 차입금의 비중이 클수록
  → 매출의 변동에 따른 당기순이익의 변동 폭 ↑

재무레버리지, 차입금 비중이 클수록 → 순이익의 변동이 커지는 효과

- 재무레버리지 효과
  → 자본조달에 대한 의사결정 필요
    (재무상태표 오른쪽 – 부채와 자본의 구성)

- 단가가 1,000원인 제품에 대한 공정 설계를 준비중임.
- 공정설계에 대한 대안은 다음과 같음.
  - 1안 공정자동화 : 단위당 변동비 200원, 전체 고정비 50,000원
  - 2안 파견인원 : 단위당 변동비 600원, 전체 고정비 10,000원

[요구사항]
1. 50개를 판매할 경우 각 대안의 영업이익률을 계산하시오.
2. 200개를 판매할 경우 각 대안에 따른 영업이익률을 계산하시오.

	매출 50개(50,000원)		매출 200개(200,000원)	
	1안	2안	1안	2안
매출	50,000	50,000	200,000	200,000
변동비	10,000	30,000	40,000	120,000
고정비	50,000	10,000	50,000	10,000
영업이익	(10,000)	10,000	110,000	70,000
영업이익률	(−)20%	20%	55%	35%

[영업레버리지 효과]

- 고정비(유형자산, 무형자산)에 대한 투자가 많을수록
  - → 손익분기점에 도달하기 위한 판매 수량은 증가
  - → 손익분기점에 도달한 이후 이익 증가 폭 ↑

영업레버리지, 고정비 비중이 클수록 → 순이익의 변동이 커지는 효과

- 영업레버리지 효과
  - → 조달된 자금으로 **어떻게 투자할 것인가에 대한 의사결정**
    (재무상태표 왼쪽 − 자산의 구성)

03 투자와 구조조정

(1) 고정비와 사업전략

고정비는 유형자산과 인건비에 대한 투자임을 앞서 살펴보았습니다.

조선, 정유 및 시멘트산업은 장치산업입니다. 이러한 장치산업을 영위하는 회사의 재무제표를 살펴보면 유형자산의 비중이 매우 큽니다. 즉, 고정비가 큽니다. 이렇게 고정비가 큰 산업의 특징 중의 하나는 진입장벽이 높다는 점입니다.

향후 남북경협을 예상하고 북한에 건설투자가 급증할 것으로 예상하는 사업가가 있다고 가정해 봅시다. 그렇다고 그 사업가가 즉시 시멘트 회사를 창업하여 사업을 펼치기는 매우 어렵습니다. 왜냐하면 초기에 거액의 시설투자가 필요하기 때문입니다. 이와 같이 거액의 고정비 자체가 진입장벽을 만듭니다. 새로운 경쟁자가 진입하기 어렵습니다.

반대로 고정비가 낮은 산업은 진입장벽이 낮습니다. 따라서 수익성이 있다고 예상되면 경쟁자가 쉽게 진입합니다. 대표적으로 동네 치킨 가게를 생각해 보면 됩니다. 치킨 가게가 장사가 잘 되면 금방 새로운 치킨 가게가 옆 골목에 개업합니다. 따라서 고정비가 낮은 산업의 경우 진입장벽을 높이기 위한 전략을 반드시 강구해야 합니다.

🔹 진입장벽

- 고정비에 대한 투자가 많을수록 → 진입장벽 높음.
- 고정비가 적은 회사의 진입장벽은?

고정비가 낮은 산업에서는 진입장벽을 고정비가 아닌 다른 수단으로 높이고자 노력합니다. 예를 들어 브랜드나 고객 관계를 통한 진입장벽 구축입니다. 핸드백 회사는 광고 등을 통하여 브랜드의 가치를 높이고자 합니다. 브랜드가 진입장벽 역할을 만들기 때문입니다. 따라서 의류업체나 화장품회사 등 고정비 비중이 낮은 업종에서는 다양한 브랜드를 개발하고, 광고나 판촉활동에 집중하게 됩니다.

고정비 비중이 높은 산업은 손익분기점이 높다고 하였습니다. 그리고 매출 규모에 따라 이익의 변동이 심하다고 하였습니다. 따라서 고정비가 높은 회사는 가능한 빨리 손익분기점을 달성하기 위하여 노력하게 됩니다. 다양한 정책을 통해 고객을 끌어들여 손익분기점을 달성하기 위한 전략을 펼치게 됩니다.

고정비의 비중이 높은 산업은 독점시장이나 과점시장을 형성하기도 합니다. 과점시장에서는 제품 가격을 담합하는 경향이 있습니다. 신규사업자가 진입하려면 가격을 낮추고, 그렇지 않으면 가격을 높게 유지하여 초과수익을 추구하기도 합니다. 정유업이나 자동차산업 등을 보면 이해하기 쉬울 것입니다.

반면, 고정비가 낮은 산업은 담합이 어렵습니다. 담합을 했다 하더라도 신규 사업자에 의해 금방 그 담합이 깨지기 마련입니다. 그래서 완전경쟁시장과 같은 모습을 보입니다. 초과이익은 없거나 있더라도 오래 유지되기가 어렵습니다.

사업전략

	고정비 높은 기업	고정비 낮은 기업
유형자산	많음	적음
진입장벽	높음	낮음
전략	고객을 끌어들이는 전략	브랜드, 고객 관계 전략

[진입장벽과 수익성]

- 진입장벽 → 독점 또는 과점시장 → 초과수익
- 진입장벽이 없다면 → 완전경쟁 → 저조한 이익

(2) 고정비의 본질

부정적으로 해석되던 고정비가 진입장벽을 형성한다고 했습니다. 그리고 초과이익을 가능하게 하는 긍정적인 측면이 있다고 했습니다.

앞서 현금순환주기를 검토하고 회사에서 중요한 활동은 생산활동과 영업활동이라고 하였습니다. 생산활동과 영업활동이 가치를 창출합니다. 그리고 회사의 핵심역량을 형성합니다.

가치를 창출하는 자산은 다음과 같습니다.

① 생산활동에 사용되는 자산 : 공장 설비 등의 유·무형자산과 기계를 다루는 사람 (인적자원)

② 영업활동에 사용되는 자산 : 영업활동을 수행하는 사람(인적자원)

이렇게 가치를 창출하는데 핵심자산인 <u>유·무형자산</u>과 <u>사람(인적자원)</u>은 변동비입니까? 고정비입니까? 맞습니다. 고정비입니다.

회사의 성장을 위해서는 투자가 필수적입니다. 투자는 어디에 합니까? 공장을 증설하는 것이 투자입니다. 사람을 채용하여 훈련시키는 것이 투자입니다. 투자한다는 의미는 재고자산을 늘리거나 매출채권을 늘리는 것이 아닙니다. **투자의 대상은 고정비입니다.**

고정비, 즉 유형자산과 인적자원은 회사의 주된 활동을 가능하게 하는 자산입니다. 회사가 생산하는 제품이나 서비스를 가능하게 하는 원천입니다.

고정비의 본질

- 가치를 창출하는 핵심 자산
- 유·무형자산과 사람(인적자원)으로 구성
- 투자의 대상
- 핵심역량을 유지하고 증가시키기 위한 지출
- 현재 회사의 활동 및 전략과 연관됨

현재 영위하는 사업과 다른 사업을 계획하게 되면 새로운 고정비(공장과 임직원 등)가 발생합니다. 그러므로 **회사의 투자활동 현금흐름**을 면밀하게 살펴보면 **회사의 전략적 방향**을 파악할 수 있습니다.

흔히들 회사가 어려워지면 고정비를 줄이자고 합니다. 줄어듭니까? 일시적으로 줄어들 수 있습니다. 그런데 이는 고정비가 감소하였다기보다는 비효율적인 과정이 개선되거나, 지출을 이연시킨 경우가 대부분입니다. 정상적으로 지출되는 고정비는 줄일 수 없습니다.

고정비는 현재 생산하는 제품이나 서비스 때문에 발생됩니다. 따라서 현재 생산되는 제품과 서비스를 계속 제공하는 한 고정비는 줄어들지 않습니다. 다른 제품과 서비스를 제공해야 현재의 고정비가 없어집니다. 물론 다른 제품과 서비스에 따른 다른 종류의 고정비가 발생하겠지만요.

(3) 구조조정을 통한 고정비 감소?

회사가 어려우면 구조조정을 꾀합니다. 그리고 구조조정은 다음 두 가지를 수반합니다.
① 인원 감축
② 자산 매각

인원을 감축하면 당연히 향후 비용이 감소됩니다. 그리고 자산을 매각하면 자금이 유입되어 차입금이 감소됩니다. 좋아 보입니다.

장기적인 관점에서 생각해 봅시다.

제품을 생산하려면 공장이 있어야 합니다. 공장을 운영하고 생산 노하우를 보유하고 있는 사람도 필요합니다. 물론 업무 프로세스(Process)에 대한 매뉴얼(Manual)이 완벽하다면, 이에 의지하여 업무가 가능할 것입니다. 물론 그런 경우에도 인적자원이 필수적임은 말할 나위가 없습니다.

사람을 감축하면 장기적으로 좋지 않은 현상이 발생합니다. 똑똑하고 회사에 정말 도움이 되는 사람들이 먼저 퇴사합니다. 생산노하우를 가진 사람이 줄어듭니다. 따라서 시간이 지날수록 불량률이 증가합니다. 그리고 영업노하우를 가진 사람이 퇴사하여 영업능력이 악화됩니다.

즉, 사람을 감축하면 생산활동과 영업활동이 악화됩니다.

생산이나 영업부문보다는 연구개발 부서가 먼저 구조조정의 타겟(Target)이 되는 경우가 많습니다.

연구개발 부서는 현재 생산하는 제품과 서비스를 개선시키기 위해 노력하는 부서입니다. 향후 생산될 제품과 서비스를 개발하는 부서입니다. 연구개발 부서가 회사에 미치는 효과는 당장 나타나지 않을 수 있습니다. 그러나 핵심역량을 유지하고 개선하는 역할을 수행합니다.

연구개발 부서를 감축하더라도 당장은 부정적인 영향이 없을 수 있습니다. 그러나 결국에는 제품과 서비스의 경쟁력이 상실됩니다.

구조조정의 또 하나의 축인 자산매각을 생각해 봅시다.

공장에 고정비를 감축할 것을 지시했다고 가정해 봅시다. 그러면 수선유지활동이 감소하고, 재투자시점을 연기하게 됩니다. 장기간 수선을 소홀히 하고 재투자가 제때 이루어지지 않으면, 공장에 큰 사고가 나거나 생산효율이 저하됩니다.

물론 영업활동과 크게 관계없는 비영업용자산을 처분하면 차입금을 감축하는데 도움이 됩니다. 그러나 현재 사용하지 않는 토지라 하더라도 처분하면, 나중에 설비 증대가 필요하거나 신사업에 투자할 경우 아쉬움을 느끼는 경우가 종종 있습니다.

이와 같이 인원과 자산을 통한 구조조정은 한계가 있습니다. 인원과 자산의 처분으로 인한 효과는 제한적입니다. 결국 장기적으로 제품과 서비스의 질을 떨어뜨려 결국 부정적인 결과를 가져옵니다.

현재의 고정비는 지금 생산하는 제품과 서비스로 발생합니다. 따라서 현재 생산하는 제품과 서비스를 중단하지 않고 지속적으로 제공한다면 구조조정의 효과는 거의 없습니다.

영업활동이 부진한 이유는 고정비 때문이 아닙니다. 현재 '사업'이 좋지 않기 때문이죠. 따라서 **구조조정의 방향은 사업의 변경에 초점을 맞추어야 합니다. 회사의 사업 포트폴리오(Portfolio)를 재구축해야 합니다.** '사업'이 바뀌어야 고정비를 구성하는 인원과 자산이 변경될 수 있습니다.

요약하면 현재 '사업'의 변화가 없다면 고정비 감축은 불가능합니다. 억지로 고정비를 감축하면 의도치 않는 '사업'의 변화만 발생합니다.

장부에는 없지만 가치가 있다고 평가되는 무형자산들이 많습니다. 만일 고정비를 감축하면 이러한 자산들이 먼저 사라집니다. 그 결과로 회사의 가치가 하락할 수 있습니다. 장부에 없지만 가치를 인정받는 자산은 다음 장에서 다루어집니다.

다음 사례를 통해 구조조정에 대해 생각해 봅시다.

사례의 개요

- MD사는 안정적으로 수익이 발생하는 치킨사업을 영위하고 있음.
- MD사는 사업 확장을 위해 피자사업에 진출하였고, 투자자금으로 1,000원을 차입함. 그리고 100명을 신규 채용함.
- 주식시장이 앞으로도 상승할 것으로 판단하여 차입을 통해 500원을 투자함.
- 치킨사업에 경쟁자가 대거 진입함에 따라 수익성이 현저하게 하락함.
- MD사의 피자사업에 대한 역량이 강화되었고, 전체 시장도 성장 추세임.
- MD사는 치킨사업에 대한 구조조정을 계획함.

MD사는 안정적인 치킨사업을 영위하고 있습니다. 따라서 치킨사업(기존 사업)에 대한 영업레버리지는 안정적이라고 판단하고 있습니다. MD사는 더 큰 성장을 위해 신규 사업에 투자하기로 결정했습니다. 피자사업과 주식투자 이후 MD사의 재무제표는 다음과 같이 바뀌었습니다.

현재				투자 후			
현금	1,000	치킨부채	200	현금	1,000	치킨부채	200
치킨자산	1,000			치킨자산	1,000	피자부채	500
				피자자산	1,500	차입금	1,500
				투자주식	500		
		순자산	1,800			순자산	1,800

신규 투자는 영업레버리지의 증가를 가져옵니다. 따라서 향후 경기가 좋을 것이라는 확신이 없다면, 기존 사업의 영업레버리지가 안정적이거나 관리 가능한 시점에 신규 사업에 진입하는 것이 바람직합니다.

투자 전과 투자 후를 비교하면 다음과 같습니다.

① 고정자산이 1,000원에서 3,000원으로 증가하고, 임직원이 100명 증가하여 영업레버리지가 커짐.
② 차입금이 1,500원 증가하여 재무레버리지가 커짐.

투자 후 순자산은 1,800원으로서 투자 전과 동일합니다. 그러나 피자사업 진출과 주식투자로 고정자산 및 투자자산이 증가하고 임직원이 증가 되었습니다. 영업레버리지가 상승하였습니다. 게다가 차입금이 증가하여 재무레버리지도 크게 증가하였습니다.

Risk가 커진 구조로 변경된 것입니다. 따라서 경기가 좋으면 더욱 큰 이익이 발생하지만, 경기가 좋지 않다면 큰 손실이 발생하는 구조로 변경된 것입니다.

전체 레버리지 = 영업레버리지 × 재무레버리지

• 피자사업 지출로 인한 레버리지 증가 = 영업레버리지 ↑ × 재무레버리지 ↑
→ 매출이 증가하면 거액의 이익 발생, 매출이 감소하면 거액의 손실 발생

치킨사업이 악화되어 MD사는 구조조정을 실시하였습니다. 재무제표는 다음과 같이 변경되었습니다.

구조조정 이전				구조조정 이후			
현금	800	치킨부채	200	현금	800	피자부채	900
치킨자산	700	피자부채	900	피자자산	2,000	차입금	300
피자자산	2,000	차입금	1,500				
투자주식	700						
		순자산	1,600			순자산	1,600

구조조정은 다음을 목표로 하였습니다.

① 핵심역량 강화 : 피자사업의 역량 강화
② 영업레버리지 감소 : 수익성이 낮은 치킨사업 철수, 관련 임직원 감축
③ 재무레버리지 관리 : 투자자산을 처분하여 차입금 상환

구조조정을 통해 영업레버리지와 재무레버리지가 안정화되었습니다. MD사는 핵심역량을 강화하기 위해 피자사업과 관련된 R&D 투자를 강화하거나 M&A를 시도할 수도 있을 것입니다.

일식집의 구조조정

경기가 좋지 않습니다. 강남에서 고급 일식집인 '후쿠시마 스시'을 운영하는 A氏는 요즘 고민입니다. '후쿠시마 스시'의 주된 메뉴는 저녁에 1인당 15만원인 정식입니다. 가격이 상당하다 보니 주로 접대를 위해 찾는 손님들이 많습니다.

'후쿠시마 스시'는 고급 일식집으로 포지셔닝(Positioning)을 했습니다. 인테리어가 고급입니다. 모든 테이블은 각각 방으로 독립되어 있습니다. 그리고 방마다 난초와 생화를 구비하여, 분위기를 북돋았습니다. 접객하는 직원도 고급스러운 기모노를 입고 예의를 다하도록 교육받습니다. 접객요원은 2 테이블만 담당합니다. 서비스에 부족함이 없도록 신경 쓰고 있습니다. 제공하는 음식은 고급 접시에 담고, 상차림(Plating)에도 심혈을 기울입니다.

그러다 보니 돈이 많이 듭니다. 고급 접시는 종종 깨지고, 난초도 관리해야 합니다. 생화는 때가 되면 갈아 주어야 합니다. 기모노는 비싸고, 세탁비도 상당합니다.

A氏는 고정비 부담으로 손실이 크다고 판단하고, 몇 가지 방안을 강구했습니다.

- 생화 대신에 관리비가 적은 조화로 데코레이션한다.
- 고급 접시는 깨지지 않는 플라스틱 접시로 대체한다.
- 기모노 대신에 편한 옷을 입고 접객한다.
- 1인당 2 테이블이 아닌 5 테이블까지 서빙하여 직원을 줄인다.
- 상차림(Plating) 시간을 줄여 직원을 줄인다.

이렇게 고정비를 절감한 결과 분위기는 예전보다 소박해졌습니다. 대신 A氏는 음식량을 더 많이 제공하고, 가격을 15만원에서 10만원으로 내렸습니다.

A氏의 전략은 성공할까요? 단기적으로는 이익이 증가할 수 있습니다. 종전 서비스를 기대하고 단골들이 올 것입니다. 그러나 장기적으로 단골들은 다른 일식집을 찾게 됩니다. '후쿠시마 스시'의 핵심역량은 고급 일식집이라는 정의에 부합되는 서비스와 분위기였습니다. 그러나 고정비를 감소시킴에 따라 더 이상 고급 일식집이 아닌 대중 음식점으로 변경되었습니다. **'사업'이 변경된 것입니다.** 고급 일식집으로서 핵심역량이 그대로 유지되기는 어렵기에, 종전 손님들이 더 이상 오지 않은 것입니다.

구조조정을 통해 '후쿠시마 스시'는 고급 일식집이 아닌 대중음식점으로 바뀌었습니다. 경쟁자도 일반 실비횟집으로 변경될 것입니다. 이제는 분위기와 서비스가 아닌 가성비가 핵심역량이 될 것입니다.

D그룹의 구조조정 (2020.9.6. 아시아경제)

지난 4일 D그룹이 ▲자회사 1 지분 처분 ▲자회사 2 지분 매각 ▲신사업을 영위하는 회사의 오너 지분을 D사에 무상 증여 ▲자회사 3의 1조 3,000억원 규모 유상증자 등을 대거 발표했다. ××증권 연구원은 "이외에도 ××골프장과 사옥매각도 마무리 단계다."라며 "연말까지 자회사 4가 매각되면 D그룹의 구조조정이 마무리될 것"이라고 전망했다.

사옥이 매각이 완료되면 약 1조 1,000억원 수준을 확보할 전망이다. 이 자금 중 5,800억원 가량은 자회사 3의 유상증자에 참여하고 나머지는 차입금 상환에 활용할 것으로 보인다. 지분 매각, 유증참여, 차입금 상환이 마무리되면 D사의 순차입금은 약 9,000억원으로 감소할 것이란 분석이다.

그룹의 핵심인 자회사 3의 재무 리스크도 상당부분 해소될 것으로 기대된다. 연구원은 "자회사 3은 오너로부터 신사업을 영위하는 회사의 지분을 무상증자 받고 여기에 유상증자, 골프장 매각 등을 더해 현금 약 1조 4,000억~1조 5,000억원 가량을 확보하게 된다."며 "자회사 4의 지분매각이 성공리에 마무리 될 경우 총 3조원 이상의 자본확충 효과가 기대된다."고 설명했다.

한편 자회사 3은 두 차례 명예퇴직을 통해 890여명이 회사를 떠났다. 만 45세 이상 직원 2,600여명을 대상으로 1차 명예퇴직 신청을 받았다. 당시 약 1,100명 수준의 인원 감축을 목표로 했지만, 신청자가 적어 추가 명예퇴직을 단행했다. 퇴직·휴업 인력 비율이 전체 직원의 약 19%를 차지하는 셈이다.

D그룹은 기존 사업 중 수익성이 낮은 사업에서 철수하고, 자회사를 매각하여 영업레버리지를 낮추었습니다. 여기서 자회사는 투자주식 개념의 투자자산이 아니라 '사업'을 의미합니다. 관련 내용은 〈제6장〉에서 설명합니다.

사옥과 골프장 등 핵심역량과 관련이 적은 자산을 적극적으로 처분하였습니다. 차입금을 상환하여 재무레버리지도 낮추었습니다. 그리고 새로운 신사업을 통해 핵심역량을 강화하는 구조조정을 단행하였습니다.

제**2**장

가치창출 관점의 재무상태표

01   재무상태표의 구성

현금순환주기를 통하여 살펴본 내용은 다음과 같습니다.

① 생산활동과 영업활동이 핵심이다. 그리고 생산활동과 영업활동에 활용되는 자산은 유·무형자산과 사람(인적자원)이다.

② 매출채권과 재고자산은 그 자체로 가치를 창출하지 않는다. 따라서 적정 규모 이상의 보유는 적절하지 않다.

(1) 재무상태표의 구성과 그 의미

〈예제 3〉을 통해 회사의 자산구성을 살펴봅시다.

예제 3   가치창출 관점의 재무상태표

• 5년전부터 매출액이 지속적으로 증가하고 있음.

• 증가되는 수요에 대응하기 위해 2년전 공장 CAPA를 2배로 증설함.

• 이로 인하여 작년부터 생산량은 대폭 증가하였으나, 매출은 그 정도로 증가하지 않아 재고자산이 증가함.

• 차입금에 대한 이자율은 4%임.

• A사의 재무상태표(단위 : 억원)

재무상태표

현금	1,000	매입채무	1,200
매출채권	1,500	차입금	2,500
재고자산	1,800	기타부채	300
유형자산	3,500		
		자본	3,800
Total	7,800	Total	7,800

[요구사항]

가치창출 관점에서 A사의 자산구성과 자금 조달 원천을 분석하시오.

A사는 가치를 창출하는 데 필수적인 유형자산을 3,500억원만큼 보유하고 있습니다. 그러나 가치창출에 기여가 적은 매출채권과 재고자산도 각각 1,500억원과 1,800억원만큼 보유하고 있습니다. 한편, A사는 자금이 부족하여 2,500억원을 차입하고 있습니다.

만일 A사가 매출채권과 재고자산을 잘 관리하여 1,700억원만큼만 보유하고 있다고 가정해보죠. 그렇다면 A사의 운전자본은 1,600억원(= 3,300억원 - 1,700억원)만큼 개선됩니다. 즉, 여유자금이 1,600억원 증가합니다. 이렇게 마련된 현금으로 차입금을 상환한다면, 차입금의 규모는 900억원(= 2,500억원 - 1,600억원)으로 감소합니다. 그리고 이자비용도 연간 64억원(= 1,600억원 × 4%)씩 대폭 감소합니다.

매출채권과 재고자산은 공짜로 보유하는 것이 아닙니다. 대가로 차입금이 증가하고, 이자비용도 발생합니다. 재고보관 비용도 증가합니다. 재고자산은 진부화되어 가치가 떨어질 수도 있습니다. 게다가 매출채권이 많아지면 대손 위험도 증가합니다.

매출채권과 재고자산이 영업활동과 생산활동을 하는 데 있어, 보조적인 역할에 불과합니다. 따라서 매출채권과 재고자산 규모가 회사의 영업활동과 생산활동에 비추어 적정한지 항상 관심을 가지고 살펴야 합니다.

> ✦ **사례 분석 : 매출채권과 재고자산의 과다**
>
> • 차입금과 이자비용 증가
> • 자산관리비용 증가
>   - 재고자산 위험 : 재고보관 비용, 진부화로 인한 가치하락
>   - 매출채권 위험 : 대손위험 증가

한편, 회사의 자금조달의 원천은 자기자본 3,800원과 차입금 2,500원입니다. 6,300원의 자금을 통해 영업자산과 영업부채 6,300원(= 총자산 - 영업부채 = 7,800원 - 1,200원 - 300원)에 투자한 형태입니다.

(2) 재무상태표의 구성과 레버리지

〈예제 3〉의 재무상태표는 영업레버리지의 원천인 유형자산 3,000원과 재무레버리지의 원천인 차입금 2,500원으로 구성되어 있습니다. 현금뿐만 아니라 나머지 구성항목인 매출채권, 재고자산, 매입채무도 사실상 현금의 또 다른 모습에 불과합니다.

〈예제 3〉의 재무상태표를 보며 영업레버리지와 재무레버리지의 결합은 적절한지에 대한 판단이 필요합니다. 만일, 회사의 사업의 안정적인 구조라면 영업레버리지가 미미하므로 차입을 통한 공격적인 투자도 가능할 것이나, 그 반대라면 사업계획에 따른 불안정성을 고려해야 할 것입니다.

〈예제 4〉를 통해 회사의 영업레버리지와 재무레버리지에 좀 더 깊이 생각해 봅시다.

예제 4 사업 특성과 재무상태표의 구성

- B사(공기업)의 영업활동은 전국을 대상으로 한 에너지 공급임.
- 에너지 공급은 대규모 장치산업임.
- B사의 영업활동은 국가 경제 관점에서 독점적 지위를 부여받음.
- 차입금 이자율은 공기업의 특성상 대한민국 정부의 신용을 고려하여 3%로 결정됨.
- 공사는 향후 5년간 개발될 신도시 지역에 대한 공장 건설 계획이 있음.
- B사의 재무상태표(단위 : 억원)

재무상태표

현금	500	매입채무	5,600
매출채권	7,000	차입금	30,000
재고자산	5,000	기타부채	400
유·무형자산	24,000		
기타자산	3,500		
		자본	4,000
Total	40,000	Total	40,000

[요구사항]
1. 레버리지 관점에서 B사의 재무상태표를 분석하시오.
2. 투자계획에 대비한 방안을 생각해 봅시다.

B사는 레버리지 관점에서는 매우 불안정한 모습을 보이고 있습니다. 전체 조달 자금 34,000원 중 30,000원을 차입에 의존하고 있어 재부레버리지가 매우 높습니다. 그리고 전체 자산 중 유·무형자산이 차지하는 비율이 80%로서 영업레버리지도 매우 높습니다. 따라서 대내·외 환경이 조금만 불리하게 바뀌더라도 B사는 부도 위기에 빠질 수 있습니다.

B사의 특성에 대해 생각해 봅시다. B사는 공기업으로서 전국을 대상으로 독점적으로 영업을 실시하고 있습니다. 매년 날씨에 따라 변동은 있겠지만, 특성상 상당히 안정적인 매출이 가능합니다. 즉, 유·무형자산의 규모는 크지만 실질적인 영업레버리지는 높지 않다고 결론 내릴 수 있습니다.

B사는 공기업으로서 차입금리가 낮습니다. 그리고 안정적인 영업활동을 통해 손익의 변동도 낮은 편입니다. 그러므로 차입금 규모에 비하여 재무레버리지도 제한적입니다.

B사는 독점적 시장에서 사업을 영위하고 있으며, 대한민국 정부의 신용으로 자금을 조달할 수 있습니다. 이러한 산업적 특성이 있으므로 B사는 유·무형자산과 차입금으로 발생하는 레버리지 효과를 관리할 수 있었던 것입니다.

만일, 일반적인 제조업체에서 차입을 통해 투자를 실시한다면 자산과 차입금증가가 동시에 나타나 레버리지가 급상승합니다. 향후 영업활동의 성장성과 자금시장의 안정성을 확신하지 않는 한, 실시할 수 있는 전략이 아닐 것입니다.

B사는 향후에도 신도시 개발 지역에 공장을 건설하여 에너지 공급을 실시해야 합니다. 즉, 앞으로도 활발한 투자활동이 계획되어 있습니다. 투자를 진행하려면 풍부한 여유 자금이 필수적인데, 현재 보유하고 있는 자금은 500원밖에 없습니다. 물론, 자금차입이 민간기업 보다는 원활하겠지만, 자금마련 계획은 필수적입니다.

시장이 커지거나 새로운 시장을 개척할 투자계획이 있는 회사는 여유자금을 확보하고 여신을 관리해야 합니다. 재무레버리지를 억제하면서 자금을 확보할 수 있는 다양한 자금조달 창구를 마련해야 합니다.

사업을 확장하면 레버리지가 증가합니다. 레버리지가 증가하면 대내외 환경변화에 따른 변동성이 커진다고 했습니다. 관련 사례를 〈예제 5〉로 살펴봅시다.

예제 5 사업 확장에 따른 레버리지 증가

- C사는 해상 운송업을 영위함.
- C사는 해상 운송을 위한 선박 중 50%는 취득하고, 50%는 리스계약을 통해 확보함.
- 해상 운송 계약 중 일부는 단기이지만, 대부분은 1년~5년의 장기임.
- 01년 C사의 재무제표는 다음과 같음(단위 : 억원).

재무상태표

현금	10,000	매입채무	2,000
매출채권	7,000	차입금	5,000
유형자산	10,000	리스부채	10,000
사용권자산	10,000		
		자본	20,000
Total	37,000	Total	37,000

- 02년 업황 호조로 운송 단가가 상승하여 수익성이 양호해짐. 운송계약을 통한 영업마진율과 리스 이자율의 차이는 3%로서, 매출이 증가하면 당기이익이 증가하는 구조임.
- C사는 적극적인 영업활동을 통해 신규 고객과 1~5년간의 운송계약을 체결하고, 30,000원의 5년 리스계약을 통해 선박을 확보함.
- 02년 재무상태표는 다음과 같음(단위 : 억원).

재무상태표

현금	15,000	매입채무	5,000
매출채권	10,000	차입금	5,000
유형자산	10,000	리스부채	40,000
사용권자산	40,000		
		자본	25,000
Total	75,000	Total	75,000

[요구사항]
레버리지 관점에서 C사의 재무상태표를 분석하시오.

2017년에 개정된 리스기준서에 따라 리스계약을 체결하면 기초자산을 사용할 수 있는 권리인 사용권자산과 향후 지급할 임차료인 리스부채를 재무상태표에 인식해야 합니다. 이전에는 운용리스의 경우 사용권자산과 리스부채를 재무상태표에 인식하지 않아 부외부채(簿外負債) 효과가 있었습니다. 종전 리스기준서에 따라 02년 재무상태표를 작성하면 다음과 같습니다.

재무상태표

현금	1,000	매입채무	5,000
매출채권	10,000	차입금	5,000
유형자산	10,000		
		자본	11,000
Total	21,000	Total	21,000

리스계약을 재무상태표에 인식되지 않았다면 영업레버리지(10,000원의 자산)와 재무레버리지(5,000원의 부채)는 그다지 높아 보이지 않습니다. 그러나 계약 내용을 반영하면 영업레버리지(50,000원)와 재무레버리지(45,000원)가 매우 높게 나타납니다.

레버리지가 높은 상황에서 매출이 증가하면 거액의 이익이 발생합니다. 영업마진율이 리스 이자율보다 3% 크기 때문에 3% 만큼의 추가 마진이 발생하는 구조입니다.

금융위기 이후 운송 수요량이 감소하였고, 1~2년 단기 계약은 단가 하락과 물동량 감소가 반영되어 연장되었습니다. 5년 장기 계약을 체결한 일부 고객은 파산되어 계약이 종료되었습니다.

C사의 유형자산과 사용권자산에 대한 활용률은 떨어졌습니다. 업계에서는 치킨게임까지 시작되었고 운임 하락은 가속화 되었습니다. 영업은 악화되었으나, 계약에 따라 지급할 임차료(리스부채)는 동일합니다. 레버리지가 증가한 상태에서 업황이 악화됨에 따라 C사는 파산했습니다.

회사의 계약 중 재무상태표에 반영되지 않는 계약 중에 회사의 레버리지에 큰 영향을 미치는 거래가 있다면 유의하시기 바랍니다.

H해운 몰락 원인은 위험관리 실패(2016.9. 매일 Economy)

초·중고 시절 사회 교과서에는 태극기를 게양한 컨테이너선 한 척이 푸른 바다를 가르는 사진 한 장이 으레 들어 있었다. 수출입국 표상과 같은 그 사진 속 컨테이너선에는 H사의 로고가 선명히 새겨져 있던 기억이 난다.

무엇이 문제였을까? 가장 큰 원인은 2008년 금융위기 이후 글로벌 경기 침체로 물동량 자체가 줄어든 것이다. 더불어 2000년부터 금융위기 직전까지 원자재 값이 폭등하면서 운임비 역시 비정상적으로 치솟았다. 1,000에서 2,000선 사이에 움직이던 BDI(건화물선운임지수)가 2008년 5월에는 12,000선에 육박했다.

운임 폭등에 맞춰 많은 글로벌 해운사들이 몸집 불리기에 나섰고 동시에 중국 업체들이 가세하면서 공급이 폭주했다. 반면 금융위기 이후 원자재 값이 폭락하면서 수요가 대폭 감소하다 보니 초과공급이 극심해지면서 운임 가격이 폭락했다. 상하이컨테이너운임지수의 경우 2010년 1,367에서 5년여 만에 500대로 추락했다.

전문가들에 따르면 글로벌 해운업계는 최소 15%가량 초과공급 상태다. 실제 2008년에서 2013년 사이 물동량이 19.1% 증가할 동안 컨테이너 선복량(적재 능력)은 무려 42%나 늘었다. 결국 2013년부터 초과공급을 줄이기 위해 세계 1위 해운사인 덴마크의 머스크가 치킨게임을 주도해 운임 하락을 부채질했는데 그 첫 번째 탈락자가 H해운이 됐다.

국내 해운업체들이 특히 취약한 이유는 용선(리스계약) 비율이 상대적으로 높기 때문이다. 지난 5년간 운임이 60% 이상 폭락한 반면 용선료는 고작 20% 줄어들었으니 대규모 손실이 불가피했다.

가치 평가

(1) 위험과 보상

위험은 현금의 변동성을 의미합니다. 위험할수록 보상이 큽니다.

예제 6 **위험과 수익률**

- 1안 : 5억원을 투자하여 성공하면 15억원, 실패하면 0원
- 2안 : 5억원을 투자하여 성공하면 5억 5천만원, 실패하면 4억 5천만원

[요구사항]
1. 성공과 실패 확률은 50%로 동일할 경우 1안과 2안에 투자 시 기댓값은
2. 전 재산이 5억원인 A氏가 선택할 것으로 예상되는 투자안은? 그 이유는?

◎ **기대값**

- 1안 = 15억원 × 50% + 0억원 × 50% = 7.5억원
- 2안 = 5.5억원 × 50% + 4.5억원 × 50% = 5억원

합리적으로 예측할 수 있는 1안과 2안의 예상 기대수익은 각각 7.5억원과 5억원입니다. 따라서 기계적으로만 결정한다면 1안을 택할 것입니다.

그런데 전 재산이 5억원인 사람이 1안에 투자할 수 있을까요? 겁나서 투자할 수 없습니다. 성공하지 못하면 망하기 때문입니다.

경제학에서 일반적인 투자자는 위험회피적(Risk Averter)라고 봅니다. 따라서 위험에 대한 충분한 보상이 없다면 (수익이 크지 않다면) 투자하지 않습니다.

수익률(또는 이자율) 사례

- 정기예금 이자율 Vs 주식 투자 수익률 Vs 채권수익률
- 정기예금 이자율 Vs 부동산 수익률
- 부동산 수익률 Vs 연구개발(무형자산) 수익률

최근 예금 이자율은 3~4% 정도이며, 평균 주식 투자 수익률은 12~14% 정도입니다. 주식 투자 수익률이 훨씬 높지만 변동성이 싫어서 예금투자를 선택하는 사람도 있습니다. 주식의 평균 수익률이 높은 이유는 주가가 떨어질 수도 있고 상승할 수도 있는 불안정성 때문입니다. 즉, 향후 현금흐름의 변동성이 크기에 수익률이 높은 것입니다. 현금흐름의 변동성을 위험(Risk)이라고 합니다. **재무에서의 위험(Risk)은 Danger가 아닌 변동성(Volatility)을 의미합니다.**

채권수익률은 6~7% 정도입니다. 채권도 예금보다 다소 위험하기에 수익률은 더 높습니다.

부동산(유형자산)의 수익률은 어떨까요? 흔히들 부동산 투자는 안전하고 높은 수익이 가능하다고 합니다. 자본주의에 공짜는 없습니다. 단기적인 불균형은 있을 수 있지만 결국, 위험하기에 수익이 높은 것입니다. 안정적이고 높은 수익률은 자본주의 사회에서 있을 수 없는 거짓말이죠. 가격 하락 위험을 감수했기 때문에 높은 수익률이 발생할 수 있는 것입니다. 주식시장과 달리 부동산은 취득과 처분에 시간이 걸리고, 그 금액도 큽니다.

부동산 시장뿐만 아니라 대부분의 자산시장은 완만한 상승과 연착륙이 불가능합니다. 탐욕과 공포로 인해 폭등과 폭락을 반복하게 되죠.

마지막으로 연구개발의 수익률은 어떻습니까? 실패하면 수익이 없습니다. 그러나 성공하면 대박입니다. 변동성이 매우 큽니다. 따라서 평균수익률도 가장 높습니다.

재무상태표상 구성 항목의 위험과 보상의 정도는 아래로 갈수록 높아집니다.

(단위 : 억원)

현금	2,000	매입채무	2,000
매출채권	1,500	차입금	4,000
재고자산	1,500		
유형자산	4,500		
무형자산	500	자본	4,000
Total	10,000	Total	10,000

위험 증가 →

요구 수익률 증가 →

(2) 가중평균자본비용과 가중평균투자수익

현금흐름할인법(DCF, Discounted Cash Flows)은 기업가치를 평가하는 방법 중 하나입니다. 현금흐름할인법인은 영업활동 현금흐름을 가중평균자본비용(WACC, Weighted Average Cost of Capital)으로 할인하여 가치를 산정합니다.

- 기업가치 = 영업활동 현금흐름 ÷ 가중평균자본비용(WACC)
- 영업활동 현금흐름 = 영업활동에 관련된 자산과 부채를 통해 창출된 현금흐름
- WACC = 차입금(타인자본비용)과 자본(자기자본비용)을 가중평균한 수익률

가중평균자본비용(WACC)

- 타인자본비용 = 이자율 × (1 − 법인세율)
- 자기자본비용 = rf + (시장 수익률 − rf) × 베타
  - rf : 무위험 이자율, 주로 국공채 수익률을 대용치로 사용
  - 시장수익률 : 전체 주식시장의 평균 수익률
  - 베타 : 투자한 주식의 주식시장 대비 민감도
    (전체 주식시장이 1 변동하는데 A 주식의 변동이 2라면, 베타는 2)
- 가중평균자본비용 = 타인자본비용 × 차입금 비중 + 자기자본비용 × 자기자본 비중

회사 입장에서 채권 수익률은 차입금에 대한 자본비용과 유사하며, 주식 수익률은 자기자본에 대한 자본비용과 유사합니다.

자기자본비용 즉, 주식의 수익률은 해당 주식의 민감도(변동성)에 따라 결정됩니다. 예를 들어 장치산업에 비해 바이오산업은 고위험 고수익을 추구합니다. 바이오 업체의 수익 변동성이 크기 때문에, 바이오 업체들의 베타도 장치산업에 비해 큽니다.

예제 7   WACC

- A사의 차입금은 4,000원이며, 자본(주식가치)도 4,000원임.
- 차입금 이자율은 4%이며, 회사에 적용되는 법인세율은 20%임.
- 무위험 이자율은 2%, 주식시장 평균수익률은 12%임.
- A사는 고위험 고수익을 추구하는 회사로서, 주식의 베타는 2.48임.

[요구사항]
가중평균자본비용을 계산하시오.

- 타인자본비용 $= 4\% \times (1-20\%) = 3.2\%$
- 자기자본비용 $= 2\% + (12\% - 2\%) \times 2.48 = 26.8\%$
- 가중평균자본비용 $= 3.2\% \times 50\% + 26.8\% \times 50\% = 15.0\%$

WACC는 재무상태표상 오른쪽(대변)인 자금의 구성 비율(부채와 자본)로 결정됩니다. 이와 유사한 개념으로 WARA(가중평균투자수익률, Weighted Average Return on Assets, WARA)가 있습니다. WARA는 재무상태표상 왼쪽(차변)인 개별 자산의 비중과 수익률을 곱한 개념입니다. **영업활동 현금흐름을 창출하는 자산들의 가중평균수익률**을 의미합니다.

대변과 차변은 항상 일치합니다. 따라서 **WACC는 WACC와 유사**하게 산출됩니다. 즉, WACC가 15%라면 WARA도 15%에 근접하게 될 것입니다.

WACC와 WARA가 유사하지 않다면 기업가치나 채권자의 요구수익률이 변동하게 됩니다. 따라서 결국에는 균형을 찾게 됩니다.

A사의 WACC는 15%이며, 영업활동에 사용되는 자산과 부채는 다음과 같다고 가정합시다.

	금액	개별 수익률	구성 비율	가중평균수익률
현금	2,000	2%	25%	0.5%
매출채권	1,500	4%	19%	0.8%
재고자산	1,500	6%	19%	1.1%
유형자산	4,000	15%	50%	7.5%
무형자산	1,000	40%	13%	5.0%
매입채무	(2,000)	4%	-25%	-1.0%
합계	8,000			13.9%

WARA는 13.9%로 계산됩니다. WARA는 13.9%인데, WACC는 15%입니다. 그 차이의 원인은 무엇일까요? 그 차이는 주로 회사의 장부에 계상되어 있지 않지만, 보유하고 있는 브랜드나 기업문화 등의 무형자산 때문에 발생합니다.

현금, 매출채권, 재고자산은 개별수익률이 그다지 높지 않습니다. 매출채권과 매입채무는 거래처와 회사의 신용위험이 반영된 것이므로 예금 이자율 보다는 다소 높습니다. 재고자산은 영업이익률과 유사하다고 볼 수 있습니다.

그렇다면 17%의 평균수익률은 무엇을 통해서 달성하고 있습니까? 유형자산과 무형자산입니다.

업종에 따라 유형자산과 무형자산의 수익률에 대해서는 많은 차이가 있습니다. 연구 결과도 다양합니다. 그러나 **유형자산과 무형자산, 그 중에서도 무형자산이 가치를 창출하는 핵심 자산**임에는 의심할 여지가 없습니다.

지금까지의 내용은 개인에게도 적용됩니다. 돈과 시간에 여유가 있다면 유형자산과 무형자산에 투자하십시오. 장기적으로 부(富)를 키우는 방법입니다.

(3) 장부에 계상되지 않는 무형자산

회계장부에 자산을 계상되려면 다음 조건을 모두 충족해야 합니다.
① 미래경제적 효익
② 통제 가능성(Control)

두 가지 요건을 충족하지 않으면 재무제표에 자산으로 계상할 수 없습니다. 예를 들어 공기가 없으면 살 수 없습니다. 매우 중요합니다. 그러나 공기를 통제할 수는 없습니다. 다른 사람들이 숨 쉬지 못하도록 막을 수 없습니다. 그래서 공기는 회계상 자산이 아닙니다.

회계는 신뢰성이 중요하므로 명확하지 않다면 보수적인 관점에서 접근하고 있습니다. 불확실한 것은 자산으로 표시하지 않는 것이죠. 그러나 재무제표에 표시하고 있지 않지만 가치 있는 자산들이 많습니다. 회사가 개발한 브랜드의 가치, 기업문화, 우수한 인적 자원, 기술개발 능력 등을 예로 들 수 있습니다.

연구자에 따라 회사의 진짜 핵심역량은 이러한 장부에 계상되지 않는 무형자산에서 비롯된다고 주장하는 사람도 있습니다.

💠 WACC와 WARA, 그리고 가치창출 자산

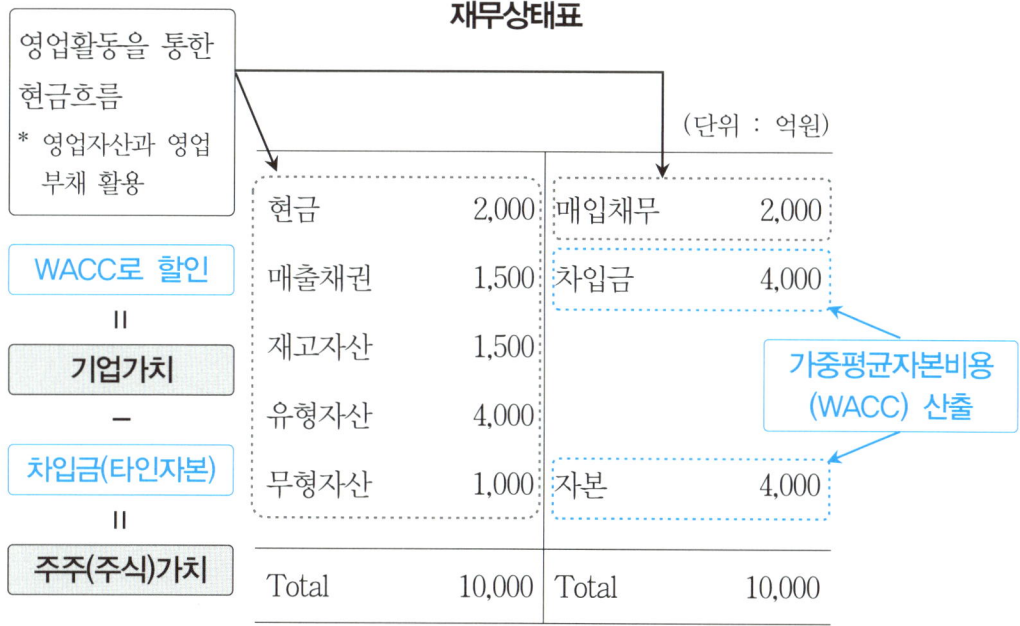

회사의 회계정책이나 규정에 따라 다르지만 재무상태표상 자산 중 상당부분은 취득금액을 반영하여 기록됩니다. 예를 들어 토지의 최근 시가가 10억원이더라도, 취득금액인 1억원으로 표시합니다. 즉, 재무상태표의 모든 항목이 시가를 반영하고 있지는 않습니다.

N사의 재무상태표를 살펴보죠.

먼저 자산과 부채는 장부금액과 시가가 동일하다고 가정하겠습니다. 자본의 시가는 무엇일까요? 그것은 주식시장에서 거래되는 주식의 시가총액입니다.

🌐 N사의 재무상태표

장부금액				시가 기준			
		(단위 : 백만원)				(단위 : 백만원)	
자산	9,882	부채	3,392	자산	9,882	부채	3,392
		자본	6,490	?	11,334	자본	17,834
	9,882		9,882		21,226		21,226

(*1) 자산과 부채는 장부금액과 시가와 동일하다고 가정
(*2) 자본의 시가 = 주식의 시가 총액

장부상 자산(9,882십억원)과 시가(21,226십억원)의 차이
→ 장부에 계상되지 않은 무형자산의 가치!!!

시가로 전환하니 대차가 맞지 않습니다. 11,334백만원의 차이는 무엇일까요? 다양한 요소가 복합되어 있습니다. 장부에는 없지만, 시장에서 가치가 있다고 인정받는 요소입니다.

① 우수한 임직원, 기업문화
② 브랜드, 디자인, 기술개발 능력
③ 향후 회사가 동종업종에 비해 초과수익을 실현할 수 있는 능력 등

장부에 계상되지 않았더라도 시장에서는 그 가치를 인정합니다. 주가가 주당 순자산 가치보다 큽니다. 즉, PBR(Price Book value Ratio)이 1보다 큽니다.

N사와 동일한 업종을 영위하는 K사의 시가 기준 재무상태표를 살펴봅시다. 장부에 없더라도 시장에서 인정받는 무형자산의 가치가 다르다는 것을 알 수 있습니다.

🌐 K사의 재무상태표

장부금액				시가 기준			
			(단위 : 백만원)				(단위 : 백만원)
자산	7,960	부채	2,332	자산	7,960	부채	2,332
		자본	5,628	?	2,525	자본	8,153
	7,960		7,960		10,485		10,485

N사와 K사의 장부에 계상되지 않은 무형자산 금액은 각각 11,334십억원과 2,525십억원으로 차이가 큽니다. 시장에서는 N사가 더 경쟁력이 있다고 판단한 것입니다.

핵심역량은 '고객에게 가치를 높이거나 그 가치가 전달되는 과정을 더 효율적으로 할 수 있는 능력'이라 정의됩니다. 여기서 핵심역량은 단순히 잘하는 활동이라기보다는 경쟁기업에 비하여 그 기업이 더 잘할 수 있는, 상대적인 경쟁력입니다. 결국 기업의 경영자원 중 경쟁우위를 가져다주는 능력입니다.

앞서 현금순환주기에서 생산활동과 영업활동이 중요하다고 강조했습니다.
- 생산 활동 : 좋은 제품을 생산하는 과정(내부적으로 가치 창출)
- 영업 활동 : 생산된 제품을 외부에 적절하게 전달하는 과정(외부로 가치 전달)

요약하면 핵심역량은 좋은 생산활동과 영업활동을 의미합니다. 그렇기 때문에 기업의 핵심 역량은 유·무형자산과 인적자원에 있다고 할 수 있습니다. 여기서 무형자산은 장부에 계상된 무형자산뿐만 아니라 엄격한 회계원칙에 따라 장부에는 반영되지 않고 있으나 시장에서 인정되는 무형자산도 포함됩니다.

유·무형자산이 회사의 핵심자원입니다. 수익률이 높은 자산입니다.

유형자산과 무형자산이 가져오는 수익성이 높다는 의미는 위험하다는 것을 암시합니다. 사업환경이 바뀔 경우 더 많은 이익을 가져올 수도 있지만, 가치 없는 짐 덩어리로 전락할 수도 있습니다. 그렇다면 손상(감액) 대상입니다. 따라서 위험관리를 위하여 유형자산이나 무형자산을 어느 정도 보유할 것인가 판단해야 합니다.

만일 여유가 있다면 다른 분야의 유형자산과 무형자산을 취득하는 것도 (새로운 사업을 진행하는 것도) 하나의 방법입니다.

회사가 성장하면 다른 업종으로 진출도 합니다. 이를 사업다각화라고 합니다. 과거에는 문어발식 투자라고 비판 받았습니다. 그러나 기업집단(그룹)을 하나의 생명체라고 보면 영업위험을 감소시키기 위한 방법이라 할 수 있습니다. 예를 들어 건설업이 침체되었더라도 반도체사업에서 이익을 낸 기업집단이 견디는 거죠.

단일 업종에 집중한 기업집단을 생각해 봅시다. 업황이 좋을 땐 엄청난 이익을 실현하지만, 그렇지 않다면 기업집단 자체의 생존에 심각한 위협을 받게 됩니다.

다각화와 전문화 중 어떠한 전략이 국민경제와 기업집단 자체에 바람직한지에 대해서는 판단이 다를 수 있습니다. 그러나 기업이 지속 가능해야 한다는 관점에서는 사업다각화를 부정적인 시각으로만 볼 수 없을 듯합니다.

한편, 핵심역량을 확보할 수 있는 자산도 중요하지만, 경영진은 그 자산을 무슨 돈으로 취득할 것인가 고민하게 됩니다. 즉, 내 돈(자본)으로 취득할 것인가 또는 차입(부채)할 것인가를 결정해야 합니다.

부채와 자본의 구성 비율은 재무안정성에 큰 영향을 미칩니다.

🌐 레버리지 효과

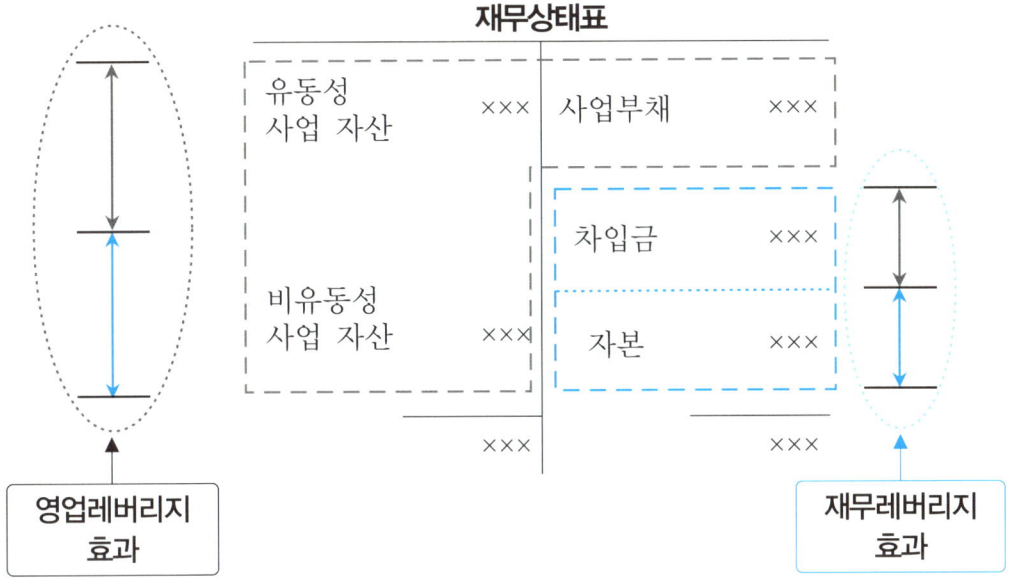

레버리지 효과

- 영업레버리지 효과 : 영업활동을 함에 있어 고정자산(유형자산과 무형자산 등)의 비중이 높을수록 순이익의 변동이 커지는 효과
- 재무레버리지 효과 : 자금조달을 함에 있어 부채(차입금과 사채 등)의 비중이 높을수록 순이익의 변동이 커지는 효과

영업레버리지와 재무레버리지 효과는 사업을 할 때, 자금을 어떻게 조달할 것인가와 조달된 자금을 어떻게 배분하여 사용할 것인가에 대한 아이디어를 제공합니다. 그리고 경기 변동에 따라 발생되는 사업 Risk와 재무 Risk를 어떻게 관리할 것인가에 대한 지표도 제공합니다.

04 나의 재무상태표는?

(1) 나의 재무현황 분석하기

지금까지 일반적인 회사의 재무상태표를 현금창출 관점에서 살펴봤습니다. 지금부터는 생활 속의 재무상태표를 보고 개선할 사항을 생각해 보겠습니다.

일반적인 직장인인 A氏의 재무 현황은 다음과 같습니다.

예제 8 **개인의 재무상태표**

- A氏는 아내와 공동체 개념으로 재무상태표를 작성함.
- 직장 15년차로서 아들 1명과 딸 1명을 부양하고 있음.
- 1,000백만원 상당의 아파트를 구입함(대출 : 500백만원).
- 자녀에게 사교육을 집중하고 있음.
- A氏의 재무상태표(단위 : 백만원)

재무상태표

현금	50	카드	10
주식	200	차입금	500
아파트	1,000	기타부채	100
건강과 지식	?		
子女	?	자본	?

[요구사항]
A氏의 재무현황을 분석하시오.

A氏는 차입하여 아파트를 구입하였습니다. 그리고 자녀를 소중한 자산으로 생각하며 사교육에 많은 지출을 하고 있습니다.

◎ 자녀

먼저 자녀가 자산에 해당할까요?

회계상 자산은 다음 요건을 모두 충족해야 합니다.

① 미래경제적 효익

② 통제 가능성(Control)

자녀가 잘 커서 나중에 부모를 부양한다고 전제하겠습니다. 즉, 미래경제적 효익이 있다고 가정합니다.

그런데 자녀를 통제할 수 있나요? 사춘기에 접어들면 통제할 수 없음을 실감합니다. 통제할 수 있는 사람은 노예인데, 자녀는 노예가 아닙니다. 그래서 자녀는 자산이 아닙니다.

흔히들 회사에서 중요한 자산 중의 하나가 우수한 인적자원이라고 합니다. 그런데 임·직원은 노예가 아니므로 회사의 자산으로 보기 어렵습니다. 그러나 우수한 인적자원을 길러내고, 창의적인 분위기를 창출하는 회사의 조직구조는 무형의 자산이라 할 수 있겠지요. 따라서 좋은 인재를 뽑는 것도 중요하지만, **회사 내에서 임·직원이 성장할 수 있는 문화와 그것이 가능한 내부 조직이 진짜 자산**이라 할 수 있습니다.

그리고 임·직원의 업무 과정과 노하우는 적절하게 문서화하여 매뉴얼 등으로 공유하는 것이 중요합니다. 그래야 지속될 수 있는 자산으로 보존됩니다.

부채는 '과거 사건 결과로 발생하였으며 미래에 경제적 효익이 유출되는 항목'이라고 정의됩니다. 이러한 정의를 보면 **자녀는 자산이 아니라 부채**에 가까워 보입니다.

자녀 탄생에 대한 회계처리

자녀 탄생에 대한 회계처리를 생각해 봅시다. 자녀는 부채라고 했습니다. 자녀가 태어나면 부채가 증가합니다. 복식개념으로 생각해 봅시다. 그렇다면 차변에 기록되는 내용은 무엇일까요?

(차변) 무엇일까요?   ×××   (대변) 자녀(부채)   ×××

차변은 무엇일까요? 사랑이라는 무형자산이 아닐까요? 그래서 사랑이 가득한 부부가 상대적으로 많은 자녀를 가지는 것 같습니다.

요즘은 저출생 시대입니다. 왜 그럴까요?
먹고 살기 바빠 사랑할 시간이 없기 때문입니다.
자녀를 부양하기 위한 사교육과 집값이 너무나 끔찍합니다.
사랑이라는 자산은 작아졌는데, 사교육과 주택대출이라는 부채는 커졌습니다. 대차가 맞질 않습니다. 균형에서 벗어났습니다. 따라서 Deal이 안 되어 저출생입니다.

자산은 control 할 수 있는 대상이지요. 따라서 내가 투자하는 대상은 내 결정에 따라 구성을 변경시킬 수 있습니다. 생각대로 되지 않는다면 불만을 맘껏 표출하고 그 자산을 처분할 수 있습니다.

그러나 부채는 조심스럽게 다루어야 합니다. 상환이 완료되는 시점까지 내가 짊어지고 갈 짐입니다. 결제될 때까지 조심스럽게 관리해야 합니다.

자녀는 자산이 아니라 부채라고 했습니다. 따라서 독립된 생활인으로 분가할 때까지 조심스럽게 대해야 합니다. 내 생각을 강요할 수 없고, 기대만큼 하지 않는다고 불만을 표출하면 안 됩니다.

대부분의 인간관계는 부채의 성격을 가지고 있는 듯 합니다. 따라서 겸손한 자세로 상대방을 존중해야 합니다.

그렇다면 부채에 불과한 자녀를 왜 잘 키우려 할까요? 대충해도 되지 않을까요? 안됩니다. 부채는 잘 관리하지 않으면 커집니다. 그것을 우발채무라고 합니다. 자녀가 잘 성장하지 않으면 사고 칠 가능성이 커집니다. 들어갈 돈과 시간이 급증합니다. 그래서 조심스레 잘 키워야 합니다.

◎ 업무지식과 경험

직장에서 업무를 하려면 지식도 필요하고 경험도 필요합니다. 어느 정도 경력이 쌓이면 지금까지 축적한 업무지식과 경험 등을 바탕으로 이직하는 경우도 많습니다. 그래서 당연히 지식과 경험을 자산으로 생각하게 됩니다.

직장에서 일하면 급여(수익)를 받습니다. 보상을 받습니다. 업무지식과 경험은 직장생활에서 급여를 받으면서 얻은 것입니다. 회계처리로 표시하면 다음과 같습니다.

（차변）　　업무지식과 경험(자산)　　　×××　　（대변）　　급여(수익)　　　　　　×××
　　　　　　정신적·육체적 소모(비용)　　×××

업무지식과 경험은 차변입니다. 자산도 차변이지만 비용도 차변입니다.

따라서 업무지식과 경험이 미래에 다른 곳에서 가치있게 활용될 수 있다면 자산이지만, 급여를 받기 위하여 이미 소모된 것이라면 비용에 불과합니다.

자산과 비용은 모두 차변에 있기에 착각하기 쉽습니다. 분식이 용이합니다. 감리 지적 사례를 보면 가장 빈번하게 나타나는 분식유형입니다. 따라서 여러분의 업무지식과 경험이 자산인지 비용인지 냉정하게 판단할 필요가 있습니다. 그리고 자산인지 비용인지 불분명하다면, 나름대로 체계화하고 부족한 부분은 보완하여 자산이 되도록 노력해야 할 것입니다.

자기 자신에 대한 분식을 조심해야 합니다. 남에게는 비판적이지만 나에게는 너그러운 경향이 있거든요.

토지의 가치

역사소설을 읽다 보면 과거 우리나라 사람들의 최고 가치는 토지였던 것 같습니다. '토지는 생명이다'라는 취지의 문구를 여기저기서 찾을 수 있지요. 토지는 농작물을 재배할 수 있는 생산의 공간이었습니다. 그리고 온 가족이 쉴 수 있는 주거공간이었습니다. 즉, 토지는 먹고 살 터전이었습니다.

땅에 대한 애착과 관심은 주식과 아파트로 바뀐 듯합니다. 당연한 귀결이라 보입니다. 토지의 생산기능과 주거기능을 지금은 기업과 아파트가 대체했기 때문입니다. 현대 사회에서 생산은 기업이 하고 있으며, 기업은 주식의 형태로 거래됩니다. 그리고 주거기능은 아파트가 대체하고 있습니다. 과거 토지의 기능을 주식과 아파트가 나누어서 하는 셈이죠.

토지는 (거의 유일한) 생각되지 않는 자산입니다. 더 넓어지기 어렵습니다. 희귀합니다. 수중도시나 우주 개척 등을 염두에 두지 않는다면 완전한 대체는 어렵지 않을까 합니다. 이러한 토지의 제한성은 소유욕구와 투기현상을 항상 불러일으켰습니다.

아담스미스는 통상지대와 부지지대[1]로 구분하고, 부지지대는 지주가 소유만 하고 아무런 노력을 하지 않는 땅을 의미한다고 했습니다. 그리고 부지지대 소득자를 자본주의의 기생충 같은 존재로 간주하고, 지대소득의 누적적 증대를 경제성장의 근본적 걸림돌로 보았습니다.

많은 사람들이 건물주를 꿈꾼다고 이야기합니다. 건물주는 어디에 해당할까요? 근로의욕을 좌절시켜 온 불로소득은 어디에서 나오고 있을까요?

---

1) 대자연의 무상 공여물인 토지로부터 발생되는 지대(본원적 가치)로서 순수지대

(2) 나의 진짜 재무상태표는?

A氏의 진짜 재무상태표는 아래와 같습니다. 재무상태표가 건전한지 하나씩 살펴보겠습니다.

● 나의 진짜 재무상태표!

A氏의 재무상태표

현금	50	子女	×××
주식	200	차입금	500
아파트	1,000	기타부채	110
상각누계액	(×××)		
건강, 지식	×××		
사랑	×××	자본	×××

◎ 아파트

먼저 대출 받아 아파트를 구입한 것이 눈에 띕니다. 아파트는 유형자산에 해당하지만 공장이 아닙니다. 거주의 공간이지 수익추구를 위한 도구가 아닙니다. 따라서 양호한 수익률을 기대하기는 어렵습니다.

만일 거주공간이 수익률이 좋다면 정상적인 시장이 아니고, 건강한 사회도 아니라고 생각됩니다. 물론 집값이 오르면 A氏의 기분은 좋겠지요.

한편 아파트는 유형자산이므로 감가상각비와 상각누계액을 인식해야 합니다. 경제적 내용연수 동안 상각을 해야 합니다. 시간이 경과함에 따라 장부금액은 하락하게 되지요.

어쨌거나 총자산 중 유형자산(아파트)의 비중이 매우 높습니다. 유형자산 비중이 높으면 영업레버리지가 높은 상태입니다. 위험한 구조입니다. 게다가 차입금 금액도 상당합니다. 차입금 비율이 높으면 재무레버리지도 높습니다. 정말 위험한 구조입니다.

위험은 현금흐름의 변동성이라고 했습니다. 따라서 지금 재무상태 구조에서 집값이 오르면 위험에 위험을 곱한 만큼 수익이 극대화됩니다. 그러나 집값이 떨어지면 위험에 위험을 곱한 만큼 수익이 (-)되어 거액의 손실이 발생합니다. 파산 가능성도 있지요.

투자의 관점에서 보면 2020년~2021년의 영끌은 차입을 통한 투자, 즉 재무레버리지와 영업레버리지를 극대화한 형태입니다. 그래서 가격이 올랐을 때 잘 처분하면 수익이 극대화되지만, 금리 상승 등으로 가격이 하락하면 손실이 극대화됩니다. 그런데 잘 처분한 사람들도 재투자를 적극적으로 실시하여, 결국에는 곤란에 처한 경우도 많은 듯합니다.

가격이 있는 모든 것은 '쌀 때 사고 비쌀 때 판다.'라는 원칙하에 의사결정을 하게 됩니다. 그런데 싸다는 가격과 비싸다는 가격에 대한 사람들의 평가는 모두 다릅니다. 그래서 거래가 이루어지죠. 어떠한 의사결정이 옳은 지는 아무도 모릅니다. 다만 감당할 수 있는 레버리지까지만 부담하셨으면 합니다.

◎ 건강과 지식

사회는 급변하고 있습니다. 경쟁도 치열합니다. AI(Artificial Intelligence)가 더욱 일반화되면서 사회구조도 서서히 재편될 것입니다. 열심히 공부하여 지식을 유지해야 합니다.

물론 지금까지 축적한 훌륭한 지식과 경험도 있겠죠. 그러나 변화하는 세상에서 과거의 지식과 경험은 단지 유산(Legacy)에 불과할 수 있으니 주의하십시오. 가치 있는 지식은 일정기간 열심히 하면 쌓이는 (저축할 수 있는) 것이 아닙니다. 항상 Update해야 가치가 있습니다.

Update되고 체계적으로 정리되지 않은 지식과 경험은 자산으로 활용가치가 별로 없습니다. 과거에 급여를 받으며 지출한 비용에 불과합니다.

건강도 지속적인 관리가 필요합니다. 해변에서 볼 수 있는 멋진 근육과 몸매가 건강이 아닙니다. 나의 몸이 잘 작동하고 지속되도록 하는 것이 건강입니다. 운동은 내 몸에 대한 나의 예의이지요.

(3) 사랑과 무형자산

가정은 사랑으로 유지됩니다. 건강, 지식, 사랑 모두 무형자산입니다.

무형자산은 수익성이 가장 큽니다. 무형자산은 수익성이 큰 만큼 아주 위험합니다. 상황이 바뀌는 순간 가치가 확 떨어질 수 있습니다. 그러면 손상을 인식해야 합니다. 유형자산에 대한 손상은 나중에 가치가 상승하여 회복되는 경우도 빈번하지만, 무형자산에 대해 인식한 손상은 현실적으로 환입되는 사례를 찾아보기 어렵습니다.

따라서 A氏가 심혈을 기울이고 그 가치를 키우거나 유지해야 할 자산은 유형자산인 아파트가 아니라 무형자산인 건강, 지식, 사랑입니다.

건강하고 사랑이 가득한 가족은 행복합니다. 성경에서도 언급하듯이 사랑이 제일입니다.[2]

가정에서 가장 소중한 무형자산인 사랑이 손상되면 그 결과는 어떻습니까? 이혼합니다. 가출합니다. 사랑합시다.

더 크고 더 멋진 사랑이 필요하지는 않는 듯합니다. 항상 옆에 있고 지속되는 사랑이 행복합니다. 무형자산은 유지되지 않으면 손상됩니다. 사랑이 느껴지지 않는다 싶으면 긴장해야 합니다. 손상되고 있을 수 있습니다.

무형자산은 일단 손상되면 다시 원래 상태로 돌아가기 쉽지 않습니다. 항상 조심스럽게 다루시기를 바랍니다.

자녀를 위해서는 (나의 부채를 줄이기 위해서는) 자녀의 무형자산을 키워주는 것이 좋습니다. 수익성이 월등하기 때문입니다. 그래서 어느 정도의 교육비 지출은 필수적입니다.

그러나 큰 기대는 마십시오. 무형자산은 변동성이 크다고 했습니다. 따라서 교육의 평균 수익은 높더라도, 개인마다 그 성과의 차이는 아주 큽니다. 어떤 아이는 매우 좋은 성적을 받을 수 있지만, 어떤 아이는 점수가 좋지 않을 가능성도 상당합니다.

부모의 의무는 기회를 제공하는 것이지 결과를 주는 것이 아니지요.

아이도, 결과도, 모두 통제할 수 없습니다.

아이가 알아서 자기의 길을 찾아갈 것입니다.

부모의 역할은 아이를 믿고 사랑으로 지켜보는 것이 아닐까요?

---

2) 고린도서 13장 13절

가장 중요한 자산은? 시간! 의미 있는 시간은?

'In Time'이라는 영화를 TV에서 보았는데, 소재가 흥미로웠습니다.

영화 속 몇몇 장면을 말씀드리겠습니다. 사람들은 일을 하고 '시간'을 받습니다. 그리고 아침에 커피를 한 잔 사며 5분의 시간을 지불합니다. 그러다가 보유하는 '시간'이 소진되면 죽습니다. 그래서 가난한 사람들은 항상 바쁩니다. 걷지 않고 뛰어 다닙니다. 보유하는 시간이 적으니 아껴야 합니다. 반면 시간이 풍부한 부자들은 항상 느긋합니다.

시간이라는 존재가 있는지 없는지에 대한 철학적 물리학적 논쟁은 뜨거웠습니다. 결론은 '시간이라는 존재는 없다.'라는 것입니다. 그러나 언젠가는 사라질 인간에게 시간이란 존재는 있다고 느껴집니다. 시간이 사라지면 우리의 존재도 사라지기 때문입니다.

영화 속의 '시간'은 '돈'입니다.

우리는 커피를 마시기 위해 1,000원을 냅니다. 그런데 1,000원을 벌기 위해 5분을 일해야 한다면, 결국 커피를 위해 지불하는 것은 5분이라는 시간이지요.

잠시 '자본론'을 인용합니다. 어떤 노동자가 6시간을 일하고 1,000원짜리 빵 4개를 받습니다. 만일 노동자가 일한 가치가 빵 6개라면, 자본가는 빵 2개에 해당하는 2,000원(= 1,000원 × 2개)이 증가하게 됩니다.

그런데 돈은 시간이므로 결국, 자본가가 착취하는 것은 2,000원이 아니라 노동자의 2시간이라고 할 수 있습니다. 그래서 노동자는 자신을 위해 사용할 시간이 적어 항상 바쁩니다. 반대로 자본가는 상대적으로 여유롭습니다. **무엇인가에 착취당하는 사람은 바쁘기 마련입니다.**

우리는 느긋하고 행복하게 살기 원합니다. 그런데 일을 하면 할수록 바빠집니다. 돈을 벌수록 바빠집니다. 바쁘다는 것은 시간이 사라진다는 뜻이며, 우리의 존재도 사라지고 (죽어가고) 있다는 것을 의미합니다. 바쁠수록 왜 바쁜지 생각해 보고, 잘 살고 있는지 의심할 필요가 있습니다.

시간의 존재를 전제한다면 가장 중요한 자산은 시간입니다. 시간이 없으면 우리의 존재도 없습니다. 따라서 시간을 확보해야 합니다. 그 방법은 뭐가 있을까요?

① 커피를 안 마신다. 그러면 5분만큼 일하지 않아도 된다.

② 바쁜 이유가 무엇인지 생각해 보고, 큰 의미가 없다면 하지 말자.

③ 모든 시간을 돈으로 대체하지 말자. 자신을 위한 시간이 없다면 나라는 존재도 없다.

살아가는 의미를 잘 모른다면, 의미를 찾을 시간이 필요합니다. 하지만 돈이 의미라면 그냥 그렇게 살아가는 것도 하나의 방법이겠죠.

영끌 투자? 승자는 누구?

우리가 쉽게 투자할 수 있는 대상으로는 코인, 주식, 부동산이 있습니다. 이 중 코인과 주식은 보유하지 않더라도 우리의 생활에 큰 영향이 없습니다. 그런데 주택은 의식주의 한 부분입니다. 필수품입니다. 의식주의 한 축이라는 면에서 아파트가 투자(또는 투기) 대상이라는 사실에 거부감이 있는 분들도 많습니다. 자본이 있다고 하여 쌀, 물, 공기 등 인간의 삶에 꼭 필요한 물품을 매개로 불로소득을 취한다는 관점이죠.

윤리나 가치에 근거한 판단은 각자에게 맡기겠습니다. 그냥 투자(또는 투기) 대상으로만 간주하고 부동산을 생각해 봅시다. 최근 몇 년간 부동산 시장은 뜨거웠습니다. 온 국민이 스트레스를 받았고 정권도 바뀌었습니다. 영끌, 줍줍, 벼락거지 등 저로서는 불편한 단어로 도배되었습니다. 공급이 핵심이라는 잘못된 진단이 사실로 받아들여졌습니다.[3]

코인, 주식, 아파트 가격이 2021년까지 엄청나게 상승했다가 금리 인상으로 하락 후 지금은 각각 복잡한 움직임을 보입니다. 2030 중 일부가 과도한 레버리지를 일으켰다가 어려움에 처했다는 이야기가 나옵니다. 경제 심리와 경기 변동을 보면 놀랍다는 생각이 듭니다. IMF위기도 그랬고, 금융위기도 그랬습니다. 좋은 분위기가 갑자기 확 바뀝니다.

2030 세대는 그 어느 세대보다도 치열하게 경쟁하였으나, 쉽사리 희망이 잡히지 않는 세대입니다. 기성세대가 구축한 벽과 높은 자산 가격으로 좌절을 느끼고 있습니다. 그러던 중 일부는 다량의 기사와 자료를 분석한 이후, 영끌을 통해 인생을 바꿀 수 있다고 판단했습니다. 게임 하듯이 정보를 취합, 분석하고 수익률을 계산한 후 코인, 주식, 부동산에 투자한 것이지요.

표현은 그렇지만 투자를 하는 사람 중 일부는 '졸부가 되려는 욕망'에 빠져 있습니다. 수고스러운 노동 소득이 아닌 자산 소득으로 강남에 집도 사고, 고급 차도 사고, 골프도 치고, 호텔에서 비싼 음식도 먹고, 인스타그램하며 나 자신을 보이고 싶습니다. 그 은밀한 욕망을 그대로 드러내기가 부끄러우면 '실거주' 등의 명분을 내세우기도 하지요.

어쨌든 간에 레버리지를 일으켰습니다. 그 중 아파트는 투자금액이 커서 영업레버리지와 재무레버리지도 엄청났습니다. 만일 가격이 오른다면 큰 수익이 발생할 수 있습니다. 가격 상승을 예상하고 인생을 바꾸기 위하여 시장에 뛰어 들었습니다. 수익이 나면 실현시킨 후, 추가 대출을 받아 더 큰 투자를 했습니다. 인생을 걸고 All-in 한 거지요.

---

3) 모든 투기시장은 수요에 의해 움직입니다. 가치가 없더라도 수요자(투기자)가 많다면 가격이 치솟습니다. 투기를 원 없이 할 수 있을 만큼 공급할 수는 없습니다. 탐욕은 어떠한 공급도 부족할 만큼 무한정의 수요를 창출합니다. 그러나 이성을 되찾는 순간 수요는 연기처럼 사라집니다.

모든 투자는 상승과 하락이라는 변동성에 대응해야 합니다. 큰 부(富)를 위해 인생을 걸었기 때문에, 실패한다면 인생이 날아갑니다. 투자 실패로 발생한 결손은 무엇으로든 털어내야 합니다. 만일 지불할 자금이 없다면 젊고 건강한 노동을 꽤 오랜 기간 동안 바쳐야 합니다.

회계는 대변과 차변이 동일하지요. 최근 시장에서 손실을 본 2030이 있다면, 이익을 실현한 사람도 있겠지요? 최근 부동산을 가장 많이 처분한 세대는 70대 이상이라 합니다. 결과적으로 2030보다 70대 이상이 현명한 결정을 했고, 2030의 부(富)가 70대 이상에게 이전되었습니다. 앞서 돈은 시간의 또 다른 모습이라고 했습니다. 그래서 앞으로 결손을 메꾸면서 소모될 2030의 시간이 70대 이상의 소득으로 귀속된 것이지요.

군주제에서는 왕이 중심이듯이, 자본주의에서는 자본가가 중심입니다. 그런데 고령층이 2030보다 자본이 많습니다. 물론 2030이 컴퓨터를 잘 다루고, 정보를 검색하여 처리하는 능력도 좋습니다. 반면, 고령층은 전문가에게 수수료를 지급하고, 걸러진 정보와 전략을 제공받습니다. 거기에 자신의 투자경험을 덧붙여 판단하지요. 자본주의 사회에서 기성세대는 상대적으로 자본이 많습니다. 따라서 상대적으로 유리한 위치에 있습니다.

기성세대는 거의 모든 영역에서 자리를 잡고 다양한 방법으로 부지지대를 정당화하는 명분을 내세우는 경향이 있습니다. 사람들을 유혹하여 그들이 탐욕에 빠지면, 폭탄을 돌리고 실현시킵니다. 항상 그랬는데 이번 부동산 시장에서는 일부 2030이 걸린 거지요. 어차피 그들도 부지지대를 쫓다가 벌어진 일이니 (내가 불리한 위치였다며) 남을 탓하는 것은 비루한 변명인 듯합니다.

우리가 의사소통하는 이유는 다양하지만 주된 목적은 다음과 같습니다.
① 사실에 기반한 정보 획득
② 자기에 유리한 방향대로 다른 사람들이 생각하거나 행동하도록 유도하기 위함
③ 그냥 즐겁게 시간을 보내기 위한 담소

사실에 근거한 정보는 주로 교과서와 정규 학습 과정에서 얻게 됩니다. 이러한 정보는 생각보다 얻기 어렵습니다. 생산되는 상당수의 정보는 ①이 아닌 ②일 가능성이 있습니다. 이해관계나 정치관계가 얽히면 ①을 포장한 ②가 대부분입니다. 결국 ②는 여러분의 돈(또는 시간)을 Target으로 하는 경우가 많기 때문에 신중하시기 바랍니다. 참고로 ③이 주제가 되는 의사소통은 정신적 건강에 도움이 된다고 합니다.

(4) 기업의 버블과 개인의 버블

1990년대 후반의 IMF 외환위기의 원인은 여러 가지가 꼽힙니다. 그 중 가장 핵심적인 요소는 '과도한 차입을 통한 무분별한 투자'입니다. 차입을 통해 재무레버리지가 상승했고, 투자로 영업레버리지가 상승한 형태가 된 것입니다. 게다가 1990년대까지는 오너의 직관적인 판단에 따른 투자성향도 있었습니다. 레버리지가 큰 상황에서 외환시장의 불안정성으로 매출이 감소하며 수많은 기업들이 파산했습니다.

IMF 외환위기 이후 우리나라 기업들은 효율적인 조직으로 변했다는 평가가 일반적입니다. 말로만 일하거나 결재만 했던 사람들이 줄어들고 실무자 중심으로 재편된 것이지요. 양주와 맥주가 혼합된 폭탄주 문화도 차차 소맥으로 바뀌었습니다. 기름기를 빼고 통제가 강화된 것이지요. 그리고 사업재편성을 통해 영업레버리지를 조정하고, 부채비율을 하락시키며 재무레버리지를 감소시켰습니다.

기업문화를 바꾸고 레버리지를 감소시켜 거품을 뺀 것입니다. 거품을 거두는 2000년 전후에 고통스러운 시간을 보냈고, 건강을 되찾은 몇몇 기업들은 이후 글로벌 기업으로 성장했습니다.

기업들이 효율적인 조직으로 변모한 반면, 2000년대 이후 일부 개인들의 생활에 거품이 끼기 시작했습니다. 소득도 증가하였지만 전세담보대출과 주식담보대출이 증가하며 부동산 가격이 상승하였습니다. 자판기 커피는 프랜차이즈 커피로 바뀌었습니다. 외제차가 일반화되고 젊은 골프인구가 증가하였습니다. 소득이 증가한 만큼 생활수준이 향상되었다면 문제될 것은 없습니다.

높은 생활수준을 감당하기 위하여 벌어들인 돈을 대부분 지출했다면 여유자금이 없을 것입니다. 그럼에도 좋은 아파트와 차량이 눈에 아른 거립니다. 급여(영업활동 현금흐름)에서 탈출구를 찾을 수 없어 투자활동에 눈을 돌리게 됩니다. 여유자금이 없으니 투자활동에 필요한 자금은 재무활동(차입)으로 조달합니다. 물론 담보는 있어야지요. 미래 소득 즉, 미래의 자기 시간을 담보로 합니다.

영업활동 현금흐름에 부합하지 않는 높은 수준의 소비성향과 높은 레버리지는 IMF 외환위기 이전 기업과 유사한 구조입니다. IMF 외환위기 이후 기업들의 노력을 떠 올리며 살아갈 전략을 강구해야 합니다.

자신이 벌어들인 소득의 범위 내에서 소비하고, 잉여 영업활동 현금흐름을 저축으로 누적시켜야 합니다. 바람직한 투자는 잉여 영업활동 현금흐름과 적절한 레버리지를 통해 이루어져야 합니다.

잉여 영업활동 현금흐름을 위해서는 저축 자체보다는, 우리의 생활에 스며든 거품을 먼저 거두는 것이 선행되어야 합니다. 기억나시지요? 사업이 변경되지 않으면, 고정비는 줄어들지 않는다는 것을. 생활이 바뀌지 않으면 고정비는 감소되지 않습니다. 개인마다 다르겠지만 고급차량을 대중교통으로 바꾸고, 프랜차이즈 커피도 다른 대체품으로 바꾸는 등 생활 습관을 바꾸어야 현금유출이 감소됩니다. 생활방식의 변경은 고통스러운 과정을 수반하게 됩니다.

A氏의 진짜 재무상태표

- 레버리지를 관리하자.
  - 레버리지는 위험을 가중시킨다.
  - 부동산 및 주식과 차입금을 관리하자.
- 자녀는 부채다.
  - 예의를 갖추고 조심스럽게 대하자.
  - 어느 정도 교육에 대한 지출은 필수적이다.
- 업무지식과 경험
  - 자산인지 비용인지 냉정하게 판단하자.
  - 자기분식은 금물! 항상 업데이트(Update)하고 체계화하자.
- 무형자산(지식, 건강, 사랑)에 투자하자.
  - 무형자산은 수익이 가장 크지만, 손상도 쉽게 된다.
  - 유지하기 위해 노력하자.
- 시간
  - 시간이라는 존재가 없으면 나라는 존재도 없다.
  - 시간은 돈으로 대체된다.
  - 바쁠수록 나라는 존재도 빨리 소멸된다.
  - 의미를 찾아갈 시간이 필요하다.

MEMO

제3장

현금흐름과 자금관리

(1) 매출증가에 따른 유동성 악화?

매출이 증가하면 언뜻 수익성이 좋아져 현금이 증가할 것으로 생각하기 쉽습니다. 그러나 이익이 발생하더라도 오히려 현금이 부족해져 유동성 위험에 처하는 경우가 빈번합니다. 그 이유는 (손익계산서상) 이익이 현금주의가 아닌 발생주의에 따라 인식되기 때문입니다. 외상으로 팔더라도 매출은 인식하지만, 매출채권을 회수하기 이전까지는 현금이 유입되지 않습니다.

매출이 증가하면 당연히 그에 대응하기 위한 제조활동도 활발해집니다. 따라서 매출채권뿐만 아니라 재고자산도 증가합니다. 그리고 매입채무도 증가합니다. 그런데 일반적으로 자산(매출채권, 재고자산)의 증가가 부채(매입채무)의 증가보다 크게 되어 유동성이 악화됩니다.

재무상태표의 구성을 떠올리며 다음 예제를 살펴보기 바랍니다.

예제 9 매출증가에 따른 유동성 악화

• 현재 매출액은 200,000원이나, 거래처 확대로 매출액이 400,000원으로 증가함.
• 현재 보유하는 현금은 55,000원임.
• 매출 변동에 따라 매출채권, 재고자산, 매입채무가 변동될 것으로 예상되며, 기타 자산과 부채는 변동하지 않는다고 분석됨.

	매출 증가 전	매출 증가 후	변동액
매출채권	25,000	50,000	25,000
재고자산	30,000	60,000	30,000
매입채무	20,000	40,000	20,000

• 매출증가 전 보유 현금은 55,000원임.

[요구사항]
매출 증가 후 회사가 보유하게 되는 현금을 계산하시오.

재무상태표는 다음과 같이 구성됩니다.

- 자산 = 부채 + 자본

따라서 자산의 변동액은 부채와 자본의 변동액과 동일합니다.

- △자산 = △부채 + △자본
- △현금 + △기타자산 = △부채 + △자본

〈예제 9〉에 상기 식을 대입하면 다음과 같습니다.

- 현금 변동 + 매출채권 변동 + 재고자산 변동 = 매입채무 변동
- 현금 변동 = 매입채무 변동 - (매출채권 변동 + 재고자산 변동)
  = 20,000원 - (25,000원 + 30,000원) = (-)35,000원

결국, 매출이 증가함에 따라 보유하는 현금은 55,000원에서 20,000원으로 감소합니다.

매출 증가 전				매출 증가 후			
현금	55,000	매입채무	20,000	현금	20,000	매입채무	40,000
매출채권	25,000	기타부채	40,000	매출채권	50,000	기타	40,000
재고자산	30,000	자본	50,000	재고자산	60,000	자본	50,000
	110,000		110,000		130,000		130,000

매출증가에 따른 유동성 악화는 매출 추세가 안정화되면 개선되기 시작합니다. 누적된 이익이 드디어 현금으로 나타나는 것이죠. 매출 증가가 현금의 증가로 이어지기 까지는 생각보다 상당한 시간이 필요합니다. 만일 장기간에 걸쳐 매출이 증가한다면 그 기간 내내 자금압박을 받게 됩니다.

따라서 매출이 증가할 것으로 예상되면, 유동성 악화에 대한 대응방안을 미리 마련해야 합니다. 현금순환주기가 안정될 때까지 소요되는 현금은 일반적으로 단기차입금으로 해결하는 경우가 많습니다. 차입이 부담스럽다면 적극적으로 매출채권의 회수일을 단축시키고 재고관리에 관심을 기울여야 할 것입니다.

매출증가에 따른 유동성 악화

- 자산(매출채권과 재고자산) 증가 > 부채(매입채무) 증가 → 유동성 악화
- 유동성 대응방안
  - 은행과 협의를 통한 단기차입 약정 금액 조정
  - 매출채권 회수 촉구
  - 엄격한 재고관리

(2) 불황형 흑자

앞서 매출이 증가하면 오히려 현금이 줄어든다고 하였습니다. 〈예제 9〉의 재무상태표는 다음과 같습니다.

매출 증가 전				매출 증가 후			
현금	55,000	매입채무	20,000	현금	20,000	매입채무	40,000
매출채권	25,000	기타부채	40,000	매출채권	50,000	기타	40,000
재고자산	30,000	자본	50,000	재고자산	60,000	자본	50,000
	110,000		110,000		130,000		130,000

- 매출증가 전 부채비율 = 60,000원 ÷ 50,000원 = 120%
- 매출증가 전 부채비율 = 80,000원 ÷ 50,000원 = 160%

매출이 증가하면 현금이 감소하고 부채비율이 악화됩니다. 단기적인 유동성 악화에 대응하기 위해 차입금을 조달하면 부채비율의 악화는 심화됩니다. 물론 증가된 매출로 이익이 누적되면 단기차입금을 상환하고 이익잉여금이 증가하여 부채비율은 하락하게 됩니다.

반대로 매출이 감소하면 어떠한 현상이 발생할까요? 매출이 감소하면 매출채권과 재고자산이 감소하고, 매입채무가 감소합니다. 자산의 감소가 부채의 감소보다 크기 때문에 단기적으로 여유자금이 발생합니다. 그러나 장기적으로는 영업이 악화되어 손실이 발생하고 현금이 감소하게 됩니다. 잠시 여유가 생기는 것인데, 좋은 징조는 아닙니다.

불황형 흑자를 들어보셨나요? 경기가 불황기에 접어 들면 수출과 수입이 함께 줄어듭니다. 그런데 단기적으로 수입감소폭이 수출감소폭을 상회하여 무역수지가 흑자가 되는 현상이 불황형 흑자입니다. 회사에서 매출이 감소하면서 단기적으로 자금여유가 나타나는 현상과 유사합니다.

불황형 흑자는 단기적으로만 나타납니다. 장기적으로는 결국 무역수지가 악화됩니다. 일반적으로 경기가 악화되면 단기적으로는 유동성(현금)이 풍부해집니다. 그래서 자산(주식, 코인, 부동산)가격은 오히려 상승할 수 있습니다. 그러나 장기적으로는 현금이 부족해지고, 자산가격도 하락하게 됩니다.

	매출 증가	매출 감소
유동성 변화	채권증가 + 재고증가 〉채무증가	채권감소 + 재고감소 〉채무감소
단기적인 영향	유동성 악화 → 단기적인 자금 부족	불황형 흑자 → 단기적인 자금 여유
장기적인 영향	영업개선으로 이익 및 현금 증가	영업악화로 손실 및 현금 감소
자산 효과	투자 증가	기존 보유 자산의 감액 필요

02 자금 관리 원칙

앞서 매출이 증가하면 오히려 유동성이 악화된다고 하였습니다. 극단적인 경우 유동성관리에 실패하면 이익이 발생하더라도 '흑자 도산' 사태가 발생합니다. 따라서 철저한 자금 관리가 필요한데, 그 내용을 살펴보겠습니다.

> **자금관리**
>
> - 원칙 : 향후 예상되는 현금지출액과 현금유입액의 시기를 매칭(Matching)
> - 자산과 부채의 대응
>   - 운전자본 부족액 : 단기차입으로 조달
>   - 기계장치 등 유형자산 투자 : 장기자본(장기차입금이나 자본)으로 조달
> - 운전자본 관리
>   - 매출채권, 재고자산, 매입채무에 대한 관리

자금관리는 향후 지출액과 유입액을 기간 별로 매칭(Matching)하는 것이 기본 원칙입니다.

운전자본의 일시적인 변동으로 발생한 자금문제는 단기차입금 등 단기자본으로 대응하는 것이 일반적입니다. 그러나 유형자산 취득 자금은 장기차입금이나 유상증자 등으로 마련해야 합니다.

어떤 회사가 라인을 증설하여 생산량을 늘릴 계획이 있다고 가정해봅시다. 생산량 증가에 따른 이익은 설비를 사용하는 동안 지속적으로 발생합니다. 증설을 위한 거액의 자금은 당장 필요하지만, 현금회수는 장기간에 걸쳐 이루어집니다. 따라서 투자에 필요한 자금은 장기자본으로 조달해야 합니다.

단기자본은 장기자본보다 자본조달비용이 저렴합니다. 그 이유는 차입 기간이 길어지면 (경제나 회사의) 변동성이 커지기 때문입니다. 은행 입장에서는 변동성이 커지면 위험하므로 보다 높은 수익률이 필요한 거죠.

기업입장에서는 이자비용이 싼 단기차입금을 선호하는 경향이 있습니다. 그러나 자금흐름의 기간 매칭(Matching)은 필수적입니다.

IMF 외환위기 이전에 대기업들은 대마불사(大馬不死)의 신념이 확고했습니다. 도산은 생각지도 않았습니다. 그래서 이자율이 낮은 외화단기차입금에 많이 의존했습니다. 과도한 재무레버리지도 문제였지만 자금관리에도 허점이 있었던 것이죠.

좋을 때는 항상 좋습니다. 그러나 좋지 않은 때에는 모든 악재들이 한꺼번에 쏟아집니다. 타이밍을 기다렸던 투기꾼들까지 튀어 나옵니다. 그래서 항상 위험관리에 만전을 다해야 합니다. 10번 괜찮다가 1번 물려도 최악의 상태로 접어들 수 있기 때문입니다.

IMF와 단기채무

1990년대에 우리나라는 자본시장 개방, 금리 자유화, 외환거래 자유화정책 등을 주요 내용으로 하는 금융자유화 정책(Financial liberalization)을 시행했습니다. 당시 '외환거래 자유화정책'을 추진하는 과정에서 단기자금보다 장기자금의 차입에 대한 더 많은 규제가 남아 있었습니다. 이러한 '비대칭적 규제'는 회사와 금융기관들이 금리가 낮은 단기차입을 실시하는 결과를 가져왔습니다. 1990년대 외화 부채 추세는 다음과 같습니다.

(단위 : 백만달러)

연 도	총 외채	단기 외채	단기 비중
1990년	36,699	14,341	45%
1993년	43,870	19,165	43%
1996년	104,695	60,984	58%
1997년	120,797	51,225	42%

단기외채는 1년 안에 상환해야 하지만, 국가경제와 기업이 탄탄하면 만기가 도래해도 차환이 원활합니다. 단기자금은 금융비용도 싸고 절차도 편리한 장점이 있습니다. 이러한 이유로 IMF 직전에 우리나라의 단기외채 비율은 지속적으로 상승하여 58%에 이르렀습니다.

그러나 동남아시아에서 시작된 외환위기로 상황이 급변했습니다. 환율이 700원대에서 2,000원대로 상승하여, 갚아야 할 돈이 갑자기 3배로 증가하였습니다. 백만 달러가 7억원에서 20억원으로 둔갑한 것입니다. 세계경제의 악화로 매출이 급감했습니다. 그러자 외국인 투자자는 단기차입금을 회수하고 철수하였습니다. 우리나라의 외환 보유액은 336억 달러(97년 7월)에서 39억 달러(97년 12월)로 급감하였습니다. 여기에다 단기차익을 추구하는 국제 투기세력까지 집중 공격을 퍼부었습니다.

IMF 이후 우리나라의 주식이나 부동산의 가치는 급락하였습니다. 기억하십시오. 위기가 닥치면 자산의 가치는 항상 급락합니다. 그러나 부채는 그대로입니다. 따라서 내 재산(순자산)은 급락합니다. 그 시기에 투기세력을 비롯한 외국인들은 헐값에 주식이나 부동산을 사들였습니다. 그리고 2000년 이후 거액에 처분하여 막대한 수익을 획득하였습니다.

IMF 외환위기를 통하여 장·단기 자금관리의 중요성을 배울 수 있습니다. 외화라면 반드시 환율변동 리스크도 고려해야 합니다. 위험관리가 되지 않으면 갑작스레 모든 자산의 가치는 급락하고, 재산은 더 빠른 속도로 감소합니다. 소중한 자산들이 헐값에 팔려나갑니다.

03 성장관리

고정비는 단기적인 관점에서 분류되는 개념이라고 했습니다. 고정비는 단기적으로 변동하지 않지만 장기적으로는 증가합니다. 즉, 장기적으로 모든 지출은 변동비입니다. 우측의 그림과 같이 고정비의 증가추세는 변동비와 달리 단계적인 모습을 보여줍니다.

예제 10 증설시점 결정

• 현재 19,500개의 제품을 판매하고 있으나, 조만간 20,000개를 돌파할 예정임.
• 현재 여유자금은 80억원이나 라인 증설(10,000개 생산 증가)을 위해서는 150억원이 요구됨.
• 증설된 설비를 운영하려면 50명을 신규 채용해야 함.

[요구사항]
라인 증설 결정 시 고려해야 할 사항을 논하시오.

현재 판매량은 19,500개이나, 증설하면 30,000개까지 생산할 수 있습니다. 따라서 증설 후에는 생산량을 대폭 늘리고 매출을 향상시키기 위해 노력할 것입니다. 즉, 21,000개가 아닌, 23,000개나 25,000개 이상의 매출을 원합니다. 이미 투자된 설비는 고정비이므로, 최대한 활용해야 됩니다.

원래 생산부서는 공장 설비 능력을 최대한 활용하여 지속적으로 생산하는 것을 목표로 합니다. 어떤 경우에는 영업 상황이 안 좋더라도, 생산효율을 높여 생산량을 증가시키기도 합니다. 그것이 그 조직의 존재 이유이기 때문입니다.

문제는 생산한 제품을 모두 소화할 시장이 있냐는 것입니다. 그렇지 않다면 재고자산만 증가하고 수익성이 악화될 수 있습니다.

① 재고자산 증가 : 미판매 재고로 보관비용 증가와 진부화 위험 증가
② 판매량 증가를 위한 판매조건 악화 : 판매단가 하락과 채권 기일 증가
③ 자금 압박 : 투자 시 조달한 차입금과 매출증가에 따른 유동성 악화

라인 증설이 예상될 경우에는 투자시점에 신중해야 합니다. 라인 증설 전에 **수익성 중심의 경영체계**로 변경하고, 3년 정도를 내실화기간으로 움츠릴 필요가 있습니다.

거래처 중 판매조건이 좋지 않는 거래처를 줄일 필요가 있습니다. 내실경영으로 자금도 축적하고요. 마지막으로 투자 이후에는 21,000개가 아닌 23,000개 또는 25,000개 이상을 판매할 수 있도록 전략을 마련해야 합니다. 더 멀리 뛰기 위해 움츠리는 개구리처럼요.

🔹 장기 관점 : 고정비 변동 추세

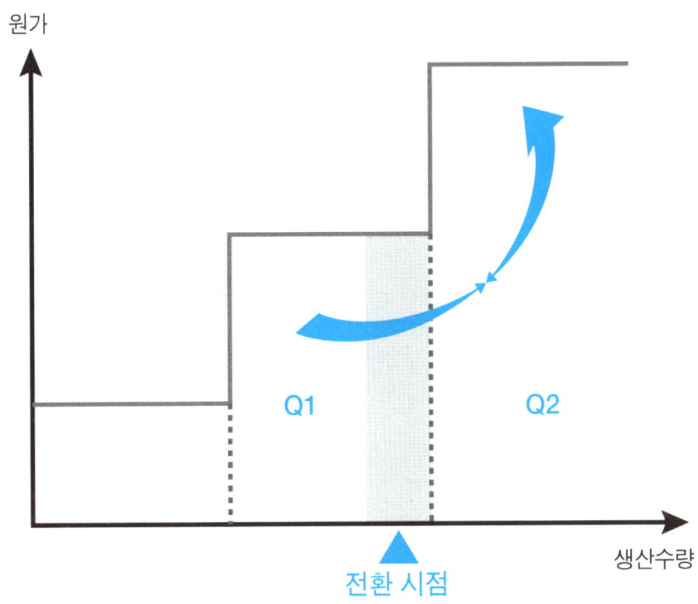

◎ **고정비 투자** : Q1 → Q2
- Q2를 소화할 수 있는 매출은 가능한가?
- 투자자금은 충분한가?

◎ **전환 시점의 전략(안)**
- 매출 Volume이 아닌 이익에 초점
  → 이익축적을 통해 여유 자금 창출(3년 정도의 준비 후 도약)
- 투자 후 고정비(Q2)를 Cover 가능한 사업 계획

우리나라 기업과 개인의 현금흐름 추세

(1) 기업들의 현금흐름

우리나라는 1990년대 중반까지 급속도로 경제 규모가 성장했습니다. 따라서 투자기회가 많았습니다. 그래서 배당을 지급하거나 차입금을 상환하기보다는 오히려, 차입과 유상증자를 통해 투자자금을 조달하는 데 초점을 맞추었습니다. 따라서 재무활동 현금흐름이 (+)이고, 투자활동 현금흐름이 (−)인 추세를 보입니다.

차입금을 증가시켜 투자하면 영업레버리지와 재무레버리지가 높아집니다. 회사가 위험에 노출됩니다. 영업이 잘 되면 보다 많은 수익을 창출하지만, 영업이 잘 안되면 파산에 직면합니다.

우리나라는 90년대까지 고도성장을 이루어 냈습니다. 한강의 기적이라고 불릴 정도의 급성장이었지요. 90년대 후반까지 기업들의 영업레버리지와 재무레버리지가 매우 높았습니다. 합리적인 의사결정입니다. 급성장이 예상된다면 레버리지가 높은 상황이 더 큰 이익을 창출하기 때문입니다.

그러다가 1997년에 IMF 외환위기에 맞닥뜨렸고 경제는 얼어붙었습니다. 매출은 급감했습니다. 1달러에 700원이던 환율은 2,000원을 넘어섰습니다. 그리고 이자율은 20%를 넘어갔습니다. **결국 영업레버리지와 재무레버리지가 높았던 (위험한 구조를 가진) 수많은 기업들이 도산하였습니다.** 이와 같이 레버리지가 높은 구조는 위험한 구조입니다.

IMF 이후 정부의 주도로 Big Deal이 이루어졌습니다. LG반도체는 현대반도체(현, SK하이닉스)에 합병되었습니다. 그리고 한국중공업, 현대중공업, 삼성중공업이 보유한 발전사업 부문은 한국중공업(현, 두산중공업)으로 통합되었습니다. 이를 통해 중복투자가 줄어들고, 시장경쟁이 완화된 측면이 있습니다. 시장의 안정화를 통해 영업레버리지로 인한 위험이 다소 경감된 것입니다.

IMF 이후 우리나라의 주요 대기업들은 차입금 관리에 심혈을 기울였습니다. 지배구조개선 등을 통해 부채비율을 낮추고, 재무구조를 강화시켰습니다.

이와 같은 구조조정은 2000년대 후반 금융위기를 잘 견딜 수 있는 힘이 되었습니다. 오히려 그 이후 사업 확장할 수 있는 단단한 기반이 되었습니다.

금융 위기 이후 주요 대기업들의 매출과 영업이익은 급증하였고 중소기업들과의 격차는 훨씬 더 벌어졌습니다. 이 현상에 대해 다양한 해석이 있습니다. 하지만 중소기업에 비하여 주요 대기업들이 IMF 이후 레버리지 관리능력(위험관리 대응능력)이 향상되었기 때문이라는 점은 부인하기 어렵습니다.

재벌개혁 (1998.8. 연합뉴스)

한국 재벌에 대한 외국언론들의 시각은 매우 부정적이다. 외국 언론들은 지난해 12월 국제통화기금(IMF) 긴급금융지원 사태가 벌어지자 '엄청난 부채를 짊어지고 과도하게 다각화된 재벌들이 IMF 사태의 주범'이라고 일제히 공격했다.

한국의 여러 경제주체 중 재벌만큼 '애증이 교차하는' 집단도 드물다. 재벌은 60~90년대까지 30년간의 경제개발 과정에서 성장의 견인차 역할을 해왔다. 그러나 그 그늘에서는 정경유착, 문어발식 경영, 대주주의 경영전횡 및 부정비리, 부의 세습 등 심각한 경제, 사회문제들이 함께 배태돼왔다. 특히 재벌 오너 중에는 공금유용, 외화도피, 문란한 사생활 등으로 사회의 지탄을 받는 일도 적지 않았다.

'반도체 칩에서 선박까지', '석유에서 섬유까지'. 재벌들이 금융기관을 사금고화하며 문어발식 확장 경쟁을 벌인 재벌들의 구호였다.

올해 1월 3일 현재 주요 그룹들의 계열사수는 현대 58개사, 삼성 59개사, 대우 33개사, LG 54개사, 선경 42개사에 이른다. 전 산업 매출에서 30대 재벌이 차지하는 비중은 95년 현재 46%. 재벌의 비대화로 중소기업은 설 땅을 잃었고 'IMF사태'로 중소기업의 부도가 속출하는 속에서 5대재벌이 회사채 발행량의 90% 이상을 독식하는 경제구조 왜곡현상이 심화되고 있다. 재벌들은 자동차와 석유화학, 반도체와 조선, 철강 등 주요 업종에서 모두 세계 1등을 하겠다며 '밑 빠진 독에 물 붓기'식의 막대한 투자를 했다. 그 자금은 자기자본이 아니라 금융권 차입으로 조달됐다. 그러나 그 결과는 국가 기간산업의 경쟁력 상실과 과잉설비로 나타났고 재벌은 구조조정의 '칼날' 앞에 서게 됐다. 또 '대마불사' 신화를 믿고 은행 빚을 마구 끌어다 회사를 키웠던 한보, 거평, 뉴코아, 진로, 대농, 쌍방울, 동아 등 재벌들은 'IMF 위기'를 맞아 맥없이 쓰러지면서 엄청난 부실채권을 발생시켜 국민경제를 멍들게 했다.

(2) 개인들의 현금흐름

기업과 달리 대부분의 개인들은 90년대 중반까지 아껴 쓰고 남는 돈은 저축했습니다. 가계저축률은 세계수위를 달렸습니다. 이렇게 모인 돈은 기업들에게 공급되었습니다. 일부 부동산투자에 열중하는 사람들도 있었습니다만 대세는 아니었습니다.

IMF 시절에 직장을 잃고 자영업도 어려웠지만 견딜 만했습니다. 지금까지 저축한 자금이 있었으니까요. 다른 말로 재무레버리지가 낮았기 때문입니다. 어렵지만 금 모으기 운동에도 동참할 수 있었고, IMF 외환위기를 빠른 시간 안에 극복할 수 있었습니다.

IMF 이후 정보통신의 발달이 이루어졌습니다. 인터넷이 일반화되었습니다. 많은 정보를 쉽게 검색할 수 있게 되었고, 빠른 속도로 정보가 퍼졌습니다. 그만큼 사회가 **투명화되고 정보 독식 현상이** 감소하였습니다.

90년대까지도 TV에서는 저축이 최고임을 강조했습니다. 대입시험이 끝나면 학교 공부로 충분했다는 전국수석의 인터뷰가 반복되었습니다. 그러나 당시에도 일부 사람들은 부동산 투자로 부를 축적하고, 사교육 혜택을 누렸습니다.

그러나 정보통신의 발달로 사람들이 알게 되었습니다. 저축보다는 부동산 투자가 상대적으로 수익성이 높다는 것을. 사교육이 진학에 유리하다는 것을. 정보가 공개되고 확대됨에 따라 많은 사람들이 부동산 투자와 사교육에 참여하게 되었습니다. 부동산 투자와 사교육에 대한 수요가 급증하게 된 것이죠.

우리나라의 인구분포를 보면 70년대 초반 출생자가 가장 많습니다. 이 또한 부동산 수요 급증에 영향을 미쳤습니다. 그러나 정보공유로 수요 자체가 증가한 것도 큰 원인이라 생각됩니다. 게다가 2000년대에 불기 시작한 신자본주의의 탐욕도 사람들을 자극했습니다. 부동산은 더 이상 거주공간이 아닌 투자대상으로 보다 더 강조되었습니다.

자금이 모자라면 대출을 받아 아파트를 취득하였습니다. 부채가 증가하면 자산도 증가한다며 레버리지 효과를 즐겼습니다. 당연히 가계의 부채비율은 높아졌습니다.

사교육에 대한 정보도 일반화되면서 학원산업이 발달하게 되었습니다. 자녀수가 줄어들었으나 인당 사교육비는 폭발적으로 증가했습니다. 조기유학 등이 일반화될 정도입니다. 과도한 사교육 지출도 가계 부채비율에 악영향을 미쳤습니다. 부동산과 사교육에 대한 투자는 이제 몇몇 사람들의 전유물이 아니라 온 국민의 관심사가 되었습니다.

저성장으로 개인들의 월급(영업 현금흐름)은 늘어나지 않았습니다. 재무활동(대출)을 통하여 과도하게 투자활동(아파트, 교육)에 집중하였습니다.

부동산과 교육은 유·무형자산이므로 영업레버리지가 높습니다. 차입금이 증가하여 재무레버리지도 높습니다. 위험한 구조입니다. 부동산가치가 더 오를 수도 있지만 그렇지 않을 수도 있습니다.

여러분들의 현금흐름과 레버리지를 되돌아 볼 시점입니다.

예제 11 대출을 통한 투자

- A氏는 5억원을 보유하고 있음.
- 9억원짜리 아파트를 구입하고자 4억원을 차입함.
- 차입금 이자율은 4%임.

[요구사항]
1년 후 아파트 가격이 2억원 상승하거나 하락 시 재무상태를 분석하시오.

1년후 차입금은 아파트 가격과 관계없이 4.16억원입니다. 자산은 하락하거나 상승하지만 차입금은 그대로이므로, 순자산의 변동이 심합니다. 이러한 현상이 재무레버리지입니다. 더구나 아파트는 주식처럼 잘 거래도 안 되고, 상황 변화에 따라 가치변동도 큽니다. 이러한 현상이 영업레버리지입니다.

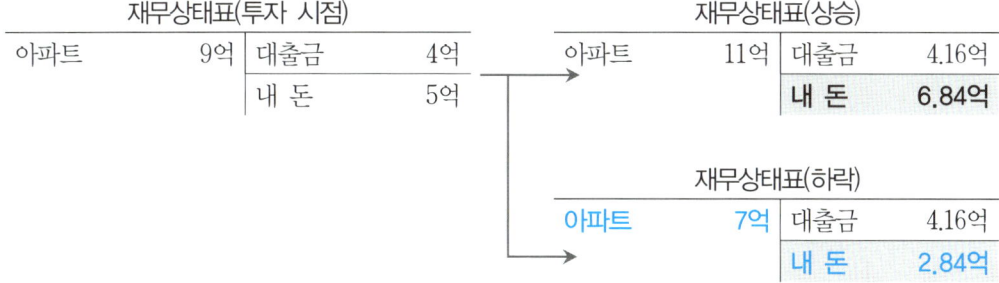

재무상태표(투자 시점)		
아파트	9억	대출금 4억
		내 돈 5억

재무상태표(상승)		
아파트	11억	대출금 4.16억
		내 돈 6.84억

재무상태표(하락)		
아파트	7억	대출금 4.16억
		내 돈 2.84억

(3) 최근의 변화

1997년 IMF 외환위기 이후 기업들은 경영활동을 효율화하였습니다. 경제발전에 따라 자산과 매출이 증가하였으나 그 비율만큼 직원은 증가하지 않았습니다.

먼저 삼성전자를 살펴볼까요?

	자산	매출	직원수
1998년	20,776	20,084	42,154
2023년	296,857	170,374	124,804

(*) 개별재무제표 기준, 금액은 십억원 단위

현대자동차는 다음과 같습니다.

	자산	매출	직원수
1998년	11,185	8,698	37,752
2023년	85,065	78,034	73,502

(*) 개별재무제표 기준, 금액은 십억원 단위

자산과 매출에 비해 직원의 증가율은 매우 낮습니다. 그만큼 자본이 집중도가 심화되었습니다. AI, Data Transformation, 자율주행차 등 우수한 기계가 일반화되면 노동의 비중은 더 감소할 가능성이 있습니다.

과거처럼 성장률이 높지 않고 정체되고 있습니다. 특히, 2010년대 이후에는 저성장 추세가 뚜렷합니다. 저성장추세로 인하여 투자활동은 감소하였습니다. 투자에 필요한 자금이 적어짐에 따라, 여유자금이 누적되었습니다. 차입금 상환으로 재무구조가 더욱 양호해지고, 배당성향도 증가하였습니다.

반면, 개인들은 현금흐름은 우울합니다. 경쟁이 치열해져 진학과 취업이 너무나 어렵습니다. 취업해도 높은 부동산 가격과 학자금 대출은 결혼과 미래에 대한 희망을 좌절시킵니다. 그래서 저출생 추세가 심화되고 있습니다. 반면, 기대수명은 증가하여 빈곤한 노인층을 양산하고 있습니다.

저출생과 노령화는 인적자원의 훼손을 의미합니다. 우리나라의 핵심역량이 훼손되고 있습니다. 지금까지 성장을 이끌어왔던 유산을 정리하고, 사고를 전환할 시점입니다. 그렇지 않다면 자칫 일본식 장기 저성장 추세도 우려됩니다.

문어발식 투자와 차입경영에 대한 평가

과거 비판 받은 문어발식 투자는 영업레버리지 효과의 극대화를 의미합니다. 90년대까지는 한국경제가 급성장하던 시기였습니다. 따라서 기업가 정신으로 여러 사업에 투자한 행위를 모두 잘못 되었다고 비난하기는 어렵습니다.

과거에 반도체, 자동차, 조선 석유사업 등에 문어발식으로 투자한다고 비판 받았으나, 그 사업들이 현재 한국경제를 이끌고 있습니다. 결론만 보면 문어발식 투자 중 일부는 현재 우리나라 경제를 이끌고 있습니다. 물론 그룹 총수의 개인적인 취향에 따른 투자는 위험하지만, Animal Spirit에 따른 과감한 의사결정이 필요한 것도 현실입니다.

최근에는 대기업의 적극적인 투자를 유도하고 있습니다. 대기업의 보수적인 투자와 안정적인 영업구조를 비판하고, 경제 발전을 위한 리더로써의 역할을 강조하고 있습니다. 일부 대기업들은 적극적인 M&A를 약속하고 신사업을 추진하고 있습니다. 과거에는 비판 받았던 '문어발식 투자'가 지금은 '적극적인 투자' 등으로 이름이 바뀌고 지지를 얻고 있습니다.

IMF 이전에 자금조달은 차입에 의존하였습니다. 낮은 금리로 차입할 수 있었기에, 자본비용이 비싼 주식발행보다 차입이 선호된 것은 당연합니다. 그러나 차입금 규모가 커지면 재무레버리지가 증가합니다. 그러나 경제가 성장기였으므로 큰 문제는 발생하지 않았습니다. 물론 정경유착과 대마불사라는 바람직하지 않은 관행도 한 몫 한 것은 사실입니다. 이러한 재무리스크는 IMF를 통하여 한국경제의 부실화를 가져왔습니다.

IMF 이후 대기업들은 지주회사 등을 채택하면서 기업지배구조를 변화시켰습니다. 비영업용 자산 등을 적극적으로 처분하였습니다. 이를 통하여 현재는 차입금에 따른 재무리스크를 대폭 낮춘 상태입니다.

결국 IMF 이후 대기업의 변화는 체계적인 투자와 재무구조 건전화라고 결론 내릴 수 있을 듯 합니다. 물론 경제가 고도화되면서 그룹 총수에 의존한 의사결정 구조도 시스템에 의한 결정으로 진화한 것도 중요한 변화입니다.

MEMO

제4장

지배구조개선과 지분레버리지

01 주요 개념

(1) 사업결합 관점

지배구조개선과 지분레버리지 효과를 이해하려면 연결재무제표와 사업결합 관점을 이해할 필요가 있습니다. 먼저 회계는 크게 다음과 같이 구분됩니다.

① 일반회계 : 개별 자산의 취득과 처분
② 사업결합회계 : 사업의 취득과 처분(M&A)

사업결합회계란 특정 '사업'과 관련된 자산·부채와 권리·의무를 포괄적으로 이전하는 거래에 대한 회계처리를 의미합니다. 여기서 사업의 구성 요소는 다음과 같습니다.

① 투입물 : 하나 이상의 과정이 적용될 때 산출물을 창출하거나 창출할 능력을 가진 경제적 자원
② 과정 : 시스템, 표준, 규약, 협정 또는 규칙
③ 산출물 : 경제적 효익의 형태로 수익을 제공하거나 제공할 능력

사업은 3가지 요소로 구성되는 것이 일반적이나, 특수한 상황에서는 일부 요소가 없을 수 있습니다. 예를 들어 초기 사업 단계에서는 산출물이 없을 수 있습니다.

다음의 기본 사례를 통해 개별(별도)재무제표와 연결재무제표 관점을 설명하겠습니다.

 기본 사례

- 치킨회사는 피자회사 주식을 80% 취득하여 지배력을 획득함.
- 치킨회사는 피자회사에 대해 지배력을 보유하고 있으므로 종속기업에 해당함.

치킨회사는 피자회사 주식을 80% 취득하여 지배력을 행사하고 있습니다. 여기서 지배력이라고 함은 치킨회사가 피투자기업의 사업(피자사업)에 대해 의사결정 능력이 있다는 것을 의미합니다. 따라서 법적 형식으로 보면 치킨회사는 피자회사 주식을 보유한 것이지만, 경제적 실질 관점에서는 치킨회사는 피자사업을 취득한 것입니다. 치킨사업 외에 새로운 사업(피자사업)이 결합되었으므로 사업결합입니다.

개별재무제표(또는 별도재무제표) : 법적 실체 관점

치킨회사의 재무상태표는 치킨사업에 대한 자산·부채와 피자회사 주식으로 구성됩니다. 법적 관점에서 보면 치킨회사가 보유하고 있는 피자회사 주식은 투자주식에 불과합니다. 이와 같이 법적 실체 관점에서 투자주식 회계처리가 반영된 재무제표가 개별(별도)재무제표입니다.

연결재무제표 : 경제적 실질 관점

연결재무제표란 지배·종속 관계에 있는 2개 이상의 회사를 단일실체로 보아 각 회사의 재무제표를 종합하여 작성한 재무제표입니다. 즉, 법적으로는 독립된 회사이나 경제적 관점에서는 동일한 지배력 하에 있는 회사들을 하나로 아울러 표시한 것이 연결재무제표입니다.

치킨회사는 피자회사에 대해 지배력이 있으므로, 실질적으로는 치킨회사가 치킨사업과 피자사업을 영위하고 있는 것입니다. 따라서 치킨회사의 연결재무제표에는 치킨사업과 피자사업이 표시됩니다.

연결재무제표는 개별(별도)재무제표를 합산한 후 연결조정을 거쳐 작성됩니다.

연결재무제표 작성 과정

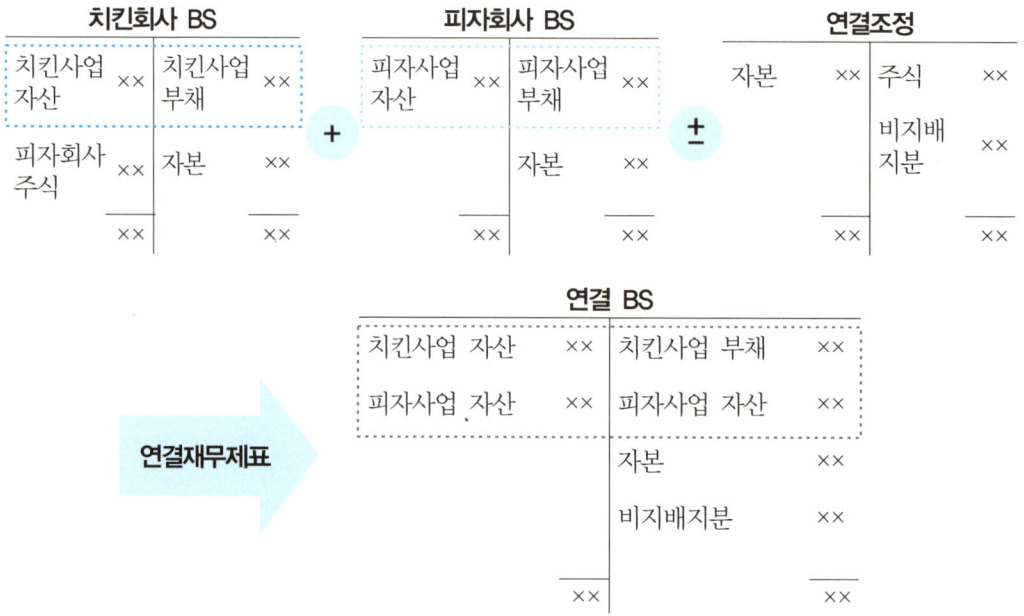

치킨회사는 피자회사 주식을 80%만큼만 보유하고 있기 때문에, 피자회사의 주주 중에는 치킨회사 이외의 주주(소액주주)도 존재합니다. 이러한 소액주주가 피자회사에 대하여 가지게 되는 권리가 연결재무제표에 '비지배지분'으로 표시됩니다.

개별재무제표(또는 별도재무제표)는 법적 실체 즉, 개별기업에 대한 주주들과 채권자의 청구권을 보여준다는 데에는 의미가 있습니다. 그러나 기업집단의 경제적 실질은 개별재무제표가 아닌 연결재무제표에서만 확인할 수 있습니다.

연결재무제표의 유용성

연결재무제표는 기업집단의 '사업'을 보여줍니다. 그리고 자회사들의 비지배주주(소액주주) 내역을 표시하고 있습니다. 기업지배구조와 지분레버리지 효과는 연결재무제표에 대한 이해가 전제되어야 접근 가능합니다.

◎ **자회사의 취득 · 처분과 지분율 변동**

만일, 치킨회사가 피자회사 주식을 10% 처분하였다고 가정해 봅시다. 그럴 경우 치킨회사의 개별(별도)재무제표에서는 투자주식이 감소하게 되지만, 연결재무제표상 자산과 부채는 변동이 없습니다. 소액주주가 증가하더라도 지배기업의 지배력에는 영향이 없기 때문에 연결실체가 영위하는 사업은 동일합니다.

주식은 순자산에 대한 주주의 권리를 나타냅니다. 따라서 소액주주의 지분율이 증가하면 연결재무제표상 자산과 부채는 변동이 없더라도, 연결자본에 표시된 비지배지분은 증가하게 됩니다.

만일, 피자주식을 대부분 처분하여 지배력을 상실하게 된다면 연결재무제표에는 더이상 피자사업이 표시되지 않습니다. 개별(별도)재무제표상으로는 주식을 처분한 것이지만, 연결 관점에서는 피자사업을 처분한 것에 해당합니다.

요약하면 연결재무제표상으로는 **자회사에 대한 지배력이 변동이 없다면 연결실체가 영위하는 사업은 동일**합니다. 자회사에 대한 지분율 변동은 **비지배지분의 변동**만 가져옵니다.

(2) 기업지배구조

기업이 장기적으로 수익성을 향상시키고 안정적으로 자금을 조달하려면, 신뢰할 수 있는 지배구조를 갖추어야 합니다. 급변하는 환경에 탄력적으로 대처하고, 적대적인 인수합병(M&A)에 대응할 수 있는 지배구조를 갖추어야 합니다. 그리고 안정적인 경영권 확보뿐만 아니라 기업집단(그룹) 내 사업 포트폴리오의 재편성을 통한 가치창출 및 계열사의 연쇄부실화 방지 등을 위하여 노력해야 합니다.

기업지배구조(Corporate Governance Structure)란 최고경영자가 기업이 추구하여야 할 목표인 기업가치 극대화를 위하여 일관된 의사결정을 할 수 있도록, 감시하고 통제할 수 있게 하는 구조, 과정, 규정 등의 제도적 장치를 말합니다. 이러한 제도적 장치는 크게 법적인 소유권과 의사결정권으로 구분할 수 있는데, 현대적 의미의 기업지배구조는 소유권 그 자체보다는 기업의 자원과 이익을 배분할 수 있는 의사결정권을 의미하고 있습니다. 생산, 마케팅, 재무, 회계, 전략 등 다양한 기업의 경영활동에 대한 의사결정권을 가진 사람이나 기구가 기업을 지배한다는 관점입니다.

기업지배구조라는 개념과 그에 따르는 각종 제도는 서구에서 자본과 소유가 분리되면서 발달하였습니다. 전문경영인이 주주의 이익에 반하여 의사결정을 하는 행위 즉, 대리인비용을 방지하기 위한 방편으로 지배구조의 필요성이 대두된 것입니다. 대리인비용은 정의 비대칭성으로 발생하기 때문에, 기업지배구조는 정보의 비대칭성을 방지하기 위하여 주주와 채권자의 권리보호, 이사회의 구성과 운영, 공시 등 의사소통의 투명성과 원활성, 감사기구 등 감독장치, 이익의 공정한 배분장치 등에 초점을 두고 있습니다.

미국을 비롯한 서구사회의 기업지배구조가 전문경영인이 주주의 이해에 부합되는 의사결정을 하도록 고안된 것에 반하여, 우리나라의 기업지배구조는 '오너'라고 불리는 대주주가 자신의 사적 이익을 추구하기 위하여 소액주주와 금융기관 등 이해관계자의 이익에 반하는 의사결정을 방지하기 위하여 발전하였다고 볼 수 있습니다.

기업지배구조는 사회의 법률과 경제적 상황에서 기업을 발전시키기 위한 일환으로 형성되는데, 상법이나 공정거래법 등의 규제를 받고 있습니다. 우리나라의 주요 그룹들은 크게 순환구조와 지주회사 체제로 구분할 수 있습니다.

◎ 순환출자 구조

하나의 기업집단 안에 있는 기업들이 상호 간에 주식을 보유하고 있는 구조는 법률상 '주식의 상호소유'에 해당하나 기업실무상 순환출자 구조라고 표현하고 있습니다.

만일 대주주가 15%만 보유하고 있어, 경영권을 강화하기 위해 다음의 조치를 취했다고 가정해 봅시다.
① 자금이 풍부한 MD삼계탕이 MD사의 지분을 일부 취득
② MD사의 자기주식 취득

이를 그림으로 표현하면 다음과 같습니다.

🔵 순환출자 구조

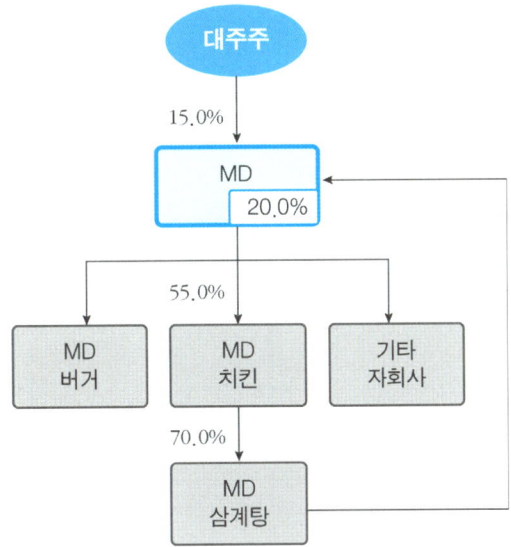

손자회사인 MD삼계탕이 MD사의 지분 12.0%를 취득하여 순환출자를 형성하고 MD사가 자기주식을 20.0% 취득하면, 의결권을 행사할 수 있는 주식은 32.0%만큼 감소하게 됩니다. 따라서 대주주의 MD사에 대한 유효지분은 22.1%(= 15.0% ÷ 68.0%)로 증가하게 됩니다.

만일, 적대적 인수합병(M&A)으로 인한 위협이 발생되면, MD사는 보유하고 있는 자기주식과 MD삼계탕이 보유한 주식을 우호세력에 처분하여 경영권을 방어할 수도 있습니다.

순환출자는 필요할 경우 여유가 있는 회사들로부터 십시일반 자금을 조달하여 대규모 투자를 할 수 있다는 장점이 있습니다. 이로 인해 순환출자 구조가 발달했던 우리나라에서 자동차, 조선, 화학 등 대규모 투자가 필요한 산업이 발달할 수 있었다고 평가하는 견해도 있습니다.

순환출자 구조로 형성된 우리나라의 대표적인 기업집단으로는 삼성그룹과 현대자동차그룹 등을 예로 들 수 있습니다.

◎ 지주회사

지주회사(Holding company)는 다른 기업의 주식을 소유하고 동 기업에 대하여 실질적인 지배력을 획득하는 것을 사업 목적으로 하는 회사입니다. 지주회사는 기업지배에 의한 독점수단으로 19세기 말 미국에서 발전했는데, 다른 기업을 지배하는 기업을 지주회사라 하고 지배를 받는 회사를 사업회사(Operating company)라 합니다.

지주회사 구조

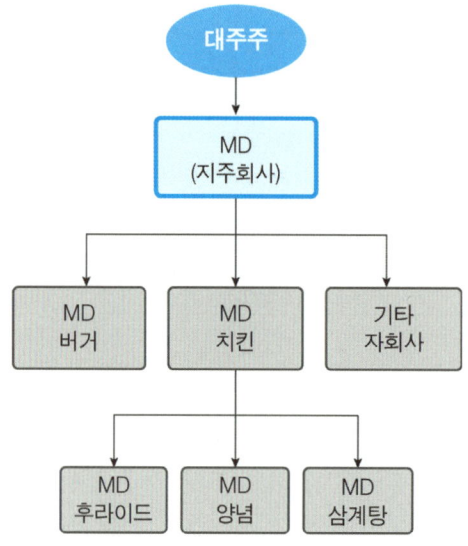

　　지주회사는 피라미드형의 지배를 가능하게 하며, 적은 자본을 가지고도 생산과 자본에 대한 지배력을 넓힐 수 있는 것이 특징입니다. 우리나라에서는 IMF 외환위기 이후 자본시장이 개방된 상황에서 외국자본으로부터 경영권을 방어하고, 부실한 계열사를 정리하기 위한 목적으로 지주회사가 필요하다는 재계의 요구가 있었습니다. 이에 따라 상법을 개정하여 특정 요건을 충족할 경우에는 지주회사의 설립과 전환을 허용하였습니다.

　　한편, 공정거래법은 지주회사를 통한 경제력 집중과 독점의 폐해를 막기 위하여, 지주회사와 그 자회사 등에 대하여 다양한 행위제한 요건을 규정하고 있습니다.

(3) 지분레버리지 효과

　　기업집단이 외부에 사업을 처분하거나 새로운 기업을 인수하는 활동이 없다면, 기업집단 내에서 지배구조를 변경하더라도 (지배력을 유지한다면) 연결재무제표상 자산과 부채의 변동은 발생하지 않습니다. 비지배지분의 변동만 발생하게 되지요. 그러나 사업을 진행하는 주체의 변화(예를 들어 모회사가 하는 사업을 자회사가 인수하여 수행)를 통해 탄력적인 사업구조로 변모할 수 있습니다.

여기서 반드시 기억해야 할 사항은 Closed System을 전제하면 사업구조의 재편을 통한 기업가치 증대는 제한적이라는 점입니다. 사업구조 재편 작업은 연결재무제표(기업집단 내)에 존재하는 사업의 위치를 변경시키는 것일 뿐, 사업 자체의 핵심 역량을 증대시키기에는 한계가 있기 때문입니다.

기업가치의 획기적인 개선은 기업집단이 기업집단의 외부와 (Open System이 되어) 적극적으로 사업을 처분하고 인수하여, 사업 포트폴리오 자체를 변경하는 과정에서 기대할 수 있습니다. 따라서 Closed System을 전제한 지배구조개선은 내부적으로 가치사슬을 재구성하고, 외부환경에 대응하여 사업포트폴리오를 시기적절하게 변경할 수 있도록 즉, 사업구조를 탄력적으로 재편하는 차원으로 이해하는 것이 바람직합니다.

Closed System을 전제하더라도 기업집단의 계층구조가 바뀌면 자본의 구성 내역이 변경됩니다. 즉, 지배기업지분과 비지배지분의 구성이 바뀝니다. 주주의 변동 과정에서 발생하는 재무적 효과를 지분레버리지 효과라 표현해 봅시다. 이러한 **지분레버리지 효과**를 적절하게 활용할 경우 **대주주는 추가적인 자금을 투자하지 않고서도 경영권을 강화할 수도 있고, 지분을 희석하지 않으면서 자금을 조달할 수도 있습니다.**

🔵 지배구조개선 효과

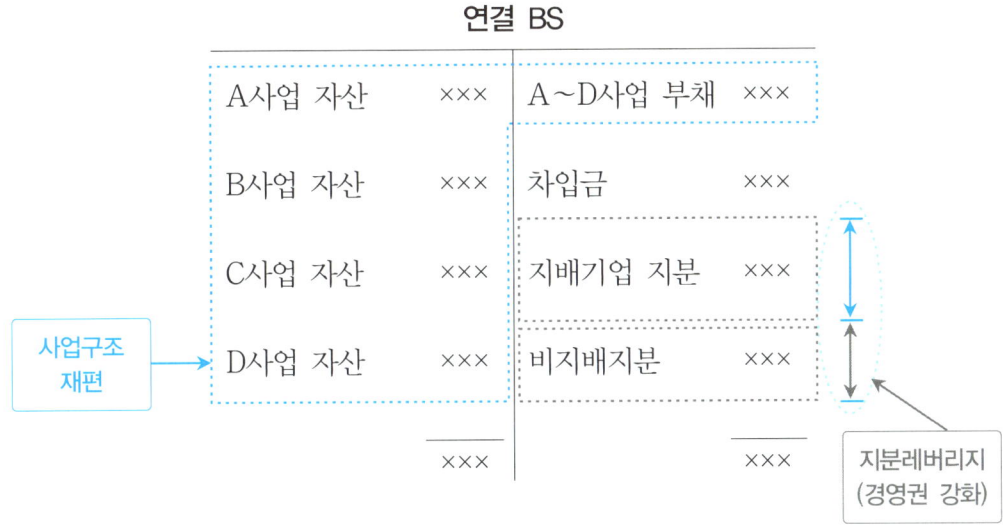

경영권 안정화

지배구조개선을 통하여 경영권 안정화를 꾀하는 대표적인 형태는 인적분할 및 현물출자를 통한 지주회사 전환입니다. 본 절에서는 이해를 돕기 위하여 가상의 MD그룹을 상정하여 지주회사 전환 과정을 설명합니다.

(1) 현황

MD그룹의 지배구조는 다음과 같습니다.

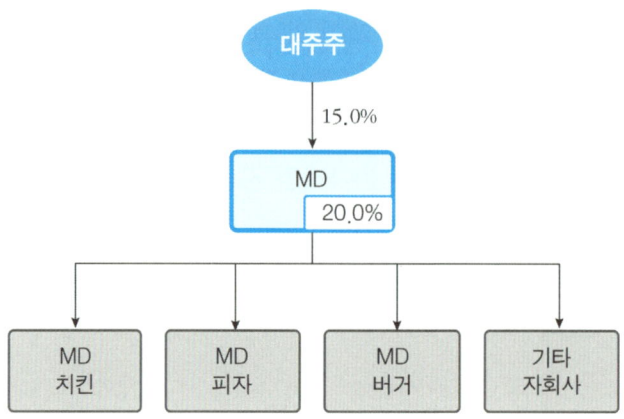

MD사는 게임을 주요 사업으로 영위하고 있으며, 게임 사업부문 이외에는 투자부문과 사옥 임대부문으로 구성되어 있습니다. 그리고 MD사는 MD치킨, MD피자 및 MD버거 등의 투자주식을 보유하고 있는데, 자회사들은 비상장회사이며 MD사가 100% 지분을 보유하고 있습니다.

대주주의 지분율은 15.0%에 불과하여 경영권이 취약한 상황이나, 대주주가 주식시장에서 직접 지분을 취득하기에는 보유하는 자금이 풍족하지 않습니다. 이러한 이유로 MD사는 꾸준하게 자기주식을 취득하여 경영권을 방어해 왔습니다.

(2) 인적분할

MD사는 2024년 1월 1일을 분할기일로 하여 다음과 같이 인적분할을 실시했습니다.

구 분	사업내용
MD홀딩스(존속기업)	투자 사업부문, 본사 건물, 자기주식
MD게임(신설기업)	게임 사업부문

❖ MD사의 인적분할

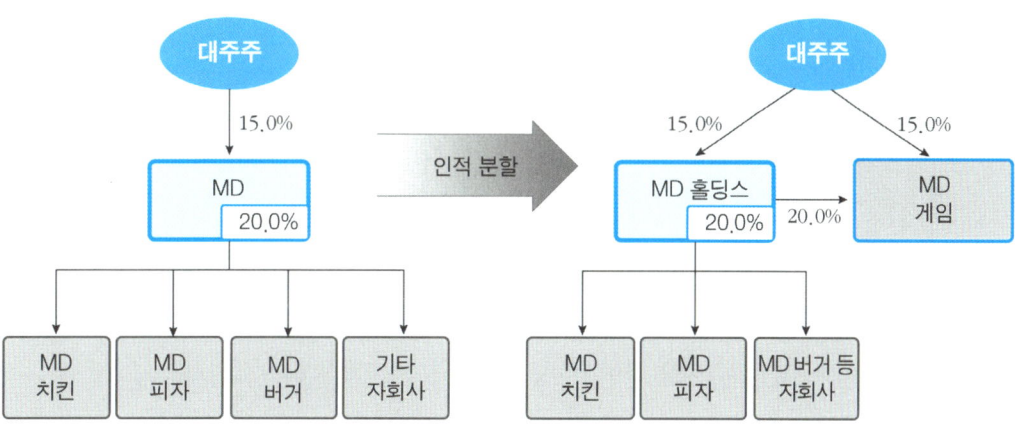

　　MD사는 인적분할을 통해 게임사업을 신설법인인 MD게임에게 이전했습니다. 따라서 MD홀딩스에는 계열사 주식, 사옥 및 자기주식만 남게 되었습니다. 여기서 눈여겨볼만한 사항은 MD홀딩스가 가지고 있는 자기주식에 신설된 MD게임의 신주가 교부된다는 점입니다. 이로 인하여 인적분할 후 MD홀딩스는 MD게임 주식 20%를 보유하게 됩니다.

　　MD홀딩스는 인적분할 후 기존 MD사 주주들에게 2주당 1주의 MD게임 주식을 교부했습니다. 그리고 1주의 MD게임 주식을 교부하면서 1주의 MD홀딩스 주식을 주주로부터 수령하여 소각(유상감자)하였습니다.

　이 과정을 예를 들면 다음과 같습니다.

① 15,000주를 보유하고 있는 대주주는 MD게임 주식 7,500주 수령

② 대주주는 그 대가로 7,500주의 MD 주식을 제출

③ 대주주가 제출한 주식은 소각

　　인적분할 결과 MD홀딩스의 주주별 지분율은 종전과 동일하지만, 감자 과정에서 발행된 주식은 반으로 감소하였습니다. 인적분할 후 MD홀딩스와 MD게임의 주주 구성은 다음과 같습니다.

주주	MD홀딩스		MD게임	
	지분율(%)	주식수	지분율(%)	주식수
대주주	15	7,500	15	7,500
자기주식	20	10,000	–	–
MD홀딩스	–	–	20	10,000
기타	65	32,500	65	32,500
합계	100	50,000	100	50,000

(3) 공개매수(현물출자)

인적분할로 신설된 MD게임은 MD홀딩스보다 순자산 금액이 더 컸으며, 향후 현금흐름도 양호할 것으로 예상되었습니다. 반면, MD홀딩스는 지주회사 형태로서 자회사들에 대한 지분 이익을 회계상 인식하지만, 지분 이익이 현금흐름에 미치는 직접적인 영향은 적습니다. 따라서 MD홀딩스의 주가는 상대적으로 지지부진하였습니다.

분할 후 6개월이 지나 MD게임의 주가는 MD홀딩스의 3배 수준에서 안정되었습니다. 지주회사 전환을 위하여 MD홀딩스는 공개매수를 공지하였습니다. 공개매수는 MD홀딩스가 MD게임 주주들의 주식을 취득하는 대가로 MD홀딩스 주식을 발행하여 교부한다는 내용으로서, MD홀딩스 입장에서는 현물출자와 동일합니다.

공개매수가 공지되었으나 일반주주는 향후 현금흐름이 양호할 것으로 예상되는 MD게임 주식이 MD홀딩스보다 매력적이었습니다. 따라서 결과적으로 대주주만 공개매수에 참여하게 되었습니다.

현물출자 전후의 MD홀딩스 주주 현황은 다음과 같습니다.

주주	현물출자 전		현물출자	현물출자 후	
	주식수	지분율(%)	주식수	주식수	지분율(%)
대주주	7,500	15	22,500	30,000	41.4
자기주식	10,000	20	–	10,000	13.8
기타	32,500	65	–	32,500	44.8
합계	50,000	100	22,500	72,500	100

상기 표에서 보듯이 대주주는 현물출자에 참여하였으나, 다른 일반 주주는 참여하지 않게 됨에 따라 대주주의 MD홀딩스에 대한 지분율은 41.4%로 증가하게 되었습니다.[4]

● 현물출자 전후의 지배구조

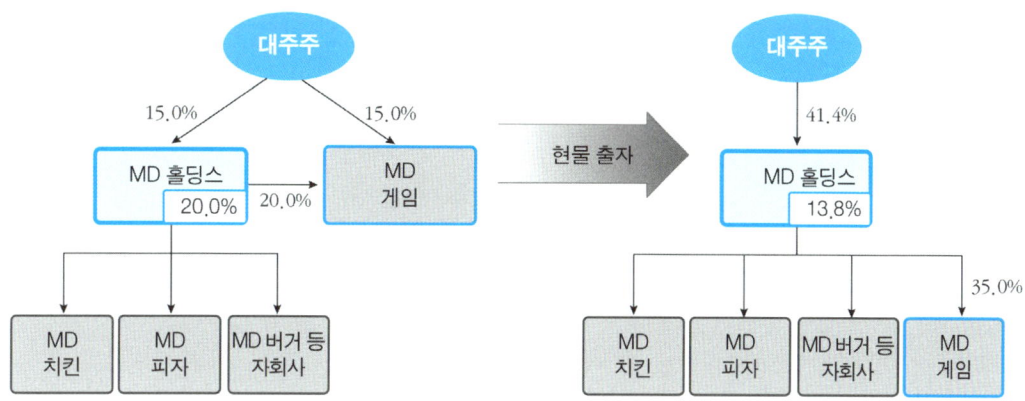

MD사의 지배구조 개선 전후를 비교해 봅시다.

● MD사의 지배구조개선

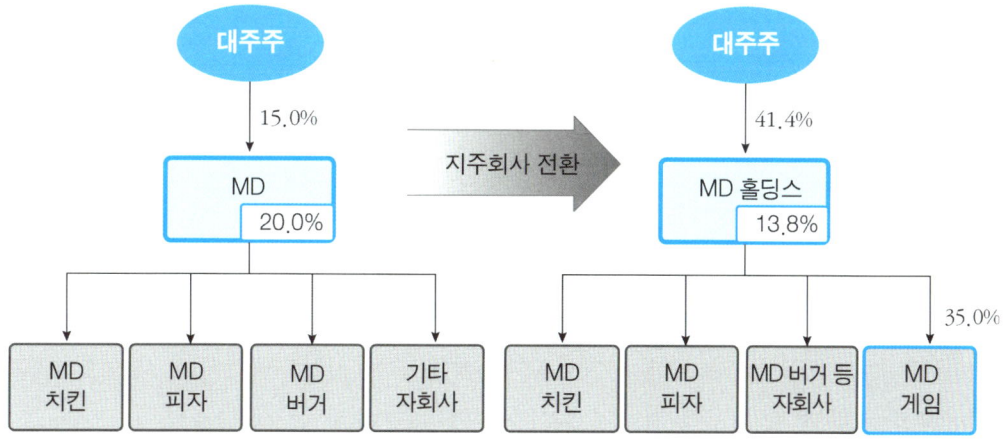

---

4) 현물출자 후 대주주의 지분율은 다음과 같습니다.
   현물출자 후 지분율 = (종전 지분율＋신규 취득 지분율) ÷ (100%＋신규 발행 지분율)
   ＝(15%＋45%) ÷ (100%＋45%) ＝ 41.4%

지주회사로 전환되기 전과 후를 비교하면 눈에 띄는 현상은 다음과 같습니다.
① 대주주의 지분율이 41.4%로 증가 (**경영권 안정화**)
② 지분율이 35.0%인 신설회사 취득 (**비지배지분 증가**)

연결재무제표 관점으로 보면 자본의 구성 중 비지배지분이 증가하면서, MD홀딩스에 대한 대주주의 지분율이 증가한 것입니다. 요약하면 **지분레버리지를 통한 경영권 안정화 과정**입니다.

(4) 사례 분석

SK그룹은 소버린 사태 이후로 지배구조를 개선하기 위하여 에너지 사업부문을 인적분할하고 지주회사로 전환하였습니다. 그 결과는 다음과 같습니다.

● SK의 지주회사 전환

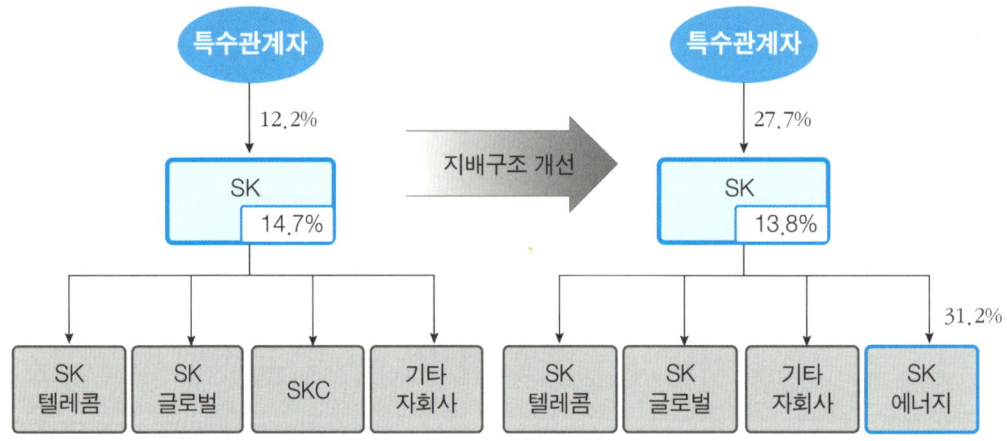

그림에 보듯이 특수관계자의 지분율은 12.2%에서 27.7%로 증가하였고, 소액주주의 비중이 68.8%에 달하는 SK에너지(현, SK이노베이션)가 신설되었습니다. 연결재무제표상 자본 항목을 통해 수치를 구체적으로 살펴보면 다음과 같습니다.

구 분	2007년(개선 후)	2006년(개선 후)
1. 지배기업 지분	6,451	8,075
2. 비지배지분	17,499	10,035
자본 총계	23,950	18,110
비지배지분 비율	73.10%	55.40%

지배구조개선을 통해 자금조달을 하거나 사업구조개편을 실시하는 대표적인 형태는 물적분할입니다. 이해를 돕기 위하여 가상의 MD그룹을 통하여 설명합니다.

(1) 현황

현재 MD그룹에서 MD사만 상장되어 있으며, 자회사들은 비상장회사이며 MD사가 100% 지분을 보유하고 있습니다.

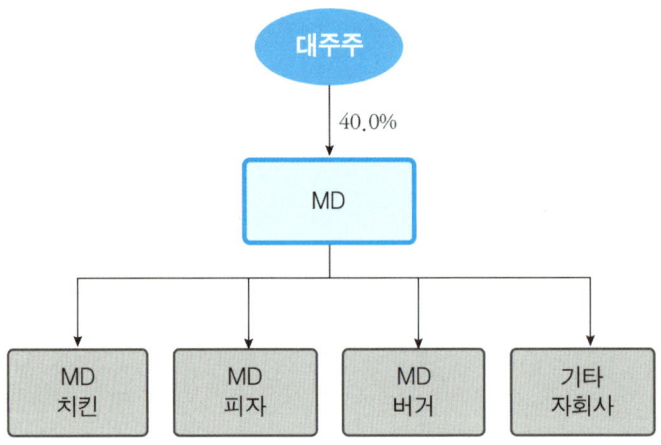

MD사는 게임사업을 주요 영업활동으로 하고 있으며, MD치킨 및 MD피자 등 계열사 주식을 보유하고 있으며 계열사에 대한 관리업무를 수행하고 있습니다.

MD사는 게임 사업부문의 성장을 위해 2,000억원의 투자가 필요합니다. 그러나 영업활동으로 조달 가능한 현금은 800억원에 불과한 것으로 예측되어, 1,200억원의 자금을 어떻게 조달할 것인가 고심하고 있습니다. 금융기관으로부터 차입 또는 사채를 발행하는 대안을 쉽게 떠올릴 수 있으나, 부채비율의 상승과 이로 인한 금융비용의 증가는 부담스러운 상황입니다.

(2) 물적분할

MD사는 2024년 1월 1일을 분할기일로 다음과 같이 물적분할하기로 결정하였습니다.

구 분	사업내용
MD홀딩스(존속기업)	투자 사업부문
MD게임(신설기업)	게임 사업부문

● MD사의 물적분할

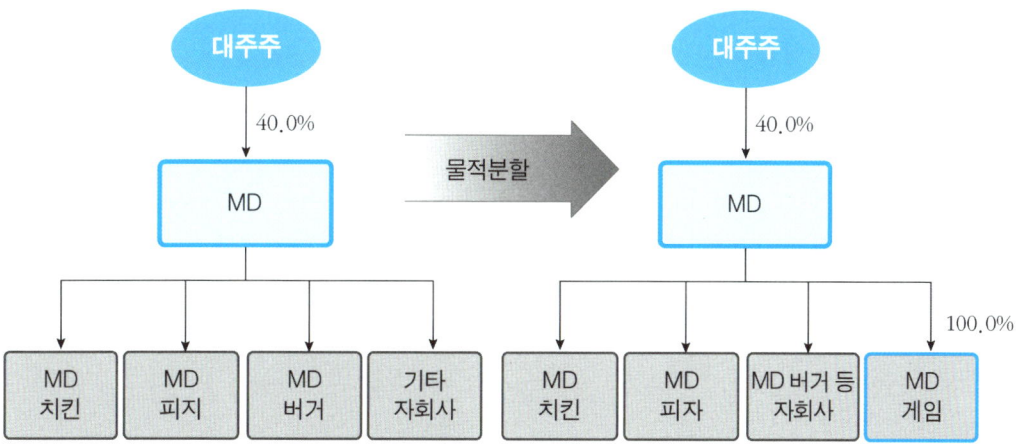

물적분할이 이루어지면 게임 사업과 관련된 자산·부채는 모두 신설법인인 MD게임에게 이전되고, MD홀딩스는 MD게임 주식을 100% 보유하게 됩니다.

(3) 신설법인의 IPO

MD게임은 물적분할을 통하여 비상장기업으로 신설되지만, 일정 요건을 충족하면 주식시장에 상장(IPO)할 수 있습니다.

앞서 MD게임은 대규모 투자를 계획하고 있으며, 이 중 1,200억원은 외부에서 마련하여야 한다고 언급했습니다. 만일 MD게임이 상장하는 과정에서 30% 정도의 신주를 발행하여 자금을 조달하면 차입이나 사채에 의존할 필요가 없습니다.

MD홀딩스는 소액주주가 30%만큼 증가하더라도 여전히 최대주주이므로 지배력에는 영향이 없습니다. MD게임은 자본이 커졌기 때문에 부채비율이 하락합니다.

지금까지 설명한 과정을 요약하면 다음과 같습니다.

① 대주주의 지분율은 40.0%로 동일 (**경영권 유지**)

② 분할 후 상장을 통해 지분율이 70.0%인 MD게임 취득 (**비지배지분 증가, 부채비율 하락**)

③ 상장과정에서 투자자금 조달 (**자금조달**)

연결재무제표 관점으로 보면 자본의 구성 중 비지배지분이 증가하면서 연결실체가 투자할 자금이 증가한 것입니다. **지분레버리지를 통한 자금 조달** 과정을 보여주고 있습니다.

실제 사례를 살펴보겠습니다.

LG화학은 전기배터리 사업을 공격적으로 추진하고 있습니다. 시장의 선도주자로서 위치를 견고히 하려면 대규모 투자가 불가피했습니다. 그런데 차입으로 자금을 조달하면, 재무레버리지와 영업레버리지가 증가합니다. 위험한 구조로 변경됩니다. LG화학이 유상증자를 실시한다면 대주주인 LG의 자금부담이 제기됩니다. LG가 자금이 부족하여 유상증자에 참여하지 않는다면, LG화학에 대한 지분율이 하락하여 경영권 문제가 야기되기 때문입니다.

LG화학은 물적분할을 통해 배터리 사업부문을 LG에너지솔루션으로 독립시켰습니다. 이후 LG에너지솔루션은 상장을 실시했고, 이 과정에서 소액주주로부터 10조원을 조달할 수 있었습니다. 10조원만큼의 자본이 확충되어 부채비율도 하락했습니다.

요약하면 LG는 LG화학에 대한 지분율을 유지하면서도, 비지배지분의 증가를 통해 자금을 조달한 것입니다.

(4) 자금조달 및 사업구조개편

물적분할은 자금조달 창구를 다양화하거나 사업구조개편 시에도 활용됩니다. 회사 내에 사업부문이 아니라 독립된 자회사로 존재하면 특정 사업부문에 대한 자금흐름이 명확해지고 구조조정이 용이하기 때문입니다.

만일 MD사가 게임 이외의 사업을 보유하고 있는데, 게임사업에 매력을 느끼고 있는 투자자가 있다고 가정해 봅시다. 그 경우 동 투자자는 자금을 투자하더라도 동 자금이 게임 사업부문이 아닌, 계열사 지원이나 다른 사업부문으로 흘러갈 수 있다고 우려할 수 있습니다. 그리고 투자 후에 경영실적이 개선되더라도 동 실적이 게임사업으로 인한 것인지 또는 다른 사업으로 발생한 것인지에 대한 논란이 야기될 수 있습니다. 즉, 자금흐름이 불분명하고 이익 배분 기준이 명확하지 않아 투자에 망설일 수 있습니다.

그러나 게임 사업부문을 독립시킨 후 투자자로부터 자금을 조달하면, 자금의 사용처나 실적에 따른 배분 기준이 분명해집니다. 이와 같이 분할은 사업부문을 독립시킨 후 동 사업부문의 특성에 맞는 자금조달 전략(상장, 조인트벤처(Joint Venture)을 가능케 합니다.

만일, 현재 게임 사업부문에서 이익이 나지만, MD그룹의 다른 사업부문과 Synergy가 적으며 향후 성장 가능성도 크지 않다고 가정해 봅시다. 이러할 경우 MD사는 게임 사업부문을 구조조정하거나, 외부에 처분하고 성장 가능성이 큰 다른 사업에 투자하는 것이 더 유리할 것입니다. 그러나 상장사이며 모기업인 MD사가 구조조정하거나 회사 내 사업부문을 처분한다면, 그 영향이 MD그룹 전체에 영향을 미치고 사기를 떨어뜨릴 수 있습니다.

이 경우 구조조정이나 매각에 앞서 분할을 통해 사업부문을 별도 회사로 독립시키는 방법을 생각할 수 있습니다. 분할신설된 비상장사가 구조조정을 한다면 상대적으로 전체 조직에 미치는 악영향은 감소하게 될 것이기 때문입니다.

이와 같이 사업 Portfolio를 끊임없이 다변화하고 지속적인 구조개편을 실시하는 기업은, 분할을 활용한 전략을 고려할 필요가 있습니다.

MEMO

제5장

현금흐름에 대한 이해

01 현금흐름표의 특징

(1) 현금주의와 발생주의

재무제표를 이해하려면 현금주의와 발생주의 개념은 필수입니다.

현금주의와 발생주의

- 현금주의 : 현금의 수입과 지출에 따라 손익을 측정하는 방법
- 발생주의 : (현금의 수수와는 관계없이) 수익은 실현되었을 때 인식, 비용은 발생되었을 때 인식
- 재무상태표와 손익계산서 : 발생주의에 따라 작성
- 현금흐름표 : 현금주의에 따라 작성

발생주의가 경제적 실질에 보다 부합합니다. 따라서 재무상태표와 손익계산서는 발생주의를 적용하여 작성됩니다.

그런데 현금은 그 무엇보다 중요합니다. 그래서 재무상태표와 손익계산서의 약점을 보완하기 위하여 현금주의에 따라 현금의 변동을 보여주는 것이 현금흐름표입니다.

발생주의를 적용하면 회계정책에 따라 재무제표가 달라집니다. 재무상태표와 손익계산서는 회계정책에 따라 다른 모습을 보입니다.

현금주의를 적용하면 현재 현금의 변동을 설명합니다. 회계정책에 따라 달라지지 않습니다. 지금 가지고 있는 현금이 얼마인지는 어떠한 회계정책을 적용하느냐에 상관없이 항상 동일할 것이니까요.

따라서 현금흐름표는 회계정책과 상관없이 항상 동일한 모습을 보입니다.

(2) 현금은 Fact다!

분식을 하더라도 현금흐름표는 동일하게 나타납니다. 한마디로 거짓말을 못합니다.

> **현금은 Fact다!**
>
> • 재무상태표와 손익계산서는 회사의 회계정책에 따라 달라진다.
>   → 즉, 회사의 의견(Opinion)이다.
> • 현금흐름표는 Fact다!

회사의 재무상황을 제대로 보려면 현금흐름 분석이 필수입니다. **발생주의에 따른 재무상태표와 손익계산서 분석 결과는 현금흐름표에 일관되게 나타나야 합니다!** 모든 재무지표가 일관된 이야기를 하지 않는다면 이상한 것이지요.

예제 12 **현금주의와 발생주의**

• A氏는 00년말 현재 50,000원을 보유하고 있음.
• A氏는 01년초에 택시용 자동차를 50,000원에 취득함.
• 택시를 운행하여 매년 30,000원씩 벌어들임.
• 휘발유와 보험료로 매년 8,000원씩 지출됨.
• 생활비로 매년 10,000원씩 사용함.
• 자동차 수명은 5년으로 예상됨.
• 감가상각비는 정액법을 적용하여 산출함.

[요구사항]
발생주의와 현금주의에 따라 손익계산서와 현금흐름표를 작성하시오.

[발생주의 적용 시]

◎ 손익계산서

	01년	02년	03년	04년	05년
수입	30,000	30,000	30,000	30,000	30,000
지출	28,000	28,000	28,000	28,000	28,000
이익	2,000	2,000	2,000	2,000	2,000

(*) 지출 = 휘발유와 보험료 8,000원 + 생활비 10,000원 + 감가상각비 10,000원 = 28,000원

◎ 현금흐름표

	00년	01년	02년	03년	04년	05년
현금유입	–	30,000	30,000	30,000	30,000	30,000
현금지출(*)	–	68,000	18,000	18,000	18,000	18,000
현금증감	–	(38,000)	12,000	12,000	12,000	12,000
기초현금	50,000	50,000	12,000	24,000	36,000	48,000
기말현금	50,000	12,000	24,000	36,000	48,000	60,000

(*) 02년~05년 현금 지출 = 휘발유와 보험료 8,000원 + 생활비 10,000원 = 18,000원
　　01년 현금지출 = 18,000원 + 50,000원(자동차 구입비) = 60,000원

[현금주의 적용 시]

◎ 손익계산서

	01년	02년	03년	04년	05년
수입	30,000	30,000	30,000	30,000	30,000
지출(*)	(68,000)	18,000	18,000	18,000	18,000
이익	(38,000)	12,000	12,000	12,000	12,000

(*) 02년~03년 지출 = 휘발류와 보험료 8,000원 + 생활비 10,000원 = 18,000원
　　01년 지출 = 18,000원 + 50,000원(자동차) = 68,000원

◎ 현금흐름표

	00년	01년	02년	03년	04년	05년
현금유입	–	30,000	30,000	30,000	30,000	30,000
현금지출(*)	–	68,000	18,000	18,000	18,000	18,000
현금증감	–	(38,000)	12,000	12,000	12,000	12,000
기초현금	50,000	50,000	12,000	24,000	36,000	48,000
기말현금	50,000	12,000	24,000	36,000	48,000	60,000

(*) 02년~05년 현금 지출 = 휘발유와 보험료 8,000원 + 생활비 10,000원 = 18,000원
　　01년 현금지출 = 18,000원 + 50,000원(자동차 구입비) = 60,000원

　　발생주의와 현금주의에 따라 작성된 재무상태표와 손익계산서는 상이합니다. 그러나 현금흐름표는 동일합니다. 즉, 감가상각비가 얼마인지에 상관없이 현금흐름표는 항상 동일합니다.

　　현금흐름표는 발생주의에 따라 작성된 재무제표의 약점을 보완합니다. 현금이 어떻게 조달되고 사용되는지 설명하고 있습니다.

예제 13   현금흐름표는 Fact

- 다음 사항을 제외하고는 〈예제 12〉와 모두 동일함.
- A氏는 대출 목적으로 손익과 순자산을 양호하게 보여주기 위하여 분식을 시도함.
- 자동차 수명을 20년으로 결정함(연 감가상각비 : 2,500원).

[요구사항]
발생주의에 따라 손익계산서와 현금흐름표를 작성하시오.

◎ 손익계산서

	01년	02년	03년	04년	05년
수입	30,000	30,000	30,000	30,000	30,000
지출(*)	20,500	20,500	20,500	20,500	20,500
이익	9,500	9,500	9,500	9,500	9,500

(*) 지출 = 휘발류와 보험료 8,000원 + 생활비 10,000원 + 감가상각비 2,500원

◎ 현금흐름표

	00년	01년	02년	03년	04년	05년
현금유입	–	30,000	30,000	30,000	30,000	30,000
현금지출(*)	–	68,000	18,000	18,000	18,000	18,000
현금증감	–	(38,000)	12,000	12,000	12,000	12,000
기초현금	50,000	50,000	12,000	24,000	36,000	48,000
기말현금	50,000	12,000	24,000	36,000	48,000	60,000

(*) 02년~05년 현금 지출 = 휘발유와 보험료 8,000원 + 생활비 10,000원 = 18,000원
01년 현금지출 = 18,000원 + 50,000원(자동차 구입비) = 60,000원

A氏는 감가상각비를 분식하였습니다. 이를 통해 순이익은 양호해졌습니다. 그러나 현금흐름표는 변하지 않습니다.

02 이익의 질(Quality of Earnings)

이익에도 질이 있습니다. 질이 좋은 이익도 있고, 그렇지 않은 이익도 있습니다. 그렇다면 좋은 이익은 어떠한 이익일까요? 그 요건은 다음과 같습니다.

이익의 질(Quality of Earnings)
① 지속적으로 발생하는 이익
② 현금을 수반하는 이익

'지속적으로 발생하는 이익'은 일반적으로 영업이익을 의미합니다. 영업이익은 회사의 주된 영업활동으로 발생한 이익입니다. 따라서 회사의 영업활동이 크게 변동하지 않는다면 앞으로도 그만큼의 이익을 기대할 수 있습니다.

영업외수익은 회사가 보유하고 있는 토지나 투자주식 등을 처분하여 발생하는 이익입니다. 일시적으로 발생하는 이익입니다. 매년 팔 수 있는 토지가 회사에 무한정 있을 수는 없습니다. 따라서 영업외수익은 크더라도 향후에는 기대하기 어렵기 때문에 영업이익보다는 낮게 평가됩니다.

'현금을 수반하는 이익'은 통장으로 연결되는 이익입니다. 손익계산서는 발생주의에 따라 작성됩니다. 따라서 장부상으로는 이익이 발생하였더라도 통장으로 즉각 이어지지 않을 수 있습니다. 예를 들어, 매출이 증가하더라도 운전자본이 부담되면 오히려 통장 잔고는 감소할 수도 있습니다. 따라서 회사의 장기 추세를 검토하고 **당기순이익과 영업활동 현금흐름의 상관관계**가 높은지 반드시 확인해야 합니다.

현금흐름표는 사실(Fact)을 보여준다고 하였습니다. 그리고 손익계산서와 재무상태표는 회사의 의견(Opinion)이라고 했습니다. Fact와 Opinion이 일관되는지 확인하면 이익의 질을 판단할 수 있습니다.

이익의 질

- 지속가능한 이익인가?
  - 매출의 변동 추세 분석
  - 영업이익률과 영업이익의 추세 분석
- 현금을 수반하고 있는가?
  - 당기순이익과 영업활동 현금흐름과의 상관관계 분석

이익은 의견(Opinion)이고, 현금은 사실(Fact)이다!!

- 재무상태표와 손익계산서는 변형 가능
  - 재무상태표와 손익계산서는 회계정책과 판단에 따라 작성됨.
    → 일정 정도의 **자의적인 판단**이 개입됨.
- 이익의 질(Quality of earnings) 확인!!!
  → 재무상태표 및 손익계산서와 현금흐름표의 연관성 검토

※ 이익의 질 : 이익의 지속가능성, 이익과 현금흐름의 상관관계
  - 이익의 지속가능성 : 일시적인 영업외수익 보다는 영업이익
  - 현금흐름과의 관계 : 현금을 동반한 이익

현금흐름은 다음과 같이 분류됩니다.
① 영업활동 : 회사의 주된 활동으로 발생된 현금흐름
② 투자활동 : 회사의 투자활동으로 발생된 현금흐름
③ 재무활동 : 회사의 재무활동으로 발생된 현금흐름

영업활동 현금흐름은 현재 회사의 수익성을 측정하는 지표입니다.

투자활동 현금흐름은 미래에 대한 회사의 전략을 드러내며, 미래 수익성을 예상하는 데 활용되는 지표입니다. 현재 진행 중인 투자가 완료되면 기존 제품을 더 많이 공급하거나, 새로운 제품을 생산하게 되어 수익성이 향상됩니다.

마지막으로 **재무활동은 투자활동 등에 사용되는 자금이 어떻게 조달되는지를 보여줍니다.**

(1) 영업활동 현금흐름

영업활동으로 발생한 현금흐름은 말 그대로 현재 회사가 영위하는 사업으로 벌어들인 현금을 의미합니다. 영업활동 현금흐름이 (+)라면 현재 영업이 안정적이라 볼 수 있고, (-)라면 현재 영업구조가 취약하다고 볼 수 있습니다.

영업활동 현금흐름은 현재 사업이 잘 되고 있는지를 보여줍니다. 그래서 현재 사업에 대한 **현금흐름의 안정성과 기업가치를 평가하는 데 활용됩니다.**

한 가지 유의할 점은 **영업활동 현금흐름은 재투자를 전제하지 않고 산출**됩니다. 따라서 사업의 지속성을 전제한다면, 전체 영업활동 현금흐름에서 감가상각비나 무형자산상각비를 제외한 실질 현금흐름을 파악해야 합니다.

실질 영업활동 현금흐름

실질 영업활동 현금흐름 = 영업활동 현금흐름 - 감가상각비 등(재투자비용)

〈예제 14〉를 통해 견고한 영업활동 현금흐름에 대해 생각해 봅시다.

예제 14 **실질 영업활동 현금흐름**

- 영업활동 현금흐름은 10,000원이며 감가상각비가 12,000원임.
- 회사가 활용하는 설비는 60,000원으로서 내용연수는 5년임.

[요구사항]
영업활동 현금흐름에 대해 해석하시오.

일견, 영업활동 현금흐름이 10,000원이므로 양호하다고 보입니다. 그런데 영업을 지속하려면 현재 공장 건물과 기계장치를 유지해야 합니다. 현 사업을 유지하려면 매년 12,000원만큼 재투자되어야 합니다. 재투자비용을 고려한 실질 영업활동 현금흐름은 (-)2,000원입니다.

따라서 현재 영업은 그다지 좋지 않고, 장기적으로는 현 사업을 유지하기 어려울 수도 있습니다.

영업활동 현금흐름은 당기순이익뿐만 아니라 매출채권, 재고자산, 매입채무 등 운전자본에 따라 크게 영향을 받을 수 있습니다. 당기순이익은 발생주의에 따라 계산되지만, 영업활동 현금흐름은 (운전자본 등을 조정하여) 현금주의에 입각한 것이기 때문입니다.

예제 15 **운전자본의 변동**

- 회사의 매출은 안정적이며, 매출채권과 재고자산이 증가 추세임.
- 영업활동 현금흐름은 5,000원이며 그 구성 내역은 다음과 같음.
  - 당기순이익 : 25,000원
  - 비현금항목의 조정(현금의 유출이 없는 비용 등의 가산) : 2,000원
  - 운전자본의 변동(영업활동으로 인한 자산부채의 변동) : (-)22,000원

[요구사항]
영업활동 현금흐름에 대해 해석하시오.

운전자본의 변동 때문에 당기순이익과 영업활동 현금흐름의 차이가 큽니다. 이익의 질이 좋지 않습니다. 운전자본의 변동이 큰 이유를 확인해야 합니다. 채권이나 재고자산에 분식이 있을 수 있기 때문입니다. 관련 사례는 〈제6장〉에서 살펴봅니다.

(2) 투자활동 현금흐름

투자활동 현금흐름은 회사가 미래에 대응하기 위한 전략을 보여줍니다. 지금 투자하는 내용은 미래의 영업활동으로 나타나기 때문입니다. 투자활동 현금흐름이 (−)라면 투자활동이 활발하게 이루어지고 있음을 의미합니다. 투자에 자금이 사용되는 중이죠.

반면, 투자활동 현금흐름이 (+)라면 현재 사업을 축소하고 있음을 의미합니다. 공장을 축소하는 과정에서 토지나 건물을 처분하여 자금이 유입되고 있습니다. 이는 현재 영위하는 사업이 좋지 않거나, 향후 침체될 것을 암시합니다.

투자활동 현금흐름은 영업활동을 유지하기 위한 재투자 금액을 포함하고 있습니다. 현재 보유하는 공장과 설비를 유지하기 위한 지출도 포함되어 있습니다. 따라서 회사의 전략을 정확하게 보려면 전체 투자활동 현금흐름에서 감가상각비와 무형자산상각비를 차감한 금액이 보다 적절합니다.

실질 투자활동 현금흐름

- 실질 투자 현금흐름 = 투자활동 현금흐름 − 감가상각비 등(재투자비용)
- 재투자 : 현재 영업활동을 유지하기 위한 지출

실질 투자활동 현금흐름이 크다는 의미는 다음과 같습니다.
① 증설 : 현재 판매하는 제품의 매출 증가
② 사업 다각화 : 새로운 사업에 대한 투자

투자활동 현금흐름을 정확하게 해석하기 위해서는 다른 재무지표(재무상태표와 손익계산서 등)와 회사의 사업보고서 등에 근거한 **종합적인 판단이 필요**합니다. 그리고 정확한 분석을 위해서는 투자활동 현금흐름을 야기하는 세부 항목을 구체적으로 들여다 볼 필요가 있습니다.

당기순이익이 양호하게 보이기 위한 분식뿐만 아니라, 자금의 부적절한 집행을 숨기기 위한 분식도 빈번합니다. 따라서 **투자활동 현금흐름의 적정성과 합리성에 대한 수준 높은 해석과 판단이 필요**합니다.

| 예제 16 | 실질 투자활동 현금흐름 |

- 영업활동 현금흐름은 20,000원이며 감가상각비가 12,000원임.
- 투자활동 현금흐름은 (-)6,000원임.

[요구사항]
투자활동 현금흐름에 대해 해석하시오.

① 실질 영업현금흐름 = 20,000원 − 12,000원 = 8,000원
② 실질 투자현금흐름 = (−)6,000원 + 12,000원 = 6,000원

실질 투자현금흐름이 (+)입니다. 현재 영업활동을 유지하기 위한 투자에도 미치지 않고 있습니다. 이 내용은 상황에 따라 다양하게 해석할 수 있습니다.

① 종전에 거액의 초기투자를 마무리하였기에 현재 투자로 인한 자금 부담이 없습니다.
② 현재 영업활동이 향후 성장하지 않을 것으로 예상되어 공장 규모를 줄이고 있습니다. 결국에는 사업철수를 고려하고 있을 가능성도 있습니다.

어떠한 해석이 적절한지는 사업보고서와 다른 재무지표 등을 종합적으로 분석하고 판단해야 합니다.

| 예제 17 | 투자활동 현금흐름 |

- 투자활동으로 인한 현금흐름은 12,000원임.
- 재무활동으로 인한 현금흐름은 (−)15,000원임.

[요구사항]
투자활동 현금흐름에 대해 해석하시오.

투자한 금액보다 현재 보유중인 자산을 처분하여 유입된 현금이 많습니다. 이 내용은 상황에 따라 다양하게 해석할 수 있으므로, 사업보고서 등을 통해 확인해야 합니다.

① 현재 사업이 좋지 않다고 판단하여 기존에 투자하였던 토지나 건물을 처분하고 있습니다.
② 영업활동에 사용하지 않는 자산을 적극적으로 처분하여 재무구조를 개선하고 있습니다.

◎ 기타 유의사항

투자활동을 분석할 때에는 여러 항목에 유의해야 합니다. 그 예는 다음과 같습니다.

① 장·단기금융상품

② 종속기업주식이나 관계기업주식

③ 대여금

정기예금 등의 단기금융상품이나 장기금융상품은 회계상 투자자산에 해당합니다. 따라서 취득이나 처분이 이루어지면 투자활동으로 분류됩니다. 그러나 이러한 금융상품의 성격은 사실상 현금과 유사합니다. 따라서 이러한 금융상품은 투자활동에서 제외시키는 것이 적절할 수 있습니다.

종속기업주식이나 관계기업주식은 (이른바, 지분법적용투자주식) 배당을 받거나 시세차익을 얻기 위하여 취득하는 자산이 아닙니다. 사업목적으로 취득한 자산입니다. 특히, 종속기업주식은 주식이 아니라 피투자기업이 영위하는 사업과 동일하다고 봐야 합니다.

종속기업주식을 취득하였다는 의미는 새로운 사업에 투자하였음을 의미합니다. 그리고 종속기업주식을 처분하였다는 의미는 진출하였던 사업에서 철수함을 뜻합니다. 그러므로 종속기업주식의 취득과 처분은 현재 회사의 사업과 어떠한 연관이 있는지를 검토할 필요가 있습니다. 그리고 향후 회사의 사업에 대한 전략적인 방향이 무엇인지 생각해야 합니다.

이런 관점에서 개별재무제표보다는 연결재무제표를 토대로 투자활동을 살펴봐야 보다 정확하게 해석할 수 있습니다.

일부 회사들은 사업적인 목적으로 거래처에 자금을 대여하는 경우가 있습니다. 이렇게 사업을 진행하는 데 필요한 대여금은 투자활동의 정의에 부합합니다. 그런데 일부 회사는 사업과 관계없이 계열사나 경영진 등 특수관계자를 위해 거액을 대여하는 경우도 있습니다. 이러한 회사는 건전하게 경영이 이루어지지 않을 가능성도 있습니다.

따라서 현금흐름표에 거액의 대여금이 빈번하게 나타난다면 그 목적이 무엇인지 반드시 확인할 필요가 있습니다.

- 감가상각비 12,000원
- 투자활동 현금유입액 : 28,000원
  - 단기금융상품의 처분 3,000원
  - 토지의 처분 20,000원
  - 기계장치의 처분 5,000원
- 투자활동 현금유출액 : 29,000원
  - 단기금융상품의 취득 11,000원
  - 기계장치의 취득 8,000원
  - 대여금의 대여 10,000원
- 현금의 증가 = 12,000원 + 28,000원 − 29,000원 = 11,000원
- 대여금은 계열사에 대한 자금지원임.

[요구사항]
투자활동 현금흐름에 대해 해석하시오.

단기금융상품을 현금으로 간주할 경우 현금 증가 금액은 11,000원이 아니라 19,000원(= 12,000원 + 25,000원 − 18,000원)으로 계산됩니다. 유동성이 개선되었습니다. 순투자는 (−)17,000원(= 8,000원 − 20,000원 − 5,000원)입니다. 감가상각비에 미치지 못한 투자로서 현재 사업이 성장하기는 어려울 것이라는 회사의 예측을 보여줍니다. 마지막으로 상당한 자금을 계열사에 대여하였는데, 그 목적이 무엇인지를 반드시 파악해야 합니다.

〈예제 18〉을 정리하면 다음과 같습니다.

① 단기금융상품으로 발생한 현금유출과 현금유입액은 투자활동에서 제외하는 것이 바람직합니다.

② 회사가 비영업용 토지를 처분하여 유입한 현금을 계열사에 일부 지원하고, 나머지 금액은 대부분 단기금융상품(여유 자금) 형태로 보유하고 있습니다.

③ 현재 영업활동을 유지하기 위한 재투자(12,000원)에 미치지 못하는 설비투자(8,000원)를 실시하고 있으며, 일부 기계장치와 토지를 처분하였습니다. 따라서 현재 영업활동이 향후 성장하지 않을 것으로 예상되어 생산 규모를 줄이고 있는 것으로 판단됩니다.

(3) 재무활동

재무활동은 회사의 자원을 조달하는 과정 즉, 부채(타인자본)와 자본(자기자본)을 재구성하는 과정을 보여줍니다.

재무활동은 차입금뿐만 아니라 배당이나 자기주식에 대한 내용도 보여줍니다. 배당은 주주에게 지급하는 이익 분배 활동인데, 배당 확대 정책은 다음과 같이 해석됩니다.
① 긍정적인 해석 : 주주에게 분배할 여유 현금이 있습니다.
② 부정적인 해석 : 투자할 수 있는 사업기회가 없기에 배당을 확대합니다.

영업활동으로 돈을 벌더라도 시장이 성장하고 있는 상황에서는, 지속적인 투자 확대가 필요합니다. 따라서 배당이 어려울 수도 있습니다.
반면 성장이 둔화되거나 침체되는 산업에서는 향후 투자가 별로 필요하지 않습니다. 잉여자금을 배당하게 되므로 배당성향이 높습니다. 이와 같이 배당성향은 향후 시장의 성장에 대한 회사의 투자예측에 따라 달라질 수 있습니다.

자기주식은 배당 대신에 이루어지는 측면이 있습니다. 회사가 자기주식을 취득하면 시장에 유통되는 주식수가 감소하여 주식가격이 상승하게 됩니다. 따라서 주주는 배당을 받지는 못하였지만 주식가격이 올라서 경제적인 보상을 받게 됩니다.

〈제2장〉에서 언급하였듯이 차입금에 대한 자본비용은 유상증자에 대한 자본비용보다 낮습니다. 따라서 일반적으로 유상증자보다 차입을 선호하게 됩니다. 특히, 최대주주가 자금이 넉넉하지 못한 상황에서는 지분 희석을 방지하기 위하여 더욱 차입을 선호합니다.

거액의 유상증자를 자주 실시하는 회사는 다음 특징을 보이는 경우가 많습니다.
① 경영진이 경영권 유지에 관심이 없고, 출구전략(Exit plan)이 있을 수 있습니다.
② 차입하면 금융기관이 회사경영을 모니터링(Monitoring)하고 간섭할 수 있습니다.
   반면, 소액주주를 통해 유상증자를 실시하면 간섭이 적을 수 있습니다.

이와 같이 유상증자가 빈번한 회사는 치밀한 사업계획이 없고, 장밋빛 미래로 개미투자자들을 목표(Target)로 하는 경우도 있습니다. 빈번한 유상증자나 전환사채 및 신주인수권부사채의 발행이 이루어진다면 회사가 건전한지 반드시 확인해야 합니다.

예제 19 재무활동 현금흐름

- 실질 영업 현금흐름은 20,000원임.
- 재무활동으로 인한 현금유입
  - 차입금 증가 15,000원
- 재무활동으로 인한 현금유출
  - 배당금 지급 4,000원

[요구사항]
투자활동 현금흐름에 대해 해석하시오.

회사는 영업활동 현금흐름이 넉넉함에도 불구하고 차입하여 자금을 확보하고 있습니다. 현재 공장의 생산능력을 증설시키거나 새로운 사업기회를 포착했기 때문일 가능성이 있습니다. 따라서 사업보고서 등을 검토하고 현재 생산실적과 향후 투자계획 등을 보다 자세하게 분석할 필요가 있습니다.

예제 20 영업레버리지와 재무레버리지

- 영업활동 현금흐름 : 15,000원
- 투자활동 현금흐름 : (-)45,000원
- 재무활동 현금흐름 : 30,000원

[요구사항]
현금흐름을 해석하시오.

자금을 차입하여 투자하는 행위는 영업레버리지와 재무레버리지를 확대하는 과정입니다. Risk가 커지는 상황입니다. 따라서 회사가 영위하는 사업이 지속적으로 성장할 것으로 기대된다면 더 많은 영업현금흐름을 창출하겠지만, 시장이 불안하다면 재무구조가 급격하게 악화될 수 있다는 점은 고려해야 합니다.

〈예제 20〉의 상황이 발생하면 다음을 확인해야 합니다.

① 회사의 위험관리능력에 대한 평가가 필요합니다.

② 현재 실적에 근거하여 무리한 투자를 진행하였는데 매출 증가세가 예측과 다르다면, 오히려 계속기업에 문제가 있을 수 있습니다.

③ 만일 신사업에 올인(All-In)하였다면 추후 신사업의 실적에 따라 회사의 운명이 달라집니다. 신사업의 수익성에 대해 철저히 검토해야 합니다.

제6장

현금흐름 분석 사례

본 장은 실제 기업들에 대한 분석사례를 포함하고 있습니다. 분석을 위한 자료는 공시된 사업보고서와 언론자료 등입니다. 보다 깊이 있는 분석을 위해서는 회사의 내부자료와 인터뷰가 필요합니다. 그러나 제한된 자료만으로도 의미 있는 시사점을 도출할 수 있습니다.

공시된 현금흐름표는 실질 현금흐름을 분석하기 위해 일부 조정되었습니다. 분석기법은 실무자마다 다를 수 있습니다. 그리고 분석 대상 회사의 특징에 따라 변형이 필요할 수 있습니다.

본 장의 사례분석이 실무능력 향상에 도움이 되길 바랍니다.

01 현금흐름표 분석 시 주의사항

 본 장을 정확하게 이해하려면 지금까지 설명한 내용과 〈PART Ⅱ〉를 먼저 숙지할 필요가 있습니다. 그러나 바쁘신 분들을 위해 먼저 현금흐름의 내용을 간략하게 요약하겠습니다. 그리고 현금흐름표 분석 시 주의해야 할 사항도 함께 살펴보겠습니다.

(1) 현금흐름표 양식

① 영업활동 : 회사의 주된 활동으로 발생된 현금흐름
② 투자활동 : 회사의 투자활동으로 발생된 현금흐름
③ 재무활동 : 회사의 재무활동으로 발생된 현금흐름

 영업활동 현금흐름은 재화의 판매와 용역 제공에 따른 현금흐름을 의미합니다. **영업활동 현금흐름은 현재 사업의 수익성**을 보여주고 있습니다.
① 외부에 의존하지 않고 영업을 통하여 차입금을 상환할 능력
② 영업 능력을 유지하며 배당금을 지급할 능력
③ 신규투자 등에 필요한 현금흐름을 창출할 능력

 투자활동이란 유가증권, 투자자산, 유형자산 및 무형자산의 취득과 처분활동 등을 말합니다. 투자활동 현금흐름은 **미래수익과 미래현금흐름을 창출할 자산에 대한 투자**를 나타냅니다. 투자활동 현금흐름은 일반적으로 비유동성자산의 취득과 처분에 관련된 경우가 많습니다. 투자활동 현금흐름은 **회사의 향후 전략**을 보여줍니다.

 재무활동이란 현금의 차입이나 상환활동, 신주발행이나 배당금의 지급활동 등과 같이 부채와 자본에 영향을 미치는 거래를 말합니다. 재무활동 현금흐름은 미래현금흐름에 대한 자본 제공자의 청구권을 예측하는 데 유용합니다.

🔵 현금흐름표 양식

구 분	금 액	
Ⅰ. 영업활동 현금흐름		×××
1. 영업에서 창출된 현금흐름	×××	
－당기순이익		
－비현금항목의 조정		
－운전자본의 변동		
2. 이자의 수취	×××	
3. 이자의 지급	×××	
4. 배당금의 수취	×××	
5. 법인세의 납부	×××	
Ⅱ. 투자활동 현금흐름		×××
1. 토지의 취득	×××	
…	×××	
Ⅲ. 재무활동 현금흐름		×××
1. 유상증자	×××	
…	×××	
Ⅳ. 환율변동으로 인한 현금의 변동		×××
Ⅳ. 현금및현금성자산의 증감		×××
Ⅴ. 기초의 현금및현금성자산		×××
Ⅵ. 기말의 현금및현금성자산		×××

 영업활동 현금흐름 표시

영업활동 현금흐름은 직접법과 간접법으로 작성될 수 있습니다. 실무상 간접법이 사용되므로 본서에서는 간접법을 전제합니다.

한편, K-IFRS와 일반기업회계기준에 따라 양식이 다소 상이합니다. 그러나 당기순이익과 비현금항목의 조정, 운전자본의 변동이 영업활동 현금흐름의 대부분을 차지하고 있습니다. 따라서 분석 시에는 별도로 구분하지 않았습니다.

(2) 현금흐름표 분석 시 주의사항

1) 실질 영업활동 현금흐름

실질 영업활동 현금흐름(＝영업활동 현금흐름－감가상각비 등)이 진짜 영업활동 현금흐름입니다. 영업활동 현금흐름은 감가상각비 등을 포함하고 있습니다. 그러나 감가상각비는 재투자를 위해 챙겨 두어야 할 돈입니다. 따라서 실질 잉여 현금흐름으로 보기 어렵습니다.

실질 영업활동 현금흐름이 0원보다 작다면 계속기업에 문제가 있을 수 있습니다. 실질 영업활동 현금흐름이 당기순이익과 유사하면 이익이 질의 높다고 할 수 있습니다. 이익의 질이 높지 않다면 그 이유를 분석해야 합니다. 매출의 변동이 크지 않는데 실질 영업활동 현금흐름과 당기순이익의 괴리가 크다면 분식의 위험이 있습니다.

2) 비현금항목의 조정 : 현금흐름에 영향을 미치지 않는 수익과 비용의 변동

비현금항목의 조정 내용 중 비중이 큰 항목은 유심히 볼 필요가 있습니다. 특히, 감가상각비와 퇴직급여 등 영업활동에 수반되는 항목이 아니라면 더욱 주의해야 합니다. **발생한 원인을 확인하고, 그 요인이 무엇인지 파악해야 합니다.** 만일 거액의 대손상각비, 재고자산평가손실, 손상차손(감액손실) 등이 자주 발견된다면 정상적인 상황입니다. 또는 과거에 분식처리한 자산을 장부에서 제거하는 과정일 수도 있습니다.

3) 운전자본의 변동

매출이 증가하면 매출채권이나 재고자산도 증가합니다. 이렇게 운전자본이 증가하면 이익이 발생하더라도 현금이 증가하지 않습니다.

운전자본의 변동은 매우 중요합니다. 따라서 매출 변동율과 운전자본의 변동율의 상관관계를 분석할 필요가 있습니다. **매출의 성장과 연관된 것이 아니라면, 운전자본의 증가는 대부분 부정적인 영향을 미칩니다.** 운전자본이 크게 변동되었다면 반드시 그 원인을 파악해야 합니다. 회사의 주요 지표와 일관성이 없다면 분식 등이 있을 가능성이 매우 높습니다.

운전자본의 변동 요인

① 분식 : 회계분식의 상당부분은 매출채권과 재고자산을 통해 이루어집니다. 분식을 통해 운전 자본이 증가할 수 있습니다.

② 재고자산 진부화 : 사실상 팔 수 없거나, 사용할 수 없는 재고자산에 대해 평가손실을 적절하 게 인식하지 않았다면 재고자산이 증가합니다. 영업에 필요한 재고자산은 반드시 별도로 보 유해야 하기 때문입니다.

③ 매출채권 부실화 : 회수가능성이 희박한 매출채권이 존재하면 매출채권이 증가할 가능성이 있습 니다. 과거에 발생한 채권이 회수되지 않고 장부에 남아 있는 것입니다. 또는 수주산업(건설, 조 선 등)이라면 진행률을 분석하여 매출을 인식하고, 가공의 채권이 계상되었을 가능성도 있습니다.

④ 매출채권, 재고자산, 매입채무 이외의 계정은 대부분 금액이 크지 않습니다. 만일 미수금이나 미지급금 등의 계정이 거액으로 변동되면 비경상적인 이유가 원인일 가능성이 높습니다.

4) 계정분류

매출채권이나 매입채무가 아닌 미수금이나 미지급금 금액이 크고, 그 변동이 크다면 주의해야 합니다. 그 이유는 다음과 같습니다.

① 투자활동이나 재무활동으로 분류될 금액이 영업활동으로 분류될 가능성이 있습니다.

② 영업이 아닌 비경상적인 요인을 표시하는 경우가 있습니다. 특히 특수관계자와 관 련되어 있다면 그 원인과 회수가능성을 생각해 볼 필요가 있습니다.

5) 계정의 단순화

재무제표는 수많은 계정과목으로 구성되어 있습니다. 어지럽습니다. 모든 계정을 하나 씩 들여다보면 자칫 핵심과 멀어질 수 있습니다. 회사의 영업과 관련된 금액이 크고 중 요한 계정 위주로 자료를 요약하는 것이 좋습니다.

6) 실질 투자 현금흐름

실질 투자활동(= 투자활동 현금흐름 – 감가상각비 등) 이 회사의 전략을 보여줍니다. 투자활동 현금흐름에는 현재 설비를 재투자하는 데 필요한 지출도 포함하고 있습니다. 따라서 만일 실질 투자활동이 0원보다 작다면 재투자가 제대로 되지 않았음을 의미합니 다. 지금은 장사가 잘 될지 모르지만 성장성이 없기에 그 규모를 줄이는 것일 수 있습니 다. 회사의 성장성은 실질 투자활동으로 짐작할 수 있습니다.

7) 투자활동 현금흐름은 전략을 보여준다!

투자활동은 현재 수익을 위함이 아닙니다. 투자활동이 마무리되고 영업활동이 개시되어야 수익으로 연결됩니다. 즉, **투자활동은 미래 수익을 위한 것입니다.**

따라서 **사업보고서나 투자계획 등과 투자활동 현금흐름의 연관성을 살펴봐야 합니다.** 투자활동 현금흐름의 세부 항목을 분석하고, 구체적인 '사업'과 연관 지어 보는 것이 바람직합니다. 회사에서 발표하는 사업계획과 비전(Vision)이 투자활동 현금흐름과 일치하지 않다면 문제가 있다고 볼 수 있습니다.

빈번한 유상증자, 전환사채 및 신주인수권부사채의 발행이 이루어졌다면 반드시 투자활동 현금흐름에 유의해야 합니다. 투자활동 현금흐름도 분식되어 표시되는 경우가 많습니다.

✤ 영업활동 현금흐름

- 영업활동 현금흐름 = 당기순이익 + 비현금항목의 조정 + 운전자본의 변동
  ① 현재 영업활동의 수익성 지표

- 비현금항목의 조정
  ① 경상적인 항목 : 감가상각비, 무형자산상각비, 퇴직급여 등
  ② 비경상적인 항목 : 손상차손(감액손실), 재고자산평가손실(감모손실), 대손상각비 등
  ③ 비경상적인 항목의 비중이 크고, 빈번하게 발생하면 바람직하지 못한 추세

- 운전자본의 변동
  ① 매출이 증가하면 운전자본 증가 → 현금의 감소
  ② 매출 변동비율보다 운전자본의 변동이 크면 → 분식과 부실화 위험 존재

- 실질 영업 현금흐름 = 영업활동 현금흐름 - 감가상각비 등
  ① 실질 영업 현금흐름 〈 0원 → 장기적으로 도산 가능성
  ② 이익의 질 : 당기순이익과 실질 영업 현금흐름의 일관성 검토 필요

---

8) 투자활동에서 금융상품은 제거하자

투자활동 현금흐름에는 장·단기금융상품이 포함되어 있습니다. 장·단기금융상품은 투자활동으로 분류되어 있으나 일반적으로 현금의 또 다른 형태입니다. 따라서 투자활

동 현금흐름에 포함된 장·단기금융상품을 제거하는 것이 필요합니다.

9) 대여금

대여금은 투자활동 현금흐름으로 분류됩니다. 그러나 사업목적이 분명한 대여금을 제외하면, 대부분 비경상적인 이유에서 대여금이 발생합니다. 따라서 사업목적이 불분명한 거액의 대여금이 있거나, 대여금에 대한 대손상각이 빈번하게 발생된다면 유의할 필요가 있습니다. 주된 사업이 아닌 건전하지 않은 다른 목적을 위해 활동하는 회사일 수 있습니다.

10) 분석대상 : 5년 이상의 재무지표

결산 시점 전후의 거래에 따라 재무상태표의 겉모습은 급격하게 변동될 수 있습니다. 이러한 효과를 제거하려면 최소한 5년 이상의 현금흐름표를 대상으로 분석하는 것이 적절합니다.

11) 현금무관거래

현금흐름표에는 표시되지 않는 주요 비현금거래는 주석으로 표시됩니다. 주로 투자활동과 재무활동에 관한 사항입니다. 동 항목들이 현금흐름에 미치는 것처럼 가감하여 현금흐름을 분석하는 것이 적절한 경우가 있습니다.

12) 투자활동의 분식가능성

투자활동 현금흐름은 회사가 지향하는 사업이나 전략에 부합되어야 합니다. 가능하다면 투자내역과 회사 비전의 일관성을 살펴볼 필요가 있습니다. 그렇지 않다면 사기꾼의 언변과 같이 분식의 가능성이 있습니다. **투자의 분식은 시차를 두고 거액의 손실로 되돌아옵니다.**

투자활동 현금흐름

- 투자활동 현금흐름 = 현금유입 + 현금유출
  ① 회사의 전략이 나타남.
  ② 향후 회사가 영위한 '사업'의 방향 제시

- 주의사항
  ① 장·단기금융상품은 제외할 것
  ② 대여금의 목적은 파악 필요
  ③ 가능하면 투자 세부 항목 검토 – '투자의 분식'에 유의

- 실질 투자 현금흐름 = 투자활동 현금흐름 – 감가상각비 등
  ① 실질 투자 현금흐름 〈 0원 → 해당 사업의 Exit이나 규모 감축 예상

기업의 성장단계를 그림으로 표현하면 다음과 같습니다.

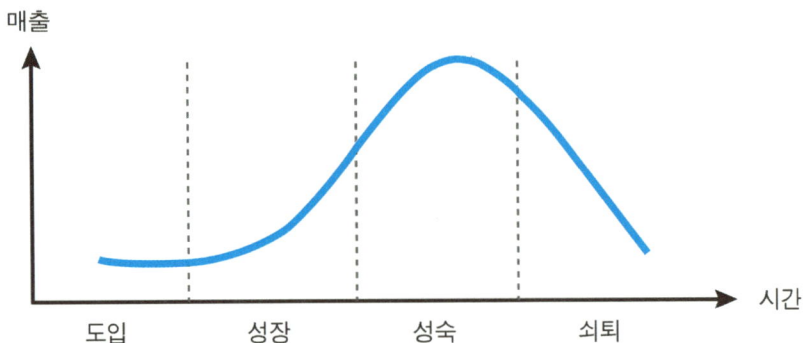

성장단계에 따른 현금흐름의 변화는 다음과 같습니다.

성장 단계	영업활동 현금흐름	투자활동 현금흐름	재무활동 현금흐름
도입	(−) 현금흐름 • 당기순손실 발생 • 운전자본 증가	(−) 현금흐름 • 시설투자 시작	(+) 현금흐름 • 유상증자 • 차입금 조달
성장	(−) 현금흐름 • 이익으로 전환 • 운전자본 증가	(−) 현금흐름 • 시설투자 증설	(+) 현금흐름 • 차입금 조달
성숙	(+) 현금흐름 • 당기순이익 증가 • 운전자본 안정	(−) 현금흐름 • 재투자	(−) 현금흐름 • 차입금 상환 • 배당
쇠퇴	(+) 현금흐름 • 당기순이익 감소 • 운전자본 감소	(+, −) 현금흐름 • 재투자 • 처분 또는 감축	(−) 현금흐름 • 차입금 상환 • 배당

　기업이 설립되어 성장하는 단계에서는 재무활동을 통해 자금을 조달합니다. 그 자금으로 공장도 건설하고, 설비도 확장합니다. 이익은 발생하지만 매출 증가에 따른 운전자본 부담 때문에 자금상황은 여유롭지 않습니다.

　사업이 안정되면 이익이 창출되고 순투자도 감소합니다. 따라서 차입금을 상환하고 배당을 지급할 여유가 생깁니다.

　쇠퇴단계에서는 매출액과 이익이 감소하고, 생산능력도 감축하게 됩니다.

주식의 분류와 현금흐름

주식은 다음과 같이 구분됩니다.

	지분율	취득 목적
매도가능증권(공정가치 측정 금융자산)	20% 미만	투자 목적
관계기업주식(지분법적용주식)	20% ~ 50%	유의적인 영향력
종속기업주식(지분법적용주식)	50% 초과	중대한 영향력

매도가능증권은 배당이나 처분을 통한 투자수익을 목적으로 합니다. 따라서 일반적인 투자자산과 동일합니다.

20% 이상 지분을 보유하면 피투자기업의 이사회에 참여하거나, 주주총회에서 의견을 진술할 수 있는 능력이 생깁니다. 이를 유의적인 영향력이라 합니다. 관계기업주식을 취득하는 목적은 투자목적도 있습니다. 그러나 이러한 유의적인 영향력을 취득함이 주요 목적입니다. 유의적인 영향력을 통하여 회사는 피투자기업과 사업 관계를 가지는 것이 일반적입니다.

50%를 초과하여 지분을 보유하면 피투자기업의 주주총회에서 내 의견을 관철시킬 수 있습니다. 이사회 구성에 절대적인 영향을 미칠 수 있습니다. 경영권을 확보하였기에 영업이나 재무 의사결정 전반에 걸쳐 절대적인 힘을 가집니다. 이러한 종속기업은 실질적으로 회사 안의 사업부문과 동일합니다. 회사가 **종속기업을 취득하는 이유는 종속기업이 영위하는 '사업'을 취득**하기 위함입니다. 별도 법인이지만 사실상 회사와 하나입니다.

매도가능증권은 투자자산입니다. 그러나 관계기업주식은 사업 관계를 가진 주식이며, 종속기업주식은 실질적으로 회사의 사업부문입니다. 이러한 관점으로 작성된 재무제표가 연결재무제표입니다.

기업은 하나의 사업만을 영위하는 것인 아니라 여러 사업을 영위하기도 합니다. 때로는 경영 효율성을 생각하여 종속기업 형태로 보유하기도 합니다. 따라서 **사업목적으로는 개별재무제표가 아닌 연결재무제표, 연결현금흐름표를 가지고 분석**해야 합니다.

연결현금흐름표는 여러 사업부문이 합산되어 있어 해석이 어렵습니다. 따라서 그룹 관점에서 현금창출 단위(Cash Generating Unit)별로 검토해야 기업집단이 어떠한 사업에 집중하고, 어떠한 사업에서 손을 떼는지 파악할 수 있습니다.

참고로 사업관점에서는 연결현금흐름표가 유용하지만, 재무전략이나 지배구조 측면에서는 개별재무제표가 더 중요한 경우가 많습니다.

03 현금흐름의 유형

기업의 현재 수익성은 영업활동 현금흐름에서 드러납니다. 그리고 증설이나 새로운 사업에 대한 전략은 투자활동 현금흐름에서 나타납니다. 그리고 자금 조달 방법은 재무활동을 보고 알 수 있습니다.

표를 통한 진단은 절대적이지 않습니다. 반드시 사업보고서나 기타 재무지표를 보고 종합적으로 판단하기를 바랍니다.

● 현금흐름의 유형

	영업활동 CF	투자활동 CF	재무활동 CF
유형 1	+	+	+
유형 2	+	+	−
유형 3	+	−	+

(*) 현금흐름의 부호뿐만 아니라 절대 규모를 고려하여 판단하여야 함.

유형 1 : 왜 현금을 늘릴까? 앞으로 큰 투자가 예정되어 있는가? 그렇다면 그 투자 내용은 무엇인가?

유형 2 : 재무건전성 강화 전략. 자기주식 취득 등이 원인이라면 그 이유는 무엇인가? 사업이 Cash Cow인가?

유형 3 : 성장 전략을 가지고 적극적으로 투자하는 회사. 투자되는 사업에 대한 전망은 어떠한가?

[유형 1]

영업활동으로 현금이 증가하고 있습니다. 그런데 비영업용자산 등을 처분하여 현금을 더 늘렸습니다. 자금에 여유가 있음에도 차입하거나 증자하여 자금을 모으고 있습니다. 회사가 보유하고 있는 현금을 최대화하고 있는 중입니다. 이러한 회사들은 향후 만기가 도래하는 거액의 차입금을 상환할 목적일 수도 있지만, 대규모 투자를 앞두고 있을 수도 있습니다.

① M&A 자금 준비
② 새로운 사업 분야로 진출하기 위한 자금 준비
③ 공장이전이나 대규모 증설을 위한 준비

[유형 2]

영업활동으로 현금이 증가하고 있습니다. 그런데 비영업용자산 등을 처분하여 현금화 하였습니다. 그리고 이렇게 유입된 자금으로 차입금을 상환하고 있습니다. 재무체질을 강화하고 있습니다.

축적한 자금을 차입금 상환이 아니라, 자기주식을 취득하거나 배당하는 데 사용할 수 도 있습니다. 그러나 이는 일반적인 상황이 아니므로, 그 이유를 파악할 필요가 있습니 다. 실무적으로 자금을 모아 자기주식을 취득하거나 배당한다면, 그 이유는 주로 경영권 을 가진 최대주주와 관련된 경우가 많습니다. 회사가 아닌 최대주주를 위한 전략이 사용 된다면, 일반 주주나 채권자에게 미치는 영향은 무엇인지 곰곰이 생각해 볼 필요가 있습 니다.

유형 2는 현재 사업이 Cash Cow일 수도 있습니다. 현재 이익은 나지만, 더 이상 성장 이 기대되지 않거나 쇠퇴할 것이라 예상되는 사업일 수도 있습니다. 그런 이유로 더 이 상 투자하지 않거나 철수하는 과정일 수도 있습니다.

[유형 3]

영업활동으로 현금이 증가하고 있습니다. 그런데 차입이나 유상증자를 통하여 자금을 더 준비하고 있습니다. 이렇게 모인 거액을 투자하고 있는 중입니다. M&A 과정일 수도 있고, 새로운 사업을 준비하거나 라인을 증설하는 과정일 수도 있습니다.

진행하는 투자가 완료되고 안정화되면 시차를 두고 이익이 발생합니다. 반면 투자가 성공하지 않는다면, 회사의 계속기업에 문제가 될 수도 있습니다. 따라서 이러한 유형이 발생하면 어떠한 사업에 투자하고, 그 전망은 어떤지 파악할 필요가 있습니다. 해당 사업 의 성장 여부에 따라 회사의 흥망성쇠가 달려있기 때문입니다.

🔹 현금흐름의 유형

	영업활동 CF	투자활동 CF	재무활동 CF
유형 4	+	−	−
유형 5	−	+	+
유형 6	−	+	−
유형 7	−	−	+
유형 8	−	−	−

(*) 현금흐름의 부호뿐만 아니라 절대 규모를 고려하여 판단

유형 4 : 수익성이 있으며 재무구조도 건전화되고 있음. 지속적인 성장을 위한 신규
사업이 필요한 회사

유형 5 : 문제 있는 회사. 현재 수익성이 안 좋고, 앞으로도 안 좋을 가능성이 매우 큼.

유형 6 : 과거 자산으로 적자 메꾸고 차입금도 갚고 있다. 현재 사업에서 철수하는 과
정에서 나타나는 전략

유형 7 : 적자 시현 중이나 적극적으로 투자 진행. 전략이 있는 것일까? 사기꾼일까?

유형 8 : 과거에 현금이 많았던 회사. 현재 영업은 좋지 않지만 전략을 찾고 있는 회사

[유형 4]

영업활동에서 창출된 현금으로 투자도 하고, 차입금도 상환하는 중입니다. 현재 사업
이 수익성도 있고 재무체질도 강화되고 있습니다. 모든 기업이 원하는 최고의 모습입니
다. 다만, 이러한 수익성이 지속될 수 있는지는 주기적으로 검토할 필요가 있습니다. 그
리고 기업의 지속적인 성장을 위해 새로운 사업기회를 모색할 필요가 있습니다.

[유형 5]

토지나 비영업용자산을 처분하여 자금을 마련하고 있습니다. 그리고 차입이나 증자를
통해 자금을 모으고 있습니다. 이렇게 모인 돈으로 손실을 메우고 있습니다.

현재 수익성이 좋지 않습니다. 미래를 위한 투자도 진행하고 있지 않습니다. 가장 좋
지 않은 형태의 모습입니다. 지금도 안 좋고, 앞으로도 안 좋을 가능성이 있습니다.

[유형 6]

　현재 영업활동이 좋지 않습니다. 토지나 비영업용자산을 처분하여 손실을 보전하고, 차입금도 상환하고 있습니다. 과거에 축적된 자산으로 빚도 갚고, 적자도 메우는 중입니다. 사업을 정리하고 철수하는 과정에서 전형적으로 나타나는 현금흐름입니다.

[유형 7]

　현재 영업활동은 좋지 않습니다. 그럼에도 차입이나 증자를 통해 적극적으로 투자를 진행하고 있습니다. 사업을 시작하고 성장하는 과정에서 이러한 현금흐름이 나타납니다. 또는 현재 영위하는 사업은 좋지 않지만, 좋은 사업기회를 포착하고 투자하는 과정일 수도 있습니다.

　가끔씩은 새로운 사업과 장밋빛 전망을 빈번하게 제시하며 증자 등을 실시하지만, 실적은 나타나지 않는 회사에서 유사한 모습을 보입니다. 부정적인 시각으로 보면 전형적인 사기꾼의 현금흐름표입니다.

[유형 8]

　과거에 현금이 풍부했던 회사입니다. 과거에 축적한 현금으로 적자와 투자 그리고, 차입금 상환에 필요한 자금을 충당하고 있습니다. 현재 영업은 좋지 않지만 전략을 찾는 회사에서 이러한 현금흐름이 나타납니다.

A사 : 실질 현금흐름과 이익의 차이는?

A사의 재무현황은 다음과 같습니다.

(단위:십억원)

	2014년	2013년	2012년	2011년	2010년
자산	20,290	18,489	16,122	16,660	15,823
부채	15,526	13,710	11,568	12,158	11,796
자본	4,764	4,779	4,554	4,502	4,027
매출	16,786	15,305	14,058	13,903	12,989
영업이익	471	441	486	1,089	1,199
당기순이익	32	241	175	648	776
매출채권	8,019	6,475	3,895	4,983	4,900
재고자산	2,019	1,182	1,198	752	729
매입채무	2,352	2,151	1,788	1,706	2,322
순운전자본	7,686	5,506	3,305	4,029	3,307
감가상각비 등	256	260	259	236	251

A사는 수주산업을 영위하고 있습니다. 업황이 좋지 않아 2010년 이후 이익률이 감소하는 추세입니다. 그러나 경쟁사에 비해 영업이익의 감소폭은 낮은 편입니다. 그리고 위의 표에서 보듯이 매출액이 증가함에 따라 매출채권과 재고자산이 증가하는 추세입니다.

우측에 있는 현금흐름표를 살펴봅시다.

5년간 순이익은 1,872십억원으로 양호합니다. 그러나 5년간의 누적 영업활동 현금흐름은 (-)2,960십억원입니다. 좀 찜찜합니다. 당기순이익과 영업활동 현금흐름의 괴리가 큽니다. 이익의 질이 좋지 않습니다.

운전자본의 변동은 (-)7,889십억원입니다. 이는 5년 동안 매출채권과 재고자산이 대폭 증가하였음을 나타냅니다. 앞서 매출이 증가하지 않았음에도 매출채권과 재고자산이 증가하면, 분식가능성이 있다고 했습니다.

A사의 2010년의 매출대비 순운전자본은 25.5%(= 3,307십억원 ÷ 12,989십억원)이나, 2014년은 45.8%(= 7,686십억원 ÷ 16,786십억원)로 급증하였습니다. 따라서 순운전자본의 증가가 적절한지 판단해야 합니다. 분식이나 부실자산으로 인한 영향이 없는지에 깊이 있는 검토가 필요합니다.

● A사의 현금흐름표

(단위 : 십억원)

	2014년	2013년	2012년	2011년	2010년	합계
Ⅰ. 영업활동 CF	(560)	(1,197)	(996)	2	(209)	(2,960)
1. 당기순이익	32	241	175	648	776	1,872
2. 조정	1,036	595	896	807	1,175	4,509
3. 운전자본(*)	(1,299)	(1,820)	(1,695)	(1,531)	(1,544)	(7,889)
4. 기타	(329)	(213)	(372)	78	(616)	(1,237)
Ⅱ. 투자활동 CF	(199)	(157)	(413)	(611)	(451)	(1,831)
Ⅲ. 재무활동 CF	520	1,462	1,135	537	356	4,010
Ⅳ. 현금의 증감	(239)	108	(274)	(72)	(304)	(781)

(*) 운전자본 변동의 주요 내역 : 채권 및 재고 증가, 매입채무 감소

● 어떠한 현금흐름 유형에 해당합니까?

〈유형 7〉입니다.

이익의 질(Quality of Earnings)

① 이익의 지속가능성
② 이익의 현금 수반 정도

A사의 연간 감가상각비와 무형자산상각비는 약 250십억원입니다. 감가상각비나 무형자산상각비 정도는 매년 재투자되어야 영업활동을 유지할 수 있습니다. 감가상각비 등을 차감한 실질 현금흐름은 다음과 같이 계산됩니다.

실질 현금흐름

- 실질 영업현금흐름 = 영업활동 현금흐름 − 감가상각비 등
- 실질 투자현금흐름 = 투자활동 현금흐름 − 감가상각비 등

실질 현금흐름으로 전환한 현금흐름표는 우측과 같습니다.

실질 영업 현금흐름은 4,222십억원 적자입니다. 실질 영업 현금흐름과 당기순이익은 그 추세가 일관되어야 합니다. 그런데 A사는 실질 영업 현금흐름과 당기순이익의 차이가 6,094십억원(＝(−)4,222십억원−1,872십억원)입니다.

6,094억원의 의미는 무엇을 의미할까요? 잠시 생각해 봤으면 합니다.

실질 투자 현금흐름을 살펴봅시다. 실질 투자 현금흐름은 2010년부터 감소하더니 2013년부터는 (+)로 전환하고 있습니다. 재투자도 제대로 되지 않는다는 의미입니다. 매출은 지속적으로 증가하고 있습니다. 이런 상황에서 재투자가 감소하는 상황은 매우 이례적입니다. 재투자가 어려울 정도로 자금압박이 심할 가능성이 있습니다.

5년간 투자액은 569십억원으로 상대적으로 규모가 작습니다. 따라서 투자활동 현금흐름을 무시한다면 유형 5나 유형 7로 판단할 수 있습니다.

A사는 꾸준하게 매출이 증가하고 당기순이익을 시현하고 있지만, 현금흐름은 좋지 않습니다. 영업현금흐름과 투자현금흐름 모두 좋지 않습니다. 분석 결과는 다음과 같습니다.

A사 현금흐름 분석
- 실질 영업 현금흐름이 부(負) : 현재 수익성이 좋지 아니함.
- 실질 투자 현금흐름이 미미 : 앞으로도 수익성이 좋지 않을 가능성이 큼.

A사는 2015년에 부도위기에 처했고, 분식회계를 고백했습니다.

실질 현금흐름

(단위 : 십억원)

	2014년	2013년	2012년	2011년	2010년	합계
Ⅰ. 실질 영업 CF	(816)	(1,457)	(1,255)	(234)	(460)	(4,222)
1. 당기순이익	32	241	175	648	776	1,872
2. 조정	780	335	637	571	924	3,247
3. 운전자본[*]	(1,299)	(1,820)	(1,695)	(1,531)	(1,544)	(7,889)
4. 기타	(329)	(213)	(372)	78	(616)	(1,452)
Ⅱ. 실질 투자 CF	57	103	(154)	(375)	(200)	(569)
Ⅲ. 재무활동 CF	520	1,462	1,135	537	356	4,010
Ⅳ. 현금의 증감	(239)	108	(274)	(72)	(304)	(781)

(*) 운전자본 변동의 주요 내역 : 채권 및 재고 증가, 매입채무 감소

5조 7천억원 분식회계(한겨레신문, 2018.11.18.)

외환위기 이래 12조원의 공적자금이 투입된 A사는 6조원대의 분식회계가 발생했다. 2012년
부터 회사를 이끌었던 K 사장이 원가는 줄이고 매출을 부풀리거나, 자회사 손실을 회계에서
누락하는 등의 방식으로 5조 7000억원 규모의 분식회계를 저질렀고, 거짓 회계장부로 40조원
대 대출을 받았다.

그의 전임이었던 N 사장 또한 2008~2009년 5000억원대 분식회계를 한 것으로 조사됐다. 검
찰 수사 결과, S은행 관리를 받던 '주인 없는 회사'의 전문경영인이었던 두 사장은 연임 욕심
에 무리하게 회사 실적을 조작한 것으로 밝혀졌다.

분식회계가 드러난 뒤 20만원대를 넘나들던 A사의 주가는 1만원대까지 떨어져 수많은 투자
자가 피해를 봤다. K 전 사장은 지난해 말 대법원에서 징역 9년이 확정됐고, N 전 사장은
1심에서 징역 6년을 선고 받고 현재 항소심이 진행 중이다.

● 재작성된 재무제표

A사는 분식회계를 고백하고 과거 재무제표를 재작성하였습니다.

(단위 : 십억원)

	2014년	2013년	2012년	2011년	2010년
자산	17,736	16,776	15,511	16,531	15,895
부채	15,709	13,848	11,645	12,262	12,021
자본	2,027	2,929	3,866	4,268	3,875
매출	15,575	14,585	13,544	13,863	13,687
영업이익	(560)	(1,010)	(72)	559	1,111
당기순이익	(853)	(920)	(279)	559	1,111
매출채권	5,638	5,148	3,394	4,894	4,996
재고자산	2,019	1,182	1,198	752	729
매입채무	2,352	2,151	1,788	1,706	2,322
순운전자본	5,305	4,179	2,804	3,940	3,403
감가상각비 등	256	260	259	236	251

당기순이익과 운전자본 변동 등은 A사의 현금흐름표와 다릅니다. 영업활동 현금흐름, 투자활동 현금흐름, 재무활동 현금흐름 금액을 살펴보십시오. 그 금액은 동일합니다.

A사는 분식회계가 있음을 인정했습니다. 따라서 이전에 공시하였던 손익계산서와 재무상태표를 재작성했습니다. 현금흐름표의 일부 항목은 달라졌지만 금액 자체는 동일합니다. 앞서 설명하였듯이 **현금흐름표는 회사의 회계정책이나 분식 여부에 관계없이 동일하게 산출된다**고 하였습니다. 기억나시죠?

이익은 의견(Opinion)이지만 현금은 사실(Fact)다!

🔹 재작성된 현금흐름표

(단위 : 십억원)

	2014년	2013년	2012년	2011년	2010년	합계
Ⅰ. 영업활동 CF	(561)	(1,197)	(995)	2	(209)	(2,960)
1. 당기순이익	(853)	(920)	(279)	648	776	(628)
2. 조정	773	717	837	807	1,175	4,309
3. 운전자본(*)	(152)	(779)	(1,181)	(1,531)	(1,544)	(5,187)
4. 기타	(329)	(215)	(372)	78	(616)	(1,454)
Ⅱ. 투자활동 CF	(199)	(157)	(413)	(611)	(451)	(1,831)
Ⅲ. 재무활동 CF	520	1,462	1,135	537	356	4,010
Ⅳ. 현금의 증감	(240)	108	(273)	(72)	(304)	(781)

(*) 운전자본 변동의 주요 내역 : 채권 및 재고 증가, 매입채무 감소

🔹 A사 현금흐름 분석

• 분식 징후

① 실질 영업 현금흐름과 당기순이익의 차이

② 매출과 연관성이 적은 운전자본의 변동 → 분식이나 부실화를 의미

• 현금흐름은 Fact!

① 재무상태표와 손익계산서는 Opinion

② 현금흐름표는 Fact!

05 L사 : 투자와 위험

L사의 재무현황은 다음과 같습니다.

(단위 : 십억원)

	2018년	2017년	2016년	2015년	2014년
자산	28,944	25,041	20,487	18,579	18,128
부채	11,622	8,703	6,436	5,475	5,862
자본	17,322	16,339	14,051	13,104	12,266
매출	28,183	25,698	20,659	20,207	22,578
영업이익	2,246	2,928	1,992	1,824	1,311
당기순이익	1,519	2,022	1,281	1,149	854
매출채권	4,381	4,449	3,534	3,237	3,239
재고자산	4,289	3,352	2,965	2,339	2,711
매입채무	2,166	2,015	1,723	1,712	1,338
순운전자본	6,505	5,786	4,776	3,863	4,612
감가상각비	1,487	1,402	1,337	1,256	1,150

재무제표를 살펴보면 매출액과 당기순이익의 상승추세가 눈에 띕니다. 영업이익률도 지속적으로 개선되었습니다. 다만 2018년에는 이러한 상승 추세가 다소 주춤합니다. 회사는 글로벌 석유화학시장 악화를 주요인으로 공시하였습니다.

매출이 증가함에 따라 매출채권, 재고자산, 매입채무 등 운전자본도 증가했습니다. 순운전자본 부담은 4,612십억원에서 6,505십억원으로 증가하였습니다. 매출 추세를 고려하면 일관성 있는 모습입니다. 최근 글로벌 화학회사들의 증설이 대폭 이루어지고 경쟁은 심화되었습니다. 업황이 좋지 않아 재고자산이 증가한 것으로 이해됩니다.

영업활동 현금흐름을 세부적으로 살펴봅시다. 거액의 감가상각비가 발생하고 있습니다. 회사의 영업이 장치산업이며, 영업레버리지가 크다는 것을 알 수 있습니다. 따라서 시장의 변동에 따라 회사의 순이익이 크게 변동될 수 있음을 암시합니다. 우측의 현금흐름표는 투자활동이 매우 활발함을 보여줍니다. 유형자산 등에 대한 투자뿐만 아니라 사업결합도 진행되었습니다. 사업결합은 회사가 새로운 종속기업을 인수하였다는 의미입니다.

🌐 L사의 현금흐름표

◎ 공시 현금흐름표

(단위 : 십억원)

	2018년	2017년	2016년	2015년	2014년	합계
영업활동 현금흐름	2,125	3,181	2,517	3,172	1,994	12,989
투자활동 현금흐름	(3,639)	(1,640)	(1,737)	(1,698)	(1,991)	(10,705)
재무활동 현금흐름	1,794	(737)	(1,007)	(757)	(438)	(1,145)
현금의 증감	280	804	(227)	717	(434)	1,139

◎ 영업활동 현금흐름 세부 내역

(단위 : 십억원)

	2018년	2017년	2016년	2015년	2014년	합계
당기순이익	1,519	2,022	1,281	1,149	854	6,825
감가상각비 등	1,487	1,402	1,337	1,256	1,150	6,632
재고	(959)	(396)	(352)	385	(146)	(1,468)
매출채권	52	(971)	(13)	26	7	(899)
매입채무	165	328	349	(167)	56	732
기타지급채무	(22)	420	70	(100)	180	547
기타	(118)	376	(155)	624	(108)	619

◎ 투자활동 현금흐름 세부 내역

(단위 : 십억원)

	2018년	2017년	2016년	2015년	2014년	합계
기타수취채권	490	225	252	(228)	(362)	377
유형자산 등	(4,330)	(2,351)	(1,473)	(1,707)	(1,461)	(11,321)
유형자산 처분	445	411	18	178	11	1,062
사업결합	(169)	46	(537)	–	(136)	(797)
기타	(75)	29	3	59	(42)	(26)

◎ 재무활동 현금흐름 세부 내역

(단위 : 십억원)

	2018년	2017년	2016년	2015년	2014년	합계
차입금	2,241	(349)	(674)	(452)	(153)	614
배당	(494)	(386)	(346)	(309)	(300)	(1,835)
기타	46	(2)	13	4	16	76

사업보고서는 주요 제품의 매출 현황이나 생산 설비 능력 등을 포함하고 있습니다. 따라서 재무제표와 사업에 대한 깊은 이해를 도와줍니다. 꼼꼼하게 살펴보면 큰 도움이 됩니다.

L사의 주요 사업부문 별 매출은 다음과 같습니다.

(단위 : 십억원)

	2018년	2017년	2016년	2015년	2014년
기초소재	17,762	17,246	14,282	14,463	17,080
전지(전기배터리)	6,499	4,561	3,562	3,147	2,836
정보전자소재	2,745	2,742	2,491	2,596	2,662
생명과학	571	548	–	–	306

생산 능력은 다음과 같습니다.

(단위 : 십억원)

	2018년	2017년	2016년	2015년	2014년
기초소재	18,744	17,504	14,372	14,382	17,567
전지(전기배터리)	13,781	8,093	7,490	6,103	5,120
정보전자소재	4,239	3,843	3,556	3,841	3,895
생명과학	639	761	–	–	–
합계	37,404	30,202	25,418	24,326	26,581

현재 기초소재 부문의 매출이 가장 크고 영업이익률도 양호합니다. 그러나 매출이나 생산 능력의 증가세는 전기배터리 분야가 가장 큽니다. 향후 전기자동차 시장을 겨냥한 회사의 전략과 과감한 투자를 엿볼 수 있습니다.

실질 현금흐름은 영업활동과 투자활동 현금흐름에서 현재 감가상각비를 차감하여 계산됩니다. 즉, 현재 수준의 재투자는 전제하고 현금흐름을 보여줍니다. L사의 실질 현금흐름은 다음을 말하고 있습니다.

① 당기순이익만큼 실질 영업 현금흐름이 창출되었습니다. 이익의 질이 우수합니다.

② 영업으로 벌어들인 돈 중 4,072십억원이 증설이나 신사업에 투자되었습니다.

③ 2017년까지는 영업 현금흐름으로 차입금 상환을 실시하였습니다. 재무체질이 강화되었습니다. 그러나 2018년에는 대규모 투자로 2,241십억원의 차입금이 증가하였습니다.

L사의 재무지표는 전반적으로 우수합니다. 다만, 사업특성상 영업레버리지가 큰 구조입니다. 게다가 전기배터리 사업에 대한 대규모 투자가 진행되고 있습니다. 투자상황을 보면 전기자동차 시장의 성장에 따라 중점 사업부문 자체도 변경될 수 있음을 보여줍니다. 시장이 성장하면 수익성이 대폭 개선될 것입니다. 반면 기대에 미치지 못한다면 반대 효과도 우려됩니다. 최근 주가 추세를 보면 전기배터리 시장의 성장에 많은 투자자들이 동의하고 있는 것으로 보입니다.

🌐 L사의 실질 현금흐름

◎ 실질 현금흐름

(단위 : 십억원)

	2018년	2017년	2016년	2015년	2014년	합계
영업활동 현금흐름	638	1,779	1,180	1,916	844	6,357
당기순이익	1,519	2,022	1,281	1,149	854	6,825
투자활동 현금흐름	(2,152)	(238)	(400)	(442)	(840)	(4,072)
재무활동 현금흐름	1,794	(737)	(1,007)	(757)	(438)	(1,145)
현금의 증감	280	804	(227)	717	(434)	1,139

L사 현금흐름 분석

- 특징
  - ① 이익의 질이 우수
  - ② 영업레버리지가 높은 구조
  - ③ 현 사업뿐만 아니라 신규 사업에도 적극적인 투자활동

- 레버리지 효과
  - ① 영업레버리지가 높고, 최근 차입이 증가하여 재무레버리지도 다소 증가
  - ② 중점 사업이 성장할 경우 큰 폭의 수익 증가 예상
  - ③ 반면, 레버리지로 인한 위험은 관리 필요

L사의 최근 재무 현황

지구온난화 등 환경문제로 전기자동차에 대한 기대가 높습니다. 전기자동차의 핵심 기술 중 하나는 빨리 충전되고 오래 지속되는 배터리입니다. 전기배터리는 전기자동차의 원가 중 40%를 차지합니다. 몇몇 사람은 전기배터리 시장이 메모리반도체 규모 이상 성장할 것으로 예측하고 있습니다.

전기배터리 사업에 대한 L사의 막대한 투자에도 불구하고 실적은 미미했습니다. 2019년까지 해당 사업업부문은 거액의 손실을 기록했습니다. 2020년에 이르러 전기배터리 사업부문은 흑자로 전환되었습니다. 전세계 전기배터리 사용량에서 1위를 차지하기도 하였습니다. 성과가 가시화된 것입니다.

전기배터리 시장을 선점하고자 경쟁이 치열합니다. 세계 시장에서 경쟁력을 유지하고 규모의 경제를 확대해야 합니다. 따라서 L사는 대규모 투자를 지속해야 합니다.

L사의 최근 재무현황은 다음과 같습니다.

(단위:십억원)

	2021년	2020년	2019년	2018년
자산	51,135	41,389	34,024	28,944
부채	27,925	22,598	16,640	11,622
자본	23,210	18,791	17,384	17,322
매출	42,655	30,059	28,625	28,183
영업이익	5,025	1,805	895	2,246
당기순이익	3,954	682	376	1,519
매출채권	6,387	5,298	4,177	4,381
재고자산	8,283	5,350	5,034	4,289
매입채무	3,742	3,459	2,380	2,166
순운전자본	10,928	7,189	6,831	6,505
감가상각비	2,840	2,311	1,856	1,487

재무제표를 살펴보면 자산과 부채가 급격하게 증가하고 있습니다. 전기배터리 사업에 대한 투자가 차입을 통해 이루어졌기 때문입니다.

영업레버리지와 재무레버리지가 지속적으로 상승하고 있습니다. 위험한 구조로 변경됨을 지적하며, 신용평가기관인 S&P는 L사의 신용등급을 'A－'에서 'BBB+'로 하향조정했습니다.

● L사의 최근 실질 현금흐름

L사의 최근 실질현금흐름은 다음과 같습니다.

(단위 : 십억원)

	2021년	2020년	2019년	2018년	합계
영업활동 현금흐름	2,670	3,529	1,285	638	8,122
당기순이익	3,954	682	376	1,519	6,531
투자활동 현금흐름	(2,509)	(2,985)	(4,255)	(2,152)	(11,901)
재무활동 현금흐름	124	938	2,301	1,794	5,157

투자활동 현금흐름이 최근 4년간 11,901십억원에 달하고 있습니다. 영업활동 현금흐름으로 투자에 필요한 자금을 충당하기는 불가능한 상황입니다. 그래서 재무활동 현금흐름이 5,157십억원만큼 증가하였습니다.

2020년 중 L사는 영업레버리지와 재무레버리지의 급증으로 인한 Risk를 감소시키기 위해 물적분할을 실시했고, 2022년에는 분할신설된 회사가 상장하여 거액을 공모로 마련했습니다.

● L사의 물적분할

물적분할은 분할을 통하여 신설된 회사의 주식을 존속법인이 모두 가지는 형태입니다. L사에 적용하면 다음과 같습니다. L사는 전기배터리 사업부문을 신설법인으로 독립시킵니다. 그리고 신설법인 주식 100%는 L사가 가지게 됩니다.

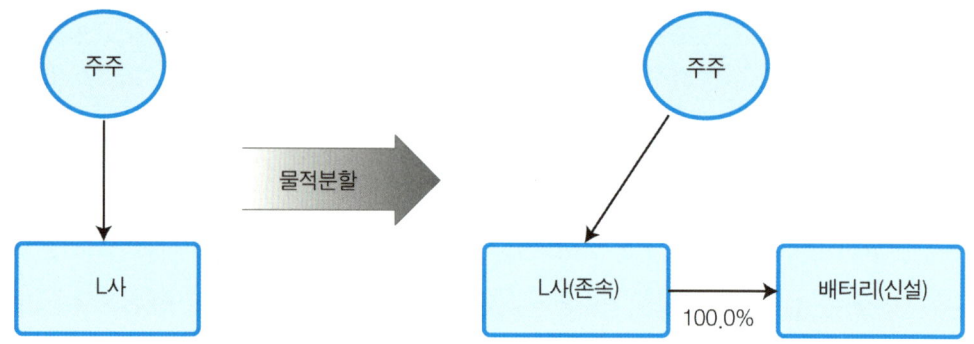

물적분할은 다음의 특징이 있습니다.
① 주주는 아무런 변화가 없다.
② 존속법인은 신설법인 주식을 모두 보유하게 된다.
③ 신설법인은 비상장회사 형태로 설립된다.

L사의 물적분할 현황은 다음과 같습니다(별도재무제표 기준, 단위: 십억원).

	L사(현재)	L사(분할)	배터리(신설)
자산	29,025	24,729	10,255
부채	12,209	7,913	4,296
자본	16,816	16,816	5,959

신설 배터리회사는 상장하면서 10조원을 공모로 조달하였고 이 과정에서 L사의 지분율은 81.8%로 하락하였습니다. 그러나 상장 후에도 L사는 신설법인에 대해 지배력을 유지하는데 전혀 문제가 없습니다.

신설법인 공모를 통해 상장하면 소액주주(비지배주주)가 등장하게 됩니다. 연결재무제표상 비지배주주의 지분은 자본입니다. 따라서 분할신설회사의 증자로 인해 자본이 증가하였고, 부채비율이 하락하면서 재무레버리지가 감소되었습니다. L사의 연결재무제표를 잠시 살펴보겠습니다.

	증자 전	증자 후
자산	51,135	61,135
부채	27,925	27,925
자본	23,210	33,310
부채비율	120.3%	83.8%

최근에는 지분레버리지 효과를 통한 경영권 안정화나 자금조달이 활발합니다. 회사(또는 그룹) 내에서 여러 사업을 영위하고 있으며, 자금이나 사업 Portfolio 변경 이슈가 있다면 지분레버리지 효과를 활용한 지배구조개선에 관심을 가질 필요가 있습니다.[5]

 L사 지배구조개선

- 성장성이 높은 사업부문을 물적분할
- 신설법인의 IPO를 통한 자금조달
  → 재무레버리지 안정화

---

5) 지배구조개선에 관심 있는 독자는 '경영권승계와 지배구조개선(2024.5. 삼일인포마인)'을 참조하기 바랍니다.

M사의 재무현황은 다음과 같습니다.

(단위 : 백만원)

	제10기	제9기	제8기	제7기	제6기
자산	345,539	229,480	150,292	69,984	34,137
부채	205,728	139,435	86,567	32,340	12,713
자본	139,811	90,045	63,725	37,644	21,424
매출	1,140,985	825,132	460,539	295,260	163,711
영업이익	105,065	85,972	38,799	24,866	13,617
당기순이익	59,966	35,804	24,067	16,175	9,357
매출채권	37,333	29,245	16,381	13,578	3,997
재고자산	145,785	84,691	51,208	26,633	11,074
매입채무	19,630	13,168	21,755	6,933	1,376
순운전자본	163,488	100,768	45,834	33,278	13,695
감가상각비 등	1,264	1,468	1,157	734	103

M사의 경우 일반기업회계기준을 적용하고 있습니다. 자료의 한계로 개별재무제표를 요약하였는데, 연결 관점으로 영업현황을 파악할 수 없어 아쉽습니다.

매출액과 당기순이익의 상승추세가 눈에 띕니다. 매출채권과 재고자산이 대폭 증가했습니다. 매출 대비 순운전자본을 살펴봅시다. 제6기에는 8.4%에 불과하였는데 제10기에는 14.3%로 급증하였습니다. 163,488백만원만큼의 자금부담을 주고 있습니다. 한편, 할인하였으나 만기미도래한 채권의 규모가 29,495백만원인데, K-IFRS에서는 차입금으로 분류됩니다. 채권이 잘 회수되지 않는다면 회사가 대납해야 할 의무가 있습니다.

우측의 현금흐름표를 살펴봅시다.

먼저 매출채권, 재고자산, 매입채무의 변동으로 인한 현금흐름이 (-)194,433백만원(= (-)67,662백만원 + 145,236백만원 - 18,465백만원)에 달합니다. 5년간의 총 당기순이익이 145,370백만원임을 감안한다면 매우 큰 규모입니다. 모든 이익이 운전자본에 투입되고, 그래도 모자라 49,063백만원을 차입하여 메운 상황입니다. 비정상적인 상황입니다.

게다가 현금흐름 조정사항에서 알 수 있듯이 거액의 매출채권처분손실, 대손상각비, 재고자산평가손실, 지분법손실 등 비경상적인 손실이 발생하고 있습니다. 이는 채권과 재고자산에 대한 관리가 적절하게 이루어지지 않고 있음을 의미합니다.

🌐 M사의 현금흐름표

	제10기	제9기	제8기	제7기	제6기	합계
영업활동 현금흐름	1,540	14,309	12,869	(3,238)	27,911	53,390
- 당기순이익	59,966	35,804	24,067	16,175	9,357	145,370
- 매출채권처분손실	13,279	10,599	5,677	3,593	1,132	34,280
- 대손상각비	10,847	700	2,635	359	133	14,675
- 재고자산평가손실	4,031	2,896	478	-	-	7,405
- 지분법손실	5,026	5,097	2,115	57	-	12,295
- 매출채권 변동	(32,431)	(25,868)	(10,585)	(13,345)	14,567	(67,662)
- 재고자산 변동	(65,124)	(33,565)	(25,053)	(15,559)	(5,934)	(145,236)
- 매입채무 변동	6,476	(8,491)	14,780	5,561	139	18,465
- 기타	(531)	27,135	(1,245)	(80)	8,518	33,797
투자활동 현금흐름(*)	(46,455)	(35,340)	(18,985)	(10,428)	(3,477)	(114,685)
- 유형자산	(24,143)	(8,667)	(6,149)	(7,515)	(3,508)	(49,982)
- 지분법주식	(11,377)	(21,396)	(11,704)	(560)	-	(45,036)
- 매도가능증권	(11,850)	(5,000)	-	-	-	(16,850)
- 기타	915	(277)	(1,133)	(2,353)	31	(2,816)
재무활동 현금흐름	48,685	33,083	36,811	(11,691)	(12,239)	94,649
현금의 증감	3,770	12,052	30,695	(25,357)	12,195	33,354

(*) 투자활동 현금흐름 산정 시 대여금과 금융상품은 제외함.

◎ 참고사항 : 매출채권처분 회계처리

구상권이 있다면 K-IFRS는 매출채권의 처분이 아니라 차입으로 봅니다. 반면, 일반기업회계기준은 처분하는 것으로 회계처리합니다. 예를 들어 3개월짜리 어음 100,000원을 받았는데 할인하여 98,000원을 수령하였다면 다음과 같이 회계처리됩니다.

• 일반기업회계기준

(차변) 현금	98,000	(대변) 매출채권	10,000
매출채권처분손실	2,000		

• K-IFRS

(차변) 현금	98,000	(대변) 차입금	10,000
이자비용	2,000		

매출채권처분손실은 일시적으로 자금이 부족하여 받을어음 등을 할인할 때 발생합니다. M사의 어음할인 기간이 3개월이고 할인율이 연 5% 정도라 가정하면, 제10기의 경우 할인한 채권 추정액은 1,062,320백만원($=13,279 \div 5\% \times \frac{12}{3}$)입니다. 매출액과 유사합니다. 재무지표 상으로는 매출로 발생한 모든 채권을 할인하였다는 것입니다. 상식적으로 이해되기 어렵습니다. 어쨌든지 회사의 자금상황이 매우 좋지 않음을 알 수 있습니다.

회사의 사업은 홈 미디어, 로봇가전 및 네트워크장비 등입니다. 제10기의 매출액은 1,140,985백만원인데, 연 감가상각비와 무형자산상각비는 1,264백만원에 불과합니다. 매출규모에 비해 생산설비가 매우 적습니다. 매출의 신뢰성에 의문을 가지게 합니다.

회사가 공시한 내용을 보면 3개 업체에 967,572백만원의 매출을 기록했습니다. 그리고 회사는 해외종속기업을 다수 보유하고 있는데, 대부분 손실이 발생하고 있습니다. 주요 거래처와 종속기업의 현황을 파악할 수 있다면, 현황을 파악하는데 도움이 될 것입니다.

자료의 한계로 연결재무제표가 아닌 개별재무제표를 토대로 분석하여 아쉽습니다.[6] 개별재무제표에는 지분법주식과 매도가능증권에 대한 투자가 표시되어 있습니다. 이론적인 **연결재무제표를 작성했더라면 지분법주식과 매도가능증권은 영업활동 현금흐름으로 대체(운전자본 등의 증가와 영업손실)되어 영업 현금흐름이 더욱 악화되고, 투자 현금흐름은 훨씬 적게 표시되지 않았을까요?**

이듬해에 M사는 더 이상 견디지 못하고 도산하였으며 분식회계가 드러났습니다. 제10기의 매출 중 94%가 가공거래였습니다.

 M사 현금흐름 분석

- 특징
  ① 운전자본 증가가 매출에 비해 매우 큼 → 분식이나 자산의 부실화 가능성
  ② 채권할인금액과 그로 인한 손실이 매우 큼 → 만성적인 자금 부족
  ③ 평가손실, 상각비 등 비경상적인 비용이 빈번하고 거액임 → 채권과 재고관리가 부실
  ④ 설비에 필요한 유형자산 규모가 미미함 → 매출의 신뢰성 의문

---

6) 일반기업회계기준에서는 일정 규모 이하의 종속기업을 연결재무제표에서 제외하고 있습니다. 이러한 점을 이용하여 내부거래 등을 통해 분식을 하는 회사도 있습니다. 기업회계기준이 개정되어 일부 보완되었으나, 예외 규정이 추가로 발표되어 아쉬운 점이 있습니다.

🌐 회계분식 기업의 현금흐름

금융감독원에서 발표한 회계분식 기업 86개사의 현금흐름입니다. 아래 표를 보면 분식기업 중 80.2%가 영업활동 현금흐름이 부(負)의 수치입니다. 이를 재무활동 현금흐름에서 메우고 있음을 알 수 있습니다.

	영업활동 CF	투자활동 CF	재무활동 CF
현금흐름 (+)	19.8%	23.3%	84.9%
현금흐름 (−)	80.2%	76.7%	15.1%
합계	100.0%	100.0%	100.0%

영업활동 현금흐름이 좋지 않아 차입이나 유상증자를 통해 자금을 조달한다는 특징을 보입니다. 만일, 실질 현금흐름을 토대로 분석하였다면 영업 현금흐름은 더욱 좋지 않고, 투자 금액은 더 적게 나타났을 것입니다.

끊이지 않는 분식회계 논란 왜? (중앙시사매거진 2018.6.4.)

한때 M사 신화가 있었다. 로봇청소기 등 가전제품을 제조, 판매하는 가전회사였던 이 회사는 2007년 설립 후 수직상승을 거듭했다. 2010년 1억불 수출의 탑, 2011년엔 2억불 수출의 탑을 수상했다. 하지만 2014년 12월 분식회계로 파산했다.

제조업체라는 M사의 재무제표에 생산설비인 시설장치 및 공구, 기구 금액이 처음 등장한 건 2010년이다. 그나마도 28억원 규모였다. 제조 업체가 3년 동안 생산설비 없이 매출 2,617억원을 올렸다. 2010년에는 28억원 규모의 생산설비로 매출 3,000억원을 달성했다.

디자인만 내부에서 하는 회사도 있으니 일단 생산설비 문제만으로는 분식회계라는 확신을 못 했다고 치자. 그래도 M사 회계엔 이상한 점이 많았다. 멀쩡한 매출채권을 금융회사에 넘기고, 금융회사가 채권추심을 대신 수행해 매출채권 대금 일부를 할인 받는 팩토링 금액이 2010년부터 2013년까지 급격하게 증가했다. 팩토링은 결국 매출채권을 다 회수하지 못하기 때문에 회사에는 큰 손해다. 그럼에도 팩토링이 늘어난다는 건 회사가 심각한 유동성 문제를 겪고 있다는 뜻이다.

매출액이 폭증하는데 팩토링도 함께 폭증한다는 건 실제 매출이 아니어서 회사에 돈이 돌지 않기 때문이다. 그럼에도 무역보험공사는 재무제표를 바탕으로 M사를 보증해줬고, 시중은행들은 무역보험공사의 보증을 믿고 이 회사에 막대한 대출을 해줬다.

07 S사 : 성장기업의 함정

S사의 재무현황은 다음과 같습니다.

(단위 : 백만원)

	제30기	제29기	제28기	제27기	제26기
자산	556,755	491,208	466,545	466,467	434,228
부채	293,713	253,920	248,316	434,228	338,408
자본	263,042	237,288	218,229	32,239	95,820
매출	304,124	291,116	269,989	207,026	187,869
영업이익	33,834	29,128	25,155	14,426	26,910
당기순이익	25,223	22,173	13,843	(2,378)	19,608
매출채권	68,342	57,983	50,754	48,029	33,245
재고자산	103,814	97,151	93,052	61,961	54,147
매입채무	12,864	10,441	13,906	12,912	1,776
순운전자본	159,292	144,693	129,900	97,078	85,616
감가상각비 등	20,603	18,710	18,449	14,780	7,728

S사의 사업은 장치산업에 속합니다. S사는 안정적인 고객관계와 높은 시장 점유율을 유지하고 있습니다. 따라서 영업레버리지는 높지만 영업위험은 다소 낮은 편입니다.

거래처는 대부분 우량하고 규모가 큰 회사들이며, 제품은 특성상 유통기한이 길고, 진부화 위험은 낮습니다.

S사는 제26기부터 3년에 걸쳐 공장을 이전하고 라인을 대폭 증설하였습니다. S사는 성장하는 회사의 전형적인 모습을 보여주고 있습니다.

① 대규모 투자에 따른 현금 지출이 나타나고 있습니다.

② 생산CAPA의 증가로 재고자산이 증가했고, 매출보다 채권의 증가 폭이 큽니다.

- 매출채권 회전율이 65일에서 82일로 늘어났습니다.

- 5년간 재고자산은 총 64,014백만원이 증가하여 매출 증가보다 두드러집니다.

- 상생 경영정책의 일환으로 매입채무의 지급주기는 상대적으로 짧습니다.

아래 현금흐름 요약 현황을 보시죠. 회사의 5년간 총당기순이익보다 운전자본 부담이 오히려 큽니다. 즉, 벌어들인 돈이 모두 매출채권과 재고자산에 묶인 것입니다. 따라서 증설과 신사업에 필요한 자금은 모두 차입했다고 볼 수 있습니다.

장치산업 특성상 영업레버리지가 큰데, 차입으로 인해 재무레버리지까지 확대되어 다소 위험한 구조가 된 것입니다. 다만 S사는 안정적인 고객관계와 높은 시장점율율 때문에 이와 같이 공격적인 투자가 가능했을 것으로 추정됩니다.

🌐 S사의 실질 현금흐름

◎ 실질 현금흐름

(단위 : 백만원)

	제30기	제29기	제28기	제27기	제26기	합계
영업활동 현금흐름	5,616	4,957	(25,001)	(7,360)	(877)	(22,665)
- 당기순이익	25,223	22,173	13,843	(2,378)	19,608	78,467
- 매출채권	(9,869)	(7,105)	3,640	1,314	7,728	(4,292)
- 재고자산	(6,468)	(3,644)	(32,378)	(9,692)	(11,832)	(64,014)
- 매입채무	1,606	(3,815)	(4,833)	(5,125)	(8,162)	(20,329)
- 기타	(4,875)	(2,652)	(5,272)	8,520	(8,218)	(12,497)
투자활동 현금흐름	(27,799)	(9,789)	43,459	(19,684)	(91,992)	(105,805)
재무활동 현금흐름	24,630	2,268	(10,377)	29,828	86,856	133,205
현금의 증감	2,447	(2,564)	8,081	2,784	(6,013)	4,735

◎ 현금흐름 요약

(단위 : 백만원)

	금액	비고
당기순이익	78,467	5년간의 총 당기순이익
운전자본	(88,635)	매출 증가로 인한 운전자본 부담
투자활동	(105,805)	재투자 이외의 증설 및 신사업 투자
재무활동	133,205	5년간의 차입금 증가액 - 5년간 배당 총액
기타	(12,497)	
현금의 증감	4,735	

최근 3년간의 재무현황은 다음과 같습니다.

(단위 : 백만원)

	제33기	제32기	제31기
자산	639,100	595,289	585,891
부채	330,928	294,448	297,452
자본	308,172	300,841	288,439
매출	393,476	350,008	340,361
영업이익	39,307	37,287	40,114
당기순이익	29,384	26,393	30,704
매출채권	73,201	67,525	72,510
재고자산	116,197	111,608	114,524
매입채무	17,749	13,164	15,163
순운전자본	171,649	165,969	171,871
감가상각비 등	26,449	24,884	23,516

매출성장세가 지속되고 있습니다. 그러나 이전에 비해 달라진 점이 있습니다. 매출이 증가하였으나 전체 운전자본 규모는 유사합니다. 유동성이 개선된 것입니다.

그러나 아직도 순운전자본 규모는 상당합니다. 특히 재고자산 회전율은 낮아 보입니다. 더 개선될 여지가 있을 것으로 생각됩니다.

우측의 최근 실질 현금흐름을 살펴보겠습니다.

최근 3년간의 투자액은 69,363백만원입니다. 그런데 재무활동 현금흐름은 오히려 10,683백만원만큼 감소하였습니다. 즉 꾸준히 신규 투자를 확대하면서도, 차입금을 일부 상환했습니다.

신규 투자와 매출 성장은 자금 압박 요인입니다. 그러나 S사는 운전자본을 관리하며 차입이 아닌 이익으로 자금을 조달하고 있습니다. 재무레버리지로 인한 위험을 감소시키고, 재무체질을 강화하는 변화를 보이고 있습니다.

● S사의 실질 현금흐름

◎ 실질 현금흐름

(단위 : 십억원)

	제33기	제32기	제31기	합계
영업활동 현금흐름	22,558	25,605	29,517	77,680
- 당기순이익	29,384	26,303	30,704	86,391
- 매출채권	(4,513)	1,367	(2,782)	(5,928)
- 재고자산	(3,365)	(3,292)	(10,522)	(17,179)
- 매입채무	2,112	171	1,740	4,023
- 기타	(1,060)	1,056	10,377	10,373
투자활동 현금흐름	(24,044)	(27,043)	(18,275)	(69,362)
재무활동 현금흐름	3,277	(7,150)	(6,810)	(10,683)
현금의 증감	1,791	(8,588)	4,432	(2,365)

S사 현금흐름 분석

- **초기 현금흐름**

  ① 매출증가로 인한 운전자본 증가

    → 이익으로 창출된 현금이 모두 운전자본에 묶임.

  ② 차입을 통한 신규 및 증설 투자

  ③ 영업레버리지와 재무레버리지가 모두 확대되는 구조

- **개선된 현금흐름**

  ① 자금관리 개선 : 운전자본 관리

    → 매출 성장에 비해 운전자본 부담이 적어짐.

  ② 이익으로 창출된 현금으로 신규 투자 진행

  ③ 재무체질 강화

삼위일체 : 영업 + 생산 + 관리

현금순환주기에서 설명 하였습니다. 가치창출의 핵심과정은 생산과 영업에 있다는 것을.

그래서 일반적인 회사는 생산부서와 영업부서가 많은 권한을 가지고 있습니다. 회사의 많은 자원이 생산부서와 영업부서에 우선 지원됩니다. 생산부서와 영업부서의 결정은 회사에서 존중 받는 것이 일반적입니다. 그러나 관리되지 않는 생산과 영업은 가치를 훼손할 수 있습니다.

생산부서는 생산하는 부서입니다. 생산에 지장이 없도록 원재료를 충분하게 확보하고자 합니다. 제품이 창고에 쌓였더라도 생산량을 유지하고자 합니다. 설비를 증설하면 증설된 설비에 적합하게 더 효율적인 생산방법을 강구하고 생산량을 늘립니다.
생산량을 늘리면 원가가 낮아진다는 신념도 있습니다(예제 21 참조). 따라서 **엄격한 재고관리 정책**은 필수입니다. 그렇지 않을 경우 팔리지 않은 재고로 위험이 발생합니다. 운전자본의 부담, 재고의 진부화 등을 방지하려면 오히려 적정 규모의 생산이 이루어지도록 관리될 필요가 있습니다.

영업부서는 매출이 최대의 과제입니다. 영업부서는 매출을 증가시키기 위해 거래처에게 단가를 낮추거나 여신을 늘려주기도 합니다. 적절한 통제와 수익성에 연관된 성과지표가 필요합니다. 그렇지 않으면 매출은 늘더라도 이익률은 감소하는 경향이 있습니다. 그리고 여신기간이 늘어나 보유하는 채권도 증가하게 됩니다. 억지로 매출을 증가시킨 대가입니다. 속 빈 강정이 되기 십상이지요.

영업부서의 매출 목표는 항상 공격적입니다. 따라서 공격적인 목표에 맞추기 위하여 과다하게 생산될 수 있습니다. 초과재고를 판매하기 위해 단가가 낮아지고, 채권은 부실화될 수 있습니다. 악순환입니다.

회사에서 가치를 창출하는 생산과 영업이 제 자리에서 역할을 하려면 적절한 통제가 필요합니다. 관리부서의 역할도 중요합니다. 그리고 생산과 영업에 대한 전략적인 방향도 제시해야 합니다.

삼위일체가 되어야 합니다.

[보론 : 전부원가계산과 재고자산 관리]

제품을 생산하기 위한 비용은 변동비와 고정비로 분류됩니다. 제품원가를 계산하는 방법은 2가지가 있습니다.

① 직접원가계산 : 변동비만을 재고자산의 원가로 계산하는 방법
② 전부원가계산 : 변동비뿐만 아니라 고정비도 재고자산의 원가로 인정하는 방법(기업회계기준)

앞서 **생산량이 증가하면 이익이 증가한다는 신념**을 가지고 있는 사람들이 있다고 했습니다. 일부 옳은 의견입니다. 그 허(虛)와 실(實)을 다음 예제로 살펴봅니다.

예제 21 전부원가계산

- 원가흐름은 선입선출법이며, 제품 단위당 판매가격은 4,000원임.
- 회사의 원가 투입요소, 생산 및 판매현황은 다음과 같음.

	기초재고	당기 생산	당기 판매	기말재고	변동비	고정비
01년	–	6,000	4,000	2,000	6,000,000	6,000,000
02년	2,000	4,000	6,000	–	4,000,000	6,000,000

[요구사항]
1. 01년과 02년의 단위당 재고자산 금액은 얼마인가?
2. 01년과 02년의 매출원가는 얼마인가?
3. 만일 02년에 다음과 같이 생산 및 판매를 실시하였다면 매출원가는 얼마인가?
   (10,000개 생산 및 6,000개 판매, 변동비는 10,000,000원, 고정비는 6,000,000원 발생)

변동비는 단위당 1,000원입니다. 반면 총고정비는 6,000,000원으로 일정합니다. 고정비의 단위당 단가는 생산량으로 나누어서 계산됩니다. 아래 표에서 보듯이 생산량이 증가할수록 단위당 재고자산 단가는 낮아집니다.

생산량	6,000개	4,000개	10,000개
단위당 변동비	1,000원	1,000원	1,000원
단위당 고정비	6,000,000원 ÷ 6,000개 = 1,000원	6,000,000원 ÷ 4,000개 = 1,500원	6,000,000원 ÷ 10,000개 = 600원
합계(단가)	2,000원	2,500원	1,600원

◎ 손익계산서

	01년	02년(4,000개 생산)	02년(10,000개 생산)
매출	16,000,000원	24,000,000원	24,000,000원
매출원가	2,000원 × 4,000개	2,000원 × 2,000개 + 2,500원 × 4,000개	2,000원 × 2,000개 + 1,600원 × 4,000개
매출총이익	8,000,000원	10,000,000원	13,600,000원

상기 손익계산서에서 보듯이 02년에 10,000개를 생산할 경우 매출총이익은 극대화됩니다. 그 이유는 생산량이 증가하여 단가가 낮아졌기 때문입니다.

판매되지 않는 재고자산을 무한정 생산할 수는 없습니다. **생산량이 많아지면 장부상 이익은 단기적으로 증가합니다. 그러나 현금흐름은 동일합니다. 팔리지 않는 재고자산은 창고비용이나 진부화 위험을 가져옵니다. 장기적으로는 장부상으로도 손실을 야기합니다.**

◎ 현금

	02년(4,000개 생산)	02년(10,000개 생산)
6,000개 매출	24,000,000원	24,000,000원
매출원가(현금주의)	1,000원 × 4,000개 (변동비) + 6,000,000원 (고정비)	1,000원 × 10,000개 (변동비) + 6,000,000원 (고정비)
매출총이익	14,000,000원	8,000,000원

생산량이 증가하면 장부상 이익은 증가하지만 매출로 인해 유입된 현금은 동일합니다. 오히려 생산량을 증가시키느라 묶인 현금만 증가합니다. 따라서 10,000개를 생산하면 4,000개를 생산한 경우보다 6,000,000원만큼 현금부족 현상이 발생합니다.

'현금순환주기'와 '가치창출 관점의 재무상태표'에서 동일한 결론을 도출하였음을 기억하시죠? **'매출채권과 재고자산은 가치를 창출하는 자산이 아니므로 최소화 해야 한다!'** 현금창출 관점에서, 가치창출 관점에서 재고자산을 검토하기를 권고합니다.

전부원가계산과 매출원가

매출원가 = 기초재고 + 당기제조원가 − 기말재고

- 고정비 배분 : 생산수량이 많을 수록 단위당 원가는 하락
- 기말 재고자산 수량이 많아질수록 매출원가 감소
  - → 이익 증가 : 재고자산을 과다 보유할 유인

재고자산 분식

매출원가 = 기초재고 + 당기제조원가 − 기말재고

상기 식에서 보듯이 기말재고자산을 분식하면 (재고자산 금액이 커져서) 매출원가는 감소합니다.
따라서 이익이 증가합니다.

그러나 당기의 기말재고는 차기의 기초재고입니다. 따라서 분식한 금액만큼 내년 손익은 악화됩니다. 그것이 싫으면 기말재고를 더 크게 분식해야 합니다.

재고자산에 대한 분식을 시작하면 마약처럼 끊기 힘들고 더 악화되는 경향이 있습니다.

08

H사 : 견고한 성장

H사의 재무현황은 다음과 같습니다.

(단위 : 백만원)

	2018년	2017년	2016년	2015년	2014년
자산	242,380	141,551	114,593	94,546	83,970
부채	36,994	60,253	59,108	59,161	55,743
자본	205,386	81,298	55,485	35,385	28,227
매출	152,833	139,331	124,535	108,255	89,208
영업이익	33,563	31,930	23,671	15,852	6,561
당기순이익	26,169	24,302	17,431	5,351	2,562
매출채권	36,779	37,975	35,267	26,566	19,566
재고자산	22,006	19,270	18,027	16,545	15,608
매입채무	2,166	2,015	1,723	6,332	5,074
순운전자본	56,619	55,230	51,571	36,779	30,100
감가상각비 등	3,563	3,522	3,678	3,901	4,435

H사는 의약품 제조업체로서 2018년에 상장하였습니다. H사는 2010년 이전에 대규모 생산능력을 구축하였으며, 평균 가동률은 25%입니다. 제품의 유통기한은 길지 않은 편입니다.

H사는 성장하는 회사의 모습을 보여주고 있습니다. 다른 회사와 비교하면 운전자본 관리가 적절하게 이루어지고 있음이 특징입니다.

① 매출이 증가하고 있으나 이익률과 매출채권 규모가 적절하게 관리되고 있습니다. 매출을 위해 무리하게 단가를 조정하거나 여신 기일을 확대하지 않는 것으로 보입니다.

② 매입채무가 감소하였습니다. 대금 지급기일을 단축시켜 상생 경영을 실시하는 것으로 이해됩니다.

③ 생산능력은 충분하지만 필요 이상의 재고자산을 보유하고 있지 않습니다. 재고자산의 유통기한도 영향이 있을 것입니다. 그러나 계획에 따른 안전재고 관리 정책이 적절하게 이루어지고 있음을 반증합니다.

H사는 제3공장을 준비 중입니다. 상장을 통해 조달된 자금은 사업확장의 촉진제로 활용될 것입니다. 사업을 확장하는 과정에서 영업레버리지는 다소 증가할 것입니다. 그러

나 유상증자로 자금이 조달되어 재무레버리지는 낮은 수준으로 통제되고 있습니다.

● H사의 실질 현금흐름

◎ 실질 현금흐름

(단위 : 백만원)

	2018년	2017년	2016년	2015년	2014년	합계
영업활동 현금흐름	23,928	21,865	8,786	3,938	(71)	58,446
－ 당기순이익	26,440	24,310	17,431	5,351	2,562	76,094
－ 매출채권	1,138	(2,737)	(9,190)	(7,396)	(2,044)	(20,229)
－ 재고자산	(2,736)	(1,243)	(3,641)	(947)	(679)	(9,246)
－ 매입채무	(1,015)	445	575	1,256	251	1,512
－ 기타	101	1,090	3,611	5,674	(161)	10,315
투자활동 현금흐름	(13,916)	(9,008)	(6,831)	(145)	1,222	(28,678)
－ 유형자산	(6,027)	(6,671)	(6,100)	595	1,708	(16,495)
－ 기타	(7,889)	(2,337)	(731)	(740)	(486)	(12,183)
재무활동 현금흐름	74,399	(1,011)	(2,334)	(3,171)	(2,213)	65,670
－ 차입금	1,156	(1,880)	(4,215)	(4,303)	(2,919)	(12,161)
－ 배당	(3,005)	(1,023)	－	(2)	(4)	(4,034)
－ 유상증자	104,083	1,892	1,862	1,809	－	109,646
－ 자기주식 등	(27,835)	－	19	(675)	710	(27,781)
현금의 증감	84,411	11,846	(379)	622	(1,062)	95,438

◎ 현금흐름 요약

(단위 : 백만원)

	금액	비고
당기순이익	77,545	5년간의 총 당기순이익
운전자본	(27,963)	매출 증가로 인한 운전자본 부담
증설투자	(28,678)	재투자 이외의 증설 및 신사업 투자
차입금상환	(12,161)	
유상증자	109,646	
배당 등	(31,869)	배당금지급과 자기주식 취득
기타	8,918	
현금증가	95,438	

09

K사 : 손익과 현금의 Time lag

K사의 재무현황은 다음과 같습니다.

(단위 : 백만원)

	제24기	제23기	제22기	제21기	제20기
자산	89,438	101,028	98,570	103,423	105,317
부채	58,640	60,348	60,692	61,194	66,096
자본	30,798	40,680	37,878	42,229	39,221
매출	96,543	98,866	88,206	76,690	85,674
영업이익	(7,832)	2,060	371	2,608	5,170
당기순이익	(10,870)	590	(8,080)	340	1,205
매출채권	17,881	31,956	37,946	45,677	48,866
재고자산	18,778	24,436	22,204	20,217	17,042
매입채무	29,866	31,651	28,343	24,839	27,360
순운전자본	6,793	24,741	31,807	41,055	38,548
감가상각비 등	1,821	1,644	1,609	1,508	1,277

K사는 가구 제조업을 영위하고 있습니다. 해당 산업은 고정투자의 규모가 작습니다. 따라서 진입장벽이 낮고 가격경쟁이 치열하며, 유행에 민감합니다.

K사의 재무제표를 보면 몇 가지 특이한 점이 눈에 띕니다.

① 매출은 다소 부침은 있으나 꾸준하게 성장했습니다. 그런데 순운전자본은 38,548백만원에서 6,793백만원으로 오히려 대폭 감소하였습니다. 이런 이유로 제20기보다 제24기의 자산과 부채 총액이 오히려 적게 나타납니다.

② 실질 영업흐름과 당기순이익의 차이가 매우 심합니다. 영업 현금흐름과 당기순이익이 일관성을 가져야 하는데, 당기순이익 보다 실질영업 현금흐름이 훨씬 양호합니다. 그 이유는 무엇일까요?

	제24기	제23기	제22기	제21기	제20기	합계
영업 현금흐름	9,035	8,042	4,264	(1,117)	20	20,244
당기순이익	(10,870)	590	(8,080)	340	1,205	(16,815)
차이	19,905	7,452	12,344	(1,457)	(1,185)	37,059

③ 대손상각비나 재고자산평가손실과 같은 비경상적인 비용이 빈번하게 거액으로 발생하였습니다.
④ 대규모 손실이 수시로 발생하였으나, 오히려 재투자 이외의 증설투자도 꾸준하게 이루어졌습니다.

🔹 K사의 실질 현금흐름

◎ 실질 현금흐름

(단위 : 백만원)

	제24기	제23기	제22기	제21기	제20기	합계
영업활동 현금흐름	9,035	8,042	4,264	(1,117)	20	20,244
- 당기순손익	(10,870)	590	(8,080)	340	1,205	(16,815)
- 대손상각비	3,376	1,085	6,837	679	1,046	13,023
- 재고자산평가손실	2,385	302	2,071	448	1,143	6,349
- 매출채권	11,697	5,307	6,015	2,525	6,102	31,646
- 재고자산	3,213	(2,625)	(4,013)	(3,638)	(7,303)	(14,365)
- 매입채무	(2,377)	1,312	3,113	(2,442)	(1,122)	(1,515)
- 기타	1,611	2,071	(1,680)	970	(1,052)	1,921
투자활동 현금흐름	(2,139)	(709)	(2,698)	1,341	(2,242)	(6,447)
재무활동 현금흐름	624	(1,475)	(1,162)	(305)	2,138	(180)
현금의 증감	7,520	5,858	404	(81)	(84)	13,617

◎ 현금흐름 요약

	금액(단위:백만원)	비고
당기순이익	(16,815)	5년간의 당기순손익 합계
운전자본	15,766	운전자본 개선
비경상적 비용	19,732	채권과 재고에 대한 평가손실
기타	1,921	
투자활동	(6,447)	재투자 이외의 증설 및 신사업 투자
재무활동	(180)	
현금의 증감	13,617	

먼저 제20기를 보면 매출액은 85,674백만원인데 매출채권은 48,866백만원에 달합니다. 사업보고서는 회사의 매출 중 30% 정도는 조달청에 대한 것임을 공시하였습니다. 일반적인 제조업의 매출채권 회수기일이 90~120일 정도인데, 국가 단체에 대한 회수기일은 약 1개월로서 짧습니다. 따라서 회사의 적정 매출채권은 다음과 같이 추정됩니다.

	연간 매출	월 매출	추정 매출채권
조달청 매출	25,702	2,142	2,142
일반 매출	59,972	4,997	19,988
합계	85,674		22,130

추정된 매출채권과 제20기 재무제표에 계상된 매출채권은 차이가 큽니다. 따라서 당시 매출채권 중 상당 부분은 회수가능성에 이슈가 있는 채권임을 알 수 있습니다.

한편, 재고자산은 계속 증가하다 제24기에 감소하였습니다. 그 이유는 여러 가지가 있겠으나, 사업 진행 과정에서 팔리지 않은 제품 등을 적극적으로 손상(감액)한 것으로 추정됩니다.

제20기 재무제표에는 부실자산(매출채권과 재고자산)이 있었던 것으로 추정됩니다. 자산성이 없다고 결론 내리고 손실을 반영한 시점은 제20기 이후인데, 당시에는 오히려 영업이 개선되고 있었습니다. 이러한 이유로 영업 현금흐름과 당기순이익이 어긋나게 나타납니다.

요약하면, 과거의 부실을 정리하는 과정에서 비경상적인인 손실이 발생하였고, 순운전자본이 감소하였습니다. 재무상태표와 손익계산서는 악화되었습니다. 그러나 현금흐름은 회사의 개선된 영업상황과 현금흐름을 보다 정확하게 보여주고 있습니다.

☀ K사 현금흐름 분석

※ 손실에도 불구하고 영업활동 현금흐름 개선
 ① 제20기 이전 : 운전자본이 악화됨.
 ② 제20기 이후 : 부실을 정리하여 손실은 발생하였으나, 현금흐름은 개선됨.

손실 반영 시점

회사는 수많은 불확실성에 둘러싸여 있습니다. 특히 사업을 시작하는 시점(설립 투자, 신규 사업 투자, 증설 투자 등)에는 더욱 그렇습니다. 사업을 진행하기 위하여 공장을 건축하고, 생산설비를 취득합니다. 생산이 개시되면 재고자산이 발생합니다. 물건을 사줄 신규 거래처를 개발해야 합니다.

사업이 잘 진행되면 문제가 없습니다. 재고자산은 팔리고 매출채권은 잘 회수되어 현금이 쌓일 것입니다. 공장은 활발하게 돌아가며 제품을 생산할 것입니다.
그런데 사업이 잘 진행되지 않으면 어떻게 될까요? 투자는 완료되어 제품이 출시되었으나 불행하게도 경기가 급격하게 침체되었다고 가정해 봅시다.

① 거래처도 어렵기 때문에 제때 돈을 주지 않습니다. 기다려 달라고 해서 기다렸지만 또 기다려 달라고 합니다. 그러던 중 1년 이후에 거래처가 도산하였습니다.

② 생산된 제품이 팔리지 않습니다. 영업사원들은 조금 더 노력하겠다고 합니다. 그래도 안 팔립니다. 시간이 지나 제품의 유통기한이 지났습니다. 또는 제품의 유행이 지나서 시장에서 제 가격에 팔 수 없는 상황이 되었습니다.

③ 제품이 팔리지 않자 공장가동도 중단하였습니다.

자산은 미래경제적효익이 전제되어야 합니다. 만일 현재 가치가 장부금액에 미달한다면 손상(감액)을 인식해야 합니다. 사업이 잘 되지 않는다면 매출채권, 재고자산, 공장의 가치가 떨어지기 때문에 손상을 인식하게 됩니다. 그런데 손실을 인식하는 시점은 경기가 악화된 시점이 아닙니다. 노력을 해도 안 된다는 것이 확실해진 시점입니다. 시차가 있지요.

손실은 시차를 두고 장부에 반영됩니다. 현금흐름이 안 좋아진 이후에 시차를 두고 손실이 인식됩니다. **회사의 판단에 따라 손실의 반영 시점은 달라질 수 있습니다.** 그렇지만 **현금흐름은 판단이 아니라 사실을 반영하므로 상황을 객관적으로 보여줍니다.** 재무상태표나 손익계산서는 항상 현금흐름표 및 기타 재무자료와 함께 5년 이상의 추세를 분석하기를 바랍니다.

일반적으로 사업이 악화되면 순운전자본이 증가하면서 현금흐름이 악화됩니다. 당기순손익과 실질영업현금흐름의 괴리가 발생합니다. 그러다가 대규모 손실이 발생합니다.
먼저 현금흐름에서 징후가 나타납니다.

10 C사 : 바이오기업의 투자활동, 그리고 특수관계자 거래

C사의 재무현황은 다음과 같습니다.

(단위 : 백만원)

	제28기	제27기	제26기	제25기	제24기
자산	3,540,627	3,315,528	2,896,847	2,748,231	2,322,385
부채	907,849	883,598	822,974	938,390	974,604
자본	2,632,778	2,431,929	2,073,873	1,809,841	1,347,781
매출	982,075	949,080	670,581	603,413	471,046
영업이익	338,695	507,829	234,243	258,954	201,469
당기순이익	253,563	386,157	162,419	158,282	117,482
매출채권	807,711	828,394	758,305	662,226	378,290
재고자산	163,114	199,482	183,939	233,766	223,617
매입채무	20,695	21,031	21,172	5,144	4,390
순운전자본	950,131	1,006,845	921,072	890,848	597,517

2010년에 C-Holdings는 C-Holdings와 H사로 인적분할되었습니다. C-Holdings는 지주회사 성격으로 투자를 담당하며, H사는 판매활동을 주 영업으로 하고 있습니다. C사와 H사의 직접적인 지분관계는 없습니다. 그러나 개인 대주주가 C사와 H사의 지분을 직·간접적으로 보유하고 있습니다.

C사는 바이오 의약품을 제조하고 있습니다. 업종 특성상 거액의 연구개발 활동을 필요로 합니다. C사의 최근 무형자산과 경상개발비에 대한 투자는 다음과 같습니다.

(단위 : 백만원)

	제28기	제27기	제26기	제25기	제24기	합 계
무형자산	40,020	30,997	94,623	83,522	57,804	306,966
경상개발비	90,754	79,660	65,358	37,320	69,642	342,734
합계	130,774	110,657	159,981	120,842	127,446	649,700

C사는 제조활동에 초점을 맞추고 있으며, 판매는 C사의 관계사인 H사가 담당합니다. H사는 해외 파트너 등과 판매 전략을 수립하고 최종 고객에게 제품을 인도하고 있습니다.

📧 C사의 지배구조

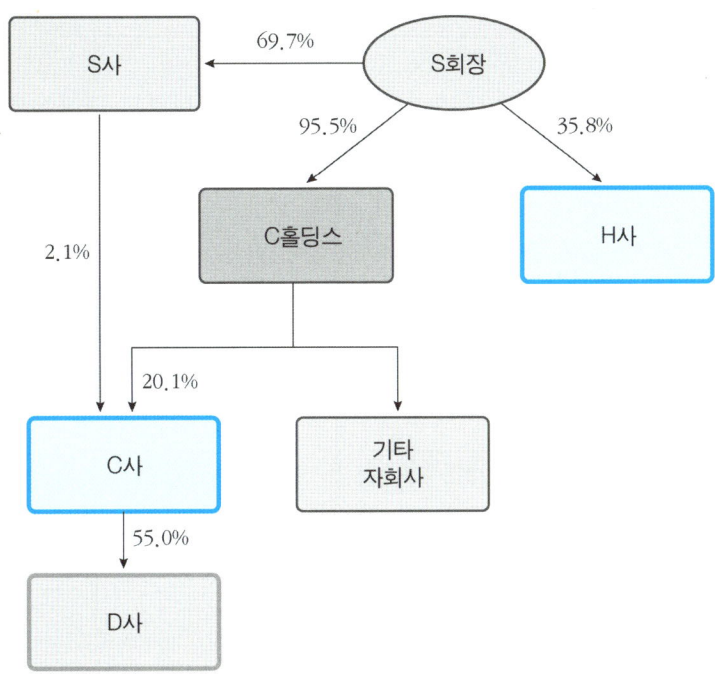

📧 H사의 재무현황

	제19기	제18기	제17기	제16기	제15기
자산	2,948,569	2,874,946	2,005,754	1,575,526	1,383,699
부채	1,313,091	1,167,472	1,455,436	1,075,847	2,068,370
자본	1,635,478	1,707,473	550,318	499,679	(684,671)
매출	713,487	920,922	733,263	402,389	164,738
영업이익	(25,200)	153,652	155,302	111,905	37,322
당기순이익	11,386	157,439	97,166	20,584	(369,986)
매출채권	407,697	418,484	366,286	92,821	81,594
재고자산	1,696,910	1,574,799	1,472,120	1,399,285	1,186,797
매입채무	646,329	659,243	641,305	580,201	326,027
순운전자본	1,458,278	1,334,040	1,197,101	911,905	942,364

C사의 재무제표를 보면 몇 가지 특이한 점이 눈에 띕니다.

① 매출에 비해 매출채권의 규모가 큽니다. 거액의 매출채권 등으로 운전자본이 악화되었고, 제28기의 경우 950,131백만원입니다.

② 전체 투자활동 중 무형자산(개발비)과 경상개발비로 반영된 금액이 90% 이상을 차지하고 있습니다. 시점에 따라 무형자산과 경상개발비의 규모는 다릅니다. 그러나 연평균 130,000백만원 정도의 지출이 계속 발생하고 있습니다.

③ 재무활동 현금흐름의 구성항목 중 자기주식 취득 금액이 상당합니다.

세계 시장을 개척하면서 C사의 매출은 급성장하고 있습니다. 매출이 증가하면 매출채권과 재고자산도 증가하여 운전자본이 부담됩니다. 제28기 중 C사의 매출 가운데 H사에 대한 금액은 771,445백만원(78.6%)입니다. 채권은 778,636백만원(96.4%)입니다.

제1장에서 '**매출채권과 재고자산은 현금의 또 다른 모습**'이라고 설명한 내용 기억나시죠? 따라서 C사의 매출채권 증가는 H사에 대한 간접적인 자금지원 성격으로도 볼 수 있습니다.

H사는 해외에 판매망을 구축하고 C사로부터 구입한 상품을 최종소비자에게 판매하고 있습니다. 전체 자산 중에서 매출채권과 재고자산이 차지하는 비중이 매우 높습니다. H사의 운전자본 부담은 1,458,278백만원입니다. 그리고 보유중인 재고자산은 C사 매출액의 173%에 달합니다.

H사는 최종 고객에게 매출한 양보다 더 많은 물량을 C사로부터 매입하였습니다. C사의 매출과 이익은 급증하였으나, H사의 재고도 상당 폭으로 급증했습니다. H사는 재고자산 부담으로 C사에게 대금지급을 지연하고 있는 것으로 보입니다. 결국, C사가 매출채권을 많이 보유하고 있는 이유는 적정 규모 이상의 내부거래가 원인이지 않을까 합니다. 이와 같이 계열사 등 특수관계자 거래는 항상 유념하여 분석할 필요가 있습니다.

깊이 있게 C사의 실질 매출과 이익추세 등을 분석하려면 C사와 S사를 하나의 연결실체로 간주할 필요가 있습니다. 그룹사의 정확한 현금흐름은 연결재무제표가 보다 유용하기 때문입니다. 그런데 C사와 S사는 직접적인 지분관계가 없으므로 연결대상이 아닙니다. 이로 인해 주식시장에서는 C그룹에 대한 불신이 팽배했습니다.

주총 때마다 찾아오는 'C사 합병설' (2019.3.13. 일요신문)

지난 6일 경제개혁연구소가 낸 '사익 편취 회사를 통한 지배주주 일가의 부 증식 보고서'에서도 S 회장이 C사와 H사를 통해 4조 5000억원의 사익을 편취했다는 분석이 나오면서 합병에 대한 관심이 증폭되기도 했다.

이러한 논란은 C 그룹의 독특한 지배구조에서 비롯된다. C 그룹 지배구조를 보면, 현재 최정점에 S 회장이 올라 있고 두 갈래로 나뉜다. 한 갈래는 S 회장 → C사 → D사이다. 다른 한 갈래는 S 회장 → H사이다.

문제의 핵심은 C사와 H사 간 내부거래가 불가피한 구조라는 점이다. C사의 제품을 '독점적으로' 해외에 유통·판매하는 법인이 H사이기 때문이다. 지난해 C사 전체 매출의 약 80%가 H사에 대한 판매에서 발생했다.

이에 대해 한 증권사 연구원은 "C 그룹 지배구조를 보면 C사와 H사는 직접적인 지분 관계가 없다. 계열사가 아닌 별도의 회사로 인식돼 두 회사 간 거래가 매출로 잡히는 만큼 일감 몰아주기, 사익 편취 등의 논란이 불거질 수밖에 없는 구조다"며 "C사가 H사를 흡수 합병하면 새 법인에서 생산과 판매가 모두 이뤄지고 이에 따라 그동안 제기된 논란이 자연스럽게 해소된다. 합병설이 근본적인 해결책으로 꾸준히 제기돼 온 이유다"라고 설명했다.

C그룹 3社사 합병 (2020.9.25. 한국경제신문)

C사와 H사의 합병 '급물살'

C사는 일감 몰아주기 규제 때문에 3사 합병 방안을 검토해왔다. C사가 개발한 제품을 H사가 구매한 뒤 해외에 재판매하는 구조여서 일감 몰아주기라는 논란을 낳았다. 회사는 지배구조개선을 통해 지주회사와 사업회사를 이원화하겠다는 내용을 발표했다. 회사 관계자는 "내년 4월 열릴 주주총회에서 합병에 대한 구체적인 사항이 결정될 것"이라고 말했다.

○○증권 연구원은 "합병으로 고질적인 재고 관련 우려 등의 불신 요소들이 제거되고 유통망 운용 등 관련 비용이 감소할 것으로 기대된다"고 평가했다.

자기주식 취득은 배당의 효과도 있지만 대부분 회사의 재무전략에 따라 이루어집니다. 최대주주의 경영권이 불안정하거나, 향후 그룹 지배구조의 변경이 계획된 회사에서 자기주식 취득 사례가 자주 발견됩니다. 따라서 회사가 자기주식을 보유하고 있다면 그 이유에 대해 곰곰이 생각해봐야 합니다.

바이오 업종 전반에서 나타나는 현상이지만 C사의 주가는 급등락하는 경향이 있습니다. 공매도 비중도 높습니다. C사는 주가를 방어하기 위하여 (공매도 등의 부정적인 영향을 상쇄하기 위하여) 어쩔 수 없이 자기주식을 취득한 측면이 있습니다.

C사의 최근 5년간 현금흐름을 요약하면 다음과 같습니다.

(단위 : 백만원)

	금액	비고
당기순이익	1,420,636	5년간의 당기순이익 합계
운전자본	(565,497)	매출 증가와 계열사로 인한 운전자본 부담
투자활동	(699,867)	경상개발투자와 무형자산 투자 등, 재투자 제외
재무활동	(9,241)	자기주식 취득 등
기타	177,728	
합계	323,758	

C사는 투자에 매우 적극적입니다. 그리고 투자활동에 사용된 현금은 영업으로 조달되고 있어 재무리스크도 감소하고 있습니다. 따라서 현재 수익성도 좋지만, 회사의 계획대로 사업이 진행된다면 더 큰 수익이 창출될 것으로 예상됩니다. 이러한 기대를 담아 주식가격도 PBR보다 훨씬 높습니다.

 C사 현금흐름 분석

• 개발활동
 ① 회계처리 : 자산 Vs 비용 → 현금흐름 분석 결과는 동일
 ② 미래 성장을 위한 적극적인 활동

• 운전자본 관리 필요
 ① 운전자본 부담이 상당하며, 투자 결과로 매출이 증가하면 더 커질 가능성이 있음.
 ② 계열사와 협의 등을 통한 적극적인 관리 필요

C사의 실질 현금흐름

	제28기	제27기	제26기	제25기	제24기	합계
영업활동 현금흐름	239,224	377,166	118,280	(39,845)	32,305	723,130
– 당기순이익	344,317	465,817	227,777	195,602	187,123	1,420,636
– 재고자산평가손실	6,922	(4,599)	20,292	8,210	2,173	32,997
– 매출채권	2,056	(68,525)	(95,773)	(280,239)	(72,006)	(514,487)
– 재고자산	(282)	(52,792)	5,496	(20,230)	(22,480)	(90,289)
– 매입채무 등	16,171	23,527	15,903	10,063	(26,385)	39,279
– 경상개발비	(90,754)	(79,660)	(65,358)	(37,320)	(69,642)	(342,734)
– 기타	(43,205)	93,397	9,944	84,070	33,522	177,728
투자활동 현금흐름	(92,557)	(24,223)	(69,245)	(109,998)	(61,110)	(357,133)
– 유형자산	(38,337)	20,491	25,788	(18,886)	(1,306)	(12,250)
– 무형자산	(40,020)	(30,997)	(94,623)	(83,522)	(57,804)	(306,966)
– 기타	(14,200)	(13,717)	(410)	(7,590)	(2,000)	(37,917)
재무활동 현금흐름	(178,040)	(73,945)	51,824	165,664	25,256	(9,241)
– 차입금	(123,615)	(35,300)	47,569	158,043	(5,859)	40,838
– 자기주식	(69,004)	(48,668)	(3,615)	(1,571)	28,757	(94,101)
– 기타	14,580	10,023	7,870	9,191	2,358	44,021
현금의 증감	(35,372)	278,998	100,858	15,821	(3,548)	356,756

※ C사의 현금흐름 조정 내역

① 실질 현금흐름으로 분류 : 유형자산과 무형자산상각비는 영업활동과 투자활동에서
   제외함(재투자 전제).

② 이자비용은 영업활동으로 분류 : K – IFRS 상 이자수익, 이자비용, 배당금수익 등은
   회사의 회계정책에 따라 분류 가능하지만, 비교가능성을 위해 영업활동으로 분류함.

③ 투자활동 현금흐름 분류 : 금융상품이나 대여금의 변동은 투자자산이 아니라 현금
   성자산으로 보고, 투자활동 현금흐름에서 제외함.

④ 경상개발비 조정
   – 경상개발비를 영업에서 이루어지는 재투자활동으로 분류함.
   – 당기순이익은 경상개발비를 제외하고 산정함.

🌐 개발비 회계처리 논란

R&D 지출은 일정 요건을 갖추면 개발비라는 무형자산으로 인식됩니다. 그러나 요건을 충족하지 못한다면 경상개발비(당기비용)로 계상됩니다. 당기비용을 인식하면 당기순이익이 하락합니다. 따라서 순이익과 부채비율이 중요한 기업실무에서는 '개발비'라는 무형자산 회계처리를 선호합니다.

회계는 R&D 지출액을 자산으로 계상하는 데 엄격합니다. 비용을 과소계상하고, 자산을 과다계상할 가능성이 크다고 보기 때문입니다. 개발비는 외부에서 취득한 것이 아니라 회사 내부에서 창출한 자산입니다. 따라서 금액의 신뢰성에도 이슈가 있습니다.

개발 품목별로 성격이 다르며, 회사마다 회계정책과 판단도 상이하므로 회계처리의 적정성에 대해 단언하기는 매우 어렵습니다. 그러나 동일한 성격인데 회사의 선택에 따라 자산이나 비용으로 달리 회계처리될 가능성도 있습니다.

2017년 중 C사와 주요 동종업체의 회계처리는 다음과 같습니다.

(단위 : 억원)

	개발비(자산)	경상개발비(비용)	경상개발비 비중(%)
C사	1,688	580	25.6
E사	786	821	51.1
S사	–	332	100.0
Ch사	80	27	25.2
합 계	2,554	1,760	40.8

경상개발비 – 투자활동? 영업활동?

투자활동과 영업활동의 정의가 애매해지는 지점이 있습니다. 바이오산업이나 IT 산업 등은 개발 활동 자체가 일상적입니다. 영업활동의 일환이라 볼 수 있지요. 그러나 회계처리와 관계 없이 대부분의 경상개발비(투자)는 미래를 위한 것입니다. 당기비용으로 처리하였다고 하더라도 시장에서는 그 가치를 인정해 줍니다. 그런 이유로 바이오산업 등의 PBR은 높은 경향이 있습니다.

회계처리 논란이 있는 산업일수록 현금흐름표를 토대로 회사의 투자와 영업, 현금 증가추세 등을 분석하면 좋을 듯합니다. 그리고 동종 업종의 경쟁사와 비교하는 절차가 필요합니다. 앞의 표에서 보듯이 회사마다 회계처리는 다르지만, 현금흐름은 진실을 말하기 때문입니다.

11 Y사 : PEF, 가치창조자? 기업사냥꾼?

Y사의 재무현황은 다음과 같습니다.

(단위 : 백만원)

	2018년	2017년	2016년	2015년	2014년
자산	3,429,268	3,501,202	3,216,247	2,934,453	3,003,333
부채	1,449,670	1,480,136	1,402,223	1,586,192	1,719,970
자본	1,979,598	2,021,065	1,814,024	1,348,260	1,283,363
매출	1,509,985	1,517,140	1,430,289	1,986,386	2,020,705
영업이익	246,949	250,948	257,837	214,250	162,312
당기순이익	146,995	301,223	175,111	77,053	103,047
매출채권	305,606	331,607	365,305	339,980	310,793
재고자산	117,100	108,824	86,776	112,242	130,657
매입채무	113,600	142,464	148,563	160,493	187,998
순운전자본	309,105	297,967	303,519	291,729	253,452
상각비 등	119,523	102,193	99,639	95,292	89,315

Y사는 X업을 주요 영업활동으로 하고 있습니다. X업은 특성상 거액의 시설장치가 필요합니다. 2014년 이후 단가가 개선되어 이익률이 개선되었습니다.

2010년 이후 Y사는 구조조정을 진행하고 있었습니다. 그러던 중 2016년 초 Y사는 사모펀드에 인수되었습니다. 인수된 이후 주요 경영진은 사모펀드 관계자로 변경되었습니다.

2016영 이후 X업과 무관한 자회사나 사업부문을 처분하였습니다. 핵심사업인 X업 이외에는 구조조정을 실시한 것입니다. 따라서 Y사의 매출총액은 감소하고, 거액의 처분이익이 발생하였습니다. 그리고 Y사는 2017년에 주주인 사모펀드로부터 D사를 261,925백만원에 취득했습니다.

🌐 Y사의 실질 현금흐름

(단위 : 백만원)

	2018년	2017년	2016년	2015년	2014년	합계
영업활동 현금흐름	146,534	173,110	71,348	138,454	128,488	657,934
– 당기순이익	146,995	301,223	175,111	77,053	103,047	803,429
– 법인세수익	35,504	(75,567)	41,070	7,443	(13,826)	(5,376)
– 자산처분손익	(4,800)	(1,222)	8,191	4,375	1,489	8,034
– 채권	5,459	6,938	(12,442)	(3,191)	43,109	39,874
– 재고자산	(36,044)	(15,813)	4,554	18,940	(7,117)	(35,479)
– 채무	(35,646)	(48,114)	(48,578)	61,761	(31,225)	(101,801)
– 파생상품	39,220	(10,911)	(33,008)	–	–	(4,700)
– 기타	(4,155)	16,576	(63,551)	(27,927)	33,010	(46,047)
투자활동 현금흐름	(3,572)	(100,587)	29,734	61,842	18,328	5,745
– 자산 취득	(3,572)	170,550	29,840	61,842	18,328	276,989
– 합병	–	(270,379)	–	–	–	(270,379)
– 기타	–	(759)	(107)	–	–	(866)
재무활동 현금흐름	(206,936)	27,768	76,846	(224,480)	(153,815)	(480,618)
– 차입금	(26,040)	15,953	(213,820)	(223,777)	(153,084)	(600,769)
– 배당금	(180,896)	(93,658)	(634)	(703)	(704)	(276,595)
– 유상증자 등	–	105,473	291,300	–	(27)	396,745
현금의 증감	(63,974)	100,291	177,927	(24,183)	(7,000)	183,060

※ 현금흐름 조정 내역

① 실질 현금흐름으로 분류 : 유형자산과 무형자산상각비는 영업활동과 투자활동에서 제외함(재투자 전제).

② 이자비용은 영업활동으로 분류 : K–IFRS상 이자수익, 이자비용, 배당금수익 등은 회사의 회계정책에 따라 분류 가능하지만, 비교가능성을 위해 영업활동으로 분류함.

③ 투자활동 현금흐름 분류 : 금융상품이나 대여금의 변동은 투자자산이 아니라 현금성자산으로 보고, 투자활동 현금흐름에서 제외함.

Y사의 실질 현금흐름을 살펴보면 몇 가지 특이한 점이 눈에 띕니다.

① 2017년 이후에는 배당금이 확대되었습니다. 2018년에 지급된 배당금은 2018년의 순이익 규모를 초과하고 있습니다.

② 5년간 상환된 차입금은 600,769백만원입니다. 재무체질이 강화되었습니다.

③ 일부 사업과 자회사를 처분하여 유입된 현금이 276,989백만원입니다. 만일 2017년에 D사를 취득하지 않았다면 투자활동에서 538,914백만원(= 276,989백만원 + 261,925백만원)을 회수한 것입니다.

Y사의 최근 5년간 현금흐름을 요약하면 다음과 같습니다.

(단위 : 백만원)

	금액	비고
당기순이익	803,429	5년간의 당기순이익 합계
투자활동(처분)	538,914	비영업용자산의 처분, 자회사와 사업부문 처분
투자활동(취득)	(261,925)	사모펀드로부터 D사 취득
자기주식 처분 등	126,367	지배구조 변동 과정 중의 자기주식 처분 등
차입금 상환	(600,769)	5년간의 차입금 상환
배당	(276,595)	최근 2년간 배당 증가
운전자본	(97,407)	
기타	(48,953)	
합계	183,060	

5년 동안 창출된 당기순이익은 803,429백만원입니다. Y사는 최근 5년간 신사업이나 증설투자는 거의 없었습니다. 대신에 비영업용자산이나 X업 이외의 사업부문은 적극적으로 처분하여 276,989백만원을 회수하였습니다. 이렇게 창출된 현금 1,080,418백만원(= 803,429백만원 + 276,989백만원)은 차입금 상환과 배당에 사용되었습니다. 사모펀드는 배당뿐만 아니라 D사를 Y에 처분하여 261,925백만원까지 회수하였습니다.

영업 현금흐름은 현재 수익성을 보여줍니다. 투자 현금흐름은 향후 수익성과 미래에 대한 회사의 전략을 보여줍니다. 현재 Y사는 단기적인 수익성에만 초점을 맞추고 있다고 보여집니다. 창출된 현금흐름은 차입금 상환과 배당에 사용되며, 미래 투자에 활용되지 않습니다. 이는 빠른 시간에 Y사를 처분하고 차익을 추구하고자 하는 대주주(사모펀드)의 의지를 반영하고 있다고 판단됩니다.

Y사는 이자비용을 영업활동에서 재무활동으로 재분류하였습니다. 리스기준서의 개정으로 임차료가 사용권자산과 이자비용으로 분류됩니다. 그런데 이자비용이 재무활동으로 변경됨에 따라 영업활동 현금흐름이 증가하였습니다.

그리고 Y사는 회계정책의 변경을 통해 2년 정도의 가치유지를 위한 지출을 수선유지비(당기비용)에서 유형자산으로 분류했습니다.

M&A 시장에서 가치평가와 매매가격 근거로 EBITDA(Earnings Before Interest, Taxes, Depreciation and Amortization)가 활용됩니다. 영업활동 현금흐름은 EBITDA와 유사하며, 기업가치 평가 시 참고자료로 활용됩니다. Y사의 여러 조치들은 EBITDA를 개선시키기 위한 방안으로 보입니다.

사모펀드는 기업을 인수한 이후 수익성을 향상시켜 기업가치를 높인 후 다시 매각합니다. 단기간에 수익성을 향상시키기 위해 구조조정을 실시합니다. 그런데 미래의 수익을 위한 투자활동에는 다소 미흡한 측면이 자주 발견됩니다.

사모펀드

사모펀드는 인수합병의 대상이 되는 기업을 미리 정하지 않는 상태에서 자금을 모읍니다. 그런 다음 적당한 기업이 나타나면 투자에 나서는 방식을 취합니다.

사모펀드 중 '바이아웃(Buy Out)'은 차입금을 조달하여 경영권을 통제할 정도로 지분을 취득하는 형태입니다. 경영권을 보유하므로 투자 이후 강력한 리더십을 행사합니다. 구조조정이나 내부효율화 전략 등을 통해 가치를 향상시킨 후 지분을 매각해 차익을 실현합니다.

사모퍼드는 투자 활성화, 금융자본의 유동성 강화라는 장점이 있습니다. 반면, 정리해고나 세금포탈 등의 문제점을 비판 받고 있습니다.

일반적인 기업들은 순이익의 상당 부분을 미래에 대한 투자자금으로 사용합니다. 그러나 사모펀드가 인수한 기업들은 대부분 배당금으로 지출하는 경향이 있습니다. 사모펀드는 인수자금을 주로 차입금으로 조달하였기에, 원금상환과 이자비용 부담이 크기 때문입니다. 5년이나 10년 후를 위한 신사업이나 증설에는 큰 관심이 없습니다.

사모펀드는 인수한 회사에서 수익을 더 내고 매각금액을 높이기 위해 도급과 하청을 늘리고 복지를 감축하는 경향이 있습니다. 또한 회사 내 특정 사업부문을 분사시키거나 정규직보다는 비정규직을 늘리는 경향이 있습니다. 고정비를 변동비화 하는 것입니다.

이러한 방식은 기업의 고정지출을 감소시켜 단기적으로는 이익이 증가한다는 장점이 있습니다. 그러나 장기적으로 기업 내 노하우나 핵심역량을 가진 인력이 외부로 유출되는 단점이 있습니다.

사모펀드의 이러한 방식은 인수한 기업을 효율적인 조직으로 바꾼다는 긍정적인 면이 있습니다. 반면 장기적인 발전이 아닌 단기적인 성과에 집중한다는 비판적인 시각이 있습니다. 기업의 핵심역량 강화가 아니라 단기적인 이익만을 극대화한 후 처분하여 투자수익만을 극대화한다는 것입니다.

사모펀드는 '하이에나'나 '기업사냥꾼'으로 불리기도 합니다.

현금흐름의 개념과 분석방법, 현금흐름표의 작성원리
이론부터 실무까지 간결한 문체로 설명,
구체적인 사례 분석으로 즉시 실무에 접목되는 책!!

손익계산서와 재무상태표는 중요한 재무정보입니다.

그러나 발생주의에 따라 작성되어, '현금'을 제대로 설명하지 못한다는 약점이 있습니다. 따라서 현금흐름표에 대한 정확한 이해가 필요합니다. 여러 재무지표와 현금흐름을 통해 회사의 문제점을 파악하고 개선점을 도출해야 합니다.

기업가치가 좋아져야 현금흐름이 원활해지고 현금이 증가합니다. 따라서 가치 창출 관점에서 경영활동을 이해해야 합니다. 사업 관점에서 자산과 부채의 구성을 바라봐야 합니다…… (중략)

실무에서는 현금흐름표 작성에 어려움을 토로합니다. 그러나 현금흐름표의 원리는 사실 매우 단순합니다. 원리를 명쾌하게 설명하고자 하였고, 계정과목별로 구체적인 적용 과정을 기술했습니다.

_머리말 중에서

93320

값 33,000원

9 791167 842732

ISBN 979-11-6784-273-2

현금흐름 분석과 현금흐름표 작성

박길동(공인회계사) 지음

Part I 현금흐름의 이해와 분석
Part II 현금흐름표 작성

경영활동과 기업가치 개선

가치창출 관점에서 분석한 재무제표

현금흐름표 작성원리와 실무적용

현금흐름의 이해와 분석 사례

개정
증보판

SAMIL | 삼일인포마인

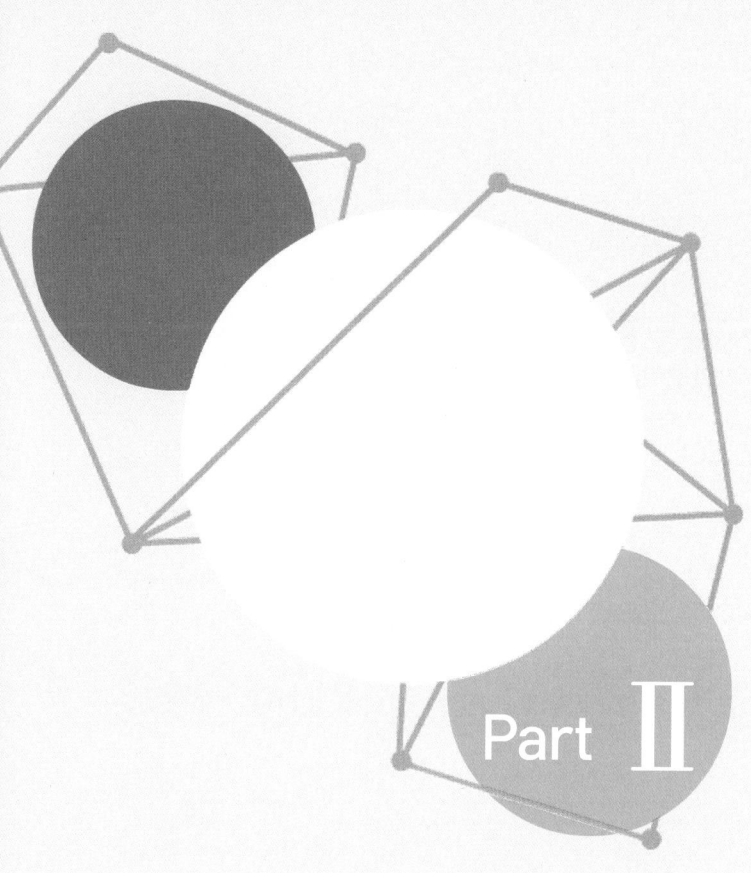

Part II

현금흐름표 작성

기업실무에서는 대부분 정산표 방식을 활용하여 현금흐름표를 작성하고 있습니다. 정산표 방식은 정확성과 완전성이 확보된다는 장점이 있습니다. 그리고 회사 상황에 적합한 정산표가 마련되면 업무 시간도 대폭 감소됩니다.

일부 교재는 분개법이나 T계정법을 소개하고 있으나, 실무상 사용되지 않습니다. 따라서 본서에서는 생략하였습니다.

현금흐름표는 몇 가지 원칙만 알고 있으면 손쉽게 작성할 수 있습니다.

〈제1장〉에서 작성 원리를 숙지한 후 계정과목별로 다양한 예제를 살펴보기 바랍니다.

제1장

현금흐름표의 작성 원리

현금흐름표 작성 원리

- △현금 = △부채 + △자본 - △기타자산
- 재무상태표 계정의 증감액에 포함되어 있는 정보를 재분류하여 현금흐름표로 변환

현금흐름표(Statement of cash flows or Cash flow statement)의 정의는 다음과 같습니다.

'**현금흐름표 : 기업의 현금흐름을 나타내는 표**'

현금흐름표의 정의는 '현금흐름'을 나타내는 것입니다. 1년 동안의 현금흐름을 모두 분석해야겠지요? 그렇다면 현금계정의 유·출입이 분석대상입니다. 그런데 현금 계정에 대한 자료는 너무나 방대합니다. 따라서 현금 자체를 직접 분석하기는 불가능합니다.

어떻게 분석할까요?

현금흐름표 작성 시 분석 대상 ☆☆☆

재무상태표는 다음과 같습니다.

• 자산 = 부채 + 자본

이때 자산은 '현금 + 현금 외의 자산'이므로, 다음과 같이 표현할 수 있습니다.

• 현금 + 기타자산 = 부채 + 자본

여기서 현금을 제외한 나머지 자산을 우측으로 옮겨 봅시다.

• 현금 = 부채 + 자본 − 기타자산

상기 식은 1년 동안의 증감에도 성립합니다.

• △**현금** = △**부채** + △**자본** − △**기타자산**

현금의 증감은 부채와 자본의 증감에서 현금 외 자산의 증감을 차감한 것과 동일합니다. 따라서 **현금흐름은 현금이 아니라 현금 외 자산과 부채 및 자본의 증감을 토대로 분석합니다.**

현금흐름 분석 대상

$$\triangle현금 = \triangle부채 + \triangle자본 - \triangle기타자산$$

결국, 현금흐름표 작업은 다음과 같습니다.

 현금흐름표 작성 ☆☆☆

- 자산과 부채 그리고 자본의 변동 = 기말 재무상태표 − 기초 재무상태표
- 변동 금액의 분류 : 영업활동, 투자활동, 재무활동, 현금무관거래

즉, 부채와 자본 그리고 자산의 변동을,
영업활동, 투자활동, 재무활동, 현금무관거래로 분류하는 작업!

BS 증감액을 현금흐름으로 전환하는 작업!!!

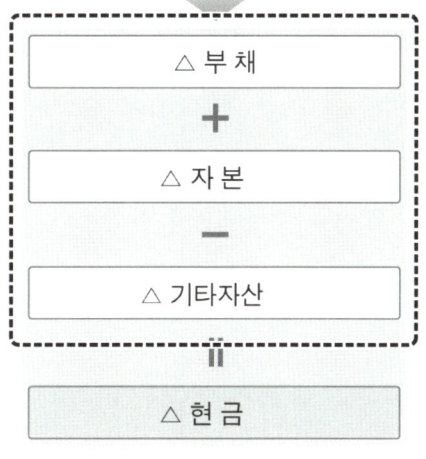

현금흐름은 다음과 같이 분류됩니다.
① 영업활동 : 현재 수익성을 나타내는 지표
② 투자활동 : 미래에 대한 전략이 드러나며 미래의 수익성을 암시하는 지표
③ 재무활동 : 자금 조달과 상환 방법을 나타냄.
④ 현금무관거래 : 현금의 유출이 없는 거래

〈PART I〉의 〈제5장〉에서 현금흐름의 분류에 대해 살펴봤습니다. 요약하면 다음과 같습니다.

영업활동으로 현금흐름은 말 그대로 현재 영업으로 벌어들인 현금흐름을 의미합니다. 따라서 지금 현재의 수익성을 보여줍니다.
실질 영업 현금흐름은 영업활동 현금흐름에서 감가상각비와 무형자산상각비를 차감한 금액이라고 말씀 드린 것 기억나시죠?

투자활동 현금흐름은 회사가 미래의 수익성을 위해 어떠한 사업전략을 가지고 있는지를 보여줍니다.
실질 투자 현금흐름은 재투자금액 즉, 감가상각비와 무형자산상각비에 해당하는 금액을 차감한 금액입니다.

재무활동은 회사가 자금을 조달하는 과정 즉, 부채(타인자본)와 자본(자기자본)을 구성하는 과정을 보여줍니다.

마지막으로 현금무관거래는 현금흐름표에 나타나지 않지만, 현금흐름표 작성 시에 같이 분석되는 항목입니다. 중요한 현금무관거래는 주석사항으로 표시됩니다.
까다로운 항목입니다. 현금무관거래가 나타나면 반드시 메모하여 기록하는 습관이 필요합니다.

현금의 정의(K-IFRS 제1007호 문단 7~8)

현금성자산은 투자나 다른 목적이 아닌 단기의 현금수요를 충족하기 위한 목적으로 보유한다. 투자자산이 현금성자산으로 분류되기 위해서는 <u>확정된 금액의 현금으로 전환</u>이 용이하고, <u>가치변동의 위험이 경미</u>해야 한다. 따라서 투자자산은 일반적으로 만기일이 단기에 도래하는 경우(예를 들어, <u>취득일로부터 만기일이 3개월 이내인 경우</u>)에만 현금성자산으로 분류된다. 지분상품은 현금성자산에서 제외한다. 다만 상환일이 정해져 있고 취득일로부터 상환일까지의 기간이 단기인 우선주와 같이 실질적인 현금성자산인 경우에는 예외로 한다.

은행 차입은 일반적으로 재무활동으로 간주된다. 그러나 일부 국가의 경우 금융회사의 요구에 따라 즉시 상환하여야 하는 당좌차월은 기업의 현금관리 일부를 구성한다. 이때 당좌차월은 현금성자산의 구성요소에 포함된다. 그러한 은행거래약정이 있는 경우 은행잔고는 예금과 차월 사이에서 자주 변동하는 특성이 있다.

영업활동 현금흐름(K-IFRS 제1007호 문단 14)

영업활동 현금흐름은 주로 기업의 주요 수익창출활동에서 발생한다. 따라서 영업활동 현금흐름은 일반적으로 당기순손익의 결정에 영향을 미치는 거래나 그 밖의 사건의 결과로 발생한다. 영업활동 현금흐름의 예는 다음과 같다.
① <u>재화의 판매와 용역 제공에 따른 현금유입</u>
② 로열티, 수수료, 중개료 및 기타수익에 따른 현금유입
③ 재화와 용역의 구입에 따른 현금유출
④ 종업원과 관련하여 직·간접으로 발생하는 현금유출
⑤ 보험회사의 경우 수입보험료, 보험금, 연금 및 기타 급부금과 관련된 현금유입과 현금유출
⑥ 법인세의 납부 또는 환급. 다만 재무활동과 투자활동에 명백히 관련되는 것은 제외한다.
⑦ <u>단기매매목적으로 보유하는 계약에서 발생하는 현금유입과 현금유출</u>
　 <u>(일반기업회계기준은 투자활동으로 분류)</u>

투자활동 현금흐름(K-IFRS 제1007호 문단 16)

투자활동 현금흐름은 미래수익과 미래현금흐름을 창출할 자원의 확보를 위하여 지출된 정도를 나타내기 때문에 현금흐름을 별도로 구분 공시하는 것이 중요하다. 재무상태표에 자산으로 인식되는 지출만이 투자활동으로 분류하기에 적합하다. 투자활동 현금흐름의 예는 다음과 같다.

① 유형자산, 무형자산 및 기타 장기성 자산의 취득에 따른 현금유출. 이 경우 현금유출에는 자본화된 개발원가와 자가건설 유형자산에 관련된 지출이 포함된다.

② 유형자산, 무형자산 및 기타 장기성 자산의 처분에 따른 현금유입

③ 다른 기업의 지분상품이나 채무상품 및 공동기업 투자지분의 취득에 따른 현금유출(현금 성자산으로 간주되는 상품이나 단기매매목적으로 보유하는 상품의 취득에 따른 유출액은 제외)

④ 다른 기업의 지분상품이나 채무상품 및 공동기업 투자지분의 처분에 따른 현금유입(현금 성자산으로 간주되는 상품이나 단기매매목적으로 보유하는 상품의 처분에 따른 유입액은 제외)

⑤ 제3자에 대한 선급금 및 대여금(금융회사의 현금 선지급과 대출채권은 제외)

⑥ 제3자에 대한 선급금 및 대여금의 회수에 따른 현금유입(금융회사의 현금 선지급과 대출 채권은 제외)

⑦ 선물계약, 선도계약, 옵션계약 및 스왑계약에 따른 현금유출. 단기매매목적으로 계약을 보 유하거나 현금유출이 재무활동으로 분류되는 경우는 제외한다.

⑧ 선물계약, 선도계약, 옵션계약 및 스왑계약에 따른 현금유입. 단기매매목적으로 계약을 보 유하거나 현금유입이 재무활동으로 분류되는 경우는 제외한다.

파생상품계약에서 식별가능한 거래에 대하여 위험회피회계를 적용하는 경우, 그 계약과 관련 된 현금흐름은 위험회피대상 거래의 현금흐름과 동일하게 분류한다.

→ 유형자산, 무형자산, 투자자산, 금융상품, 대여금 등 주로 비유동성자산의 취득과 처분

재무활동 현금흐름(K-IFRS 제1007호 문단 17)

재무활동 현금흐름은 미래현금흐름에 대한 자본 제공자의 청구권을 예측하는 데 유용하기 때문에 현금흐름을 별도로 구분 공시하는 것이 중요하다. 재무활동 현금흐름의 예는 다음과 같다.

① 주식이나 기타 지분상품의 발행에 따른 현금유입

② 주식의 취득이나 상환에 따른 소유주에 대한 현금유출

③ 담보·무담보부사채 및 어음의 발행과 기타 장·단기차입에 따른 현금유입

④ 차입금의 상환에 따른 현금유출

⑤ 리스이용자의 리스부채 상환에 따른 현금유출

→ <u>차입금, 사채 및 자본의 변동</u>

03 자산, 부채 그리고 자본의 변동

앞서 자산과 부채 그리고 자본의 변동을 파악하는 것이 현금흐름표 작성 원리라고 하였습니다.

 현금흐름 분석 대상

$$\triangle 현금 = (\triangle 부채 + \triangle 자본) - \triangle 기타자산$$

자산과 부채 그리고 자본의 변동이 현금흐름에 미치는 영향을 생각해 봅시다. 재무상태표를 생각하면 이해에 도움이 됩니다.

① 부채의 증가, 자본의 증가 → 현금의 증가
② 부채의 감소, 자본의 감소 → 현금의 감소
③ 자산의 증가 → 현금의 감소
④ 자산의 감소 → 현금의 증가

연습해 볼까요?

예시 : 자산, 부채, 자본의 변동

- 매출채권의 증가 : 자산이 증가하였으므로 현금 감소
- 유형자산 처분 : 자산이 감소하였으므로 현금 증가
- 투자주식 취득 : 투자자산이 증가하였으므로 현금 감소
- 미지급비용의 증가 : 부채가 증가하였으므로 현금 증가
- 차입금 증가 : 부채가 증가하였으므로 현금 증가
- 유상증자 : 유상증자로 자본이 증가하였으므로 현금 증가
- 배당금 지급 : 이익잉여금(자본)이 감소하였으므로 현금 감소

- 기타자산 20원 증가 → 자산 증가, 현금 감소
- 차입금 20원 증가 → 부채 증가, 현금 증가
- 순이익 50원 발생 → 자본 증가, 현금 증가

재무상태표

현금	50	부채	70
기타자산	100	자본	80
합계	150	합계	150

자산 증가 → 현금 감소

현금	30	부채	70
기타자산	120	자본	80
합계	150	합계	150

부채 증가 → 현금 증가

현금	70	부채	90
기타자산	100	자본	80
합계	170	합계	170

자본 증가 → 현금 증가

현금	100	부채	70
기타자산	100	자본	130
합계	200	합계	200

① 전체 자산금액은 150원으로 동일하다고 전제합시다. 이 경우 현금 이외의 자산이 20원 증가하면 현금이 20원만큼 감소하게 됩니다. 현금으로 기타자산을 구입한 것이죠.

② 부채가 증가하면 '부채및자본' 합계가 150원에서 170원으로 증가합니다. '부채및자본' 합계는 자산 합계와 동일하므로, 자산인 현금이 20원만큼 증가합니다. 차입금(부채)이 증가하면 현금이 증가하게 합니다.

③ 자본이 증가하면 '부채및자본' 합계가 150원에서 200원으로 증가합니다. '부채및자본' 합계는 자산합계와 동일합니다. 따라서 현금이 50원만큼 증가합니다. 순이익(자본)이 증가하면 현금이 증가하게 됩니다.

04 현금흐름표 양식

현금흐름표 양식은 아래와 같습니다.

구 분		금 액
I. 영업활동 현금흐름		×××
II. 투자활동 현금흐름		×××
1. 토지의 취득	×××	
…	×××	
III. 재무활동 현금흐름		×××
1. 유상증자	×××	
…	×××	
IV. 환율변동으로 인한 현금의 변동		×××
IV. 현금및현금성자산의 증감		×××
V. 기초의 현금및현금성자산		×××
VI. 기말의 현금및현금성자산		×××

영업활동 현금흐름을 작성하는 방법은 직접법과 간접법이 있습니다. 미래현금흐름을 추정하는 데는 직접법이 더 유용한 정보를 제공합니다. 그러나 작성의 편의를 고려해 실무에서는 간접법을 활용하고 있습니다.

◎ **영업활동 현금흐름**(K-IFRS), **간접법**

구 분	금 액
I. 영업활동 현금흐름	×××
1. 영업에서 창출된 현금흐름	×××
-당기순이익	×××
-비현금항목의 조정	×××
-운전자본의 변동	×××
2. 이자의 수취	×××
3. 이자의 지급	×××
4. 배당금의 수취	×××
5. 법인세의 납부	×××

◎ **영업활동 현금흐름**(일반기준)**, 간접법**

구 분	금 액
Ⅰ. 영업활동 현금흐름	×××
1. 당기순이익	×××
2. 현금의 유출이 없는 비용 등의 가산	×××
3. 현금의 유입이 없는 수익 등의 차감	×××
4. 현금흐름에 영향을 미치는 자산·부채의 변동	×××

'현금의 유출·입이 없는 비용과 수익'은 K-IFRS상 '비현금항목의 조정'과 비슷합니다. 그리고 '현금흐름에 영향을 미치는 자산·부채의 변동'은 K-IFRS상 '운전자본의 변동'과 동일합니다.

◎ **영업활동 현금흐름, 직접법**

구 분	금 액
Ⅰ. 영업활동 현금흐름	×××
1. 매출 등 수익활동으로부터의 유입액	×××
2. 수입이자, 수입배당금 유입액	×××
3. 매입처 및 종업원에 대한 유출액	×××
4. 지급이자 유출액	×××
5. 법인세 등 유출액	×××
6. 기타 영업활동에 따른 유출액	×××

05 영업활동 현금흐름의 조정[1]

 영업활동 현금흐름 ☆☆☆

영업활동 현금흐름은 당기순이익과 동일하다는 전제에서 출발합니다. 그리고 그 전제에 일치하지 않는 항목을 조정하는 방식으로 영업활동 현금흐름을 계산합니다.
① 당기순이익
② 비현금항목의 조정
- 현금흐름에 영향을 미치지 않는 손익
- 영업활동과 관련이 없는 항목(즉, 투자활동 및 재무활동과 관련된 현금흐름)
③ 영업활동으로 인한 자산·부채의 변동(운전자본의 변동)

(1) 현금흐름에 영향을 미치지 않는 손익

현금흐름을 수반하지 않는 손익의 대표적인 예는 감가상각비입니다. **감가상각비는 당기순이익을 감소시키지만 실제 현금흐름은 없습니다. 따라서 당기순이익에 감가상각비를 더해 주어야 영업활동 현금흐름이 산출됩니다.**

감가상각비는 당기순이익과 영업활동 현금흐름이 동일하다는 원칙의 예외이므로, 감가상각비를 비현금항목의 조정으로 가산합니다.

현금의 유출이 없는 비용(가산 항목)		현금의 유입이 없는 수익(차감 항목)
감가상각비	손상차손, 감액손실	대손충당금환입
무형자산상각비	외화환산손실	기타의대손충당금환입
퇴직급여	평가손실	재고자산평가손실환입
대손상각비	주식보상비용	외화환산이익
기타의대손상각비	현재가치할인차금	자산수증이익
재고자산평가손실	사채할인차금	채무면제이익
재고자산감모손실	재해손실	지분법이익
지분법손실		평가이익

---

[1] 본 절은 영업활동 현금흐름뿐만 아니라 현금흐름표 작성 시 전반적으로 적용되는 기본 원리입니다. 반드시 숙지해야 합니다. 개념이 정확하지 않으면 헷갈릴 수 있습니다.

현금흐름에 영향을 미치지 않는 손익

- 기초현금과 기말현금은 각각 5,000원과 16,000원임.
- 손익계산서에 표시된 무형자산상각비는 1,000원임.
- 회계기간 중의 당기순이익은 10,000원임.

[요구사항]
현금흐름표를 작성하시오.

◎ 현금흐름표

구 분		금 액
I. 영업활동 현금흐름		11,000
1. 당기순이익	10,000	
2. 비현금항목의 조정(현금유출이 없는 비용 등의 가산)		
– 무형자산상각비	1,000	
II. 현금의 증가		11,000
III. 기초현금		5,000
IV. 기말현금		16,000

◎ 작성 원리

① 현금흐름표 작성 시 먼저 당기순이익은 영업활동 현금흐름과 동일하다고 가정합니다. 따라서 '1. 당기순이익'에 10,000원을 기재합니다.

② 무형자산상각비는 당기순이익을 감소시키지만 현금흐름에는 영향을 미치지 않습니다. 즉, 현금이 감소되지는 않습니다. 그러므로 당기순이익에 감가상각비 1,000원을 가산해야 현금흐름이 산출됩니다.

반드시 기억합시다!

① **영업활동 현금흐름은 당기순이익과 동일하다는 전제로 출발합니다.**

② **따라서 손익에 영향을 미치지만 현금흐름을 수반하지 않는다면 비현금항목의 조정으로 가감합니다.** 현금흐름에 영향을 미치지 않는 손익은 계정과목 명칭이 중요하지 않습니다. 영업활동에서 발생한 손익인지 여부와 관계도 없습니다. 당기순이익에 포함되어 있으나, 현금흐름이 발생하지 않는 손익입니다.

(2) 영업활동과 관련이 없는 항목

영업활동과 관련이 없는 항목에 대해서는 이해에 주의를 요합니다. 헷갈리기 십상입니다.

영업활동과 관련이 없으나 당기손익에 반영된 손익으로는 유형자산처분이익이 있습니다. 장부금액이 2,000원인 유형자산을 3,000원에 처분한다면, 당기순이익(유형자산처분이익)은 1,000원이 발생합니다.

유형자산처분이익 만큼 현금도 증가합니다. 그러나 **유형자산의 처분은 투자활동이므로, 유형자산처분이익도 투자활동입니다. 영업활동 현금흐름은 당기순이익과 일치하다고 전제하는데, 당기순이익 안에 영업활동 현금흐름과 관련이 없는 1,000원이 포함되어 있습니다.** 따라서 당기순이익에서 유형자산처분이익을 차감해야 영업활동 현금흐름이 계산됩니다.

영업활동과 관련이 없으나 당기순이익에 포함된 계정은 다음과 같습니다. **투자활동이나 재무활동에 대한 현금흐름 항목들입니다.**

영업과 관련이 없는 비용(가산 항목)	영업과 관련이 없는 수익(차감 항목)
유형자산처분손실	유형자산처분이익
무형자산처분손실	무형자산처분이익
주식처분손실[*]	주식처분이익[*]
투자자산처분손실	투자자산처분이익
사채상환손실	사채상환이익

[*] 자기주식처분손익은 자본손익이므로, 당기순이익에서 조정되지 않습니다. 참고로 자기주식의 변동은 자본에 해당하므로 재무활동으로 분류됩니다.

예제 3   영업활동과 관련이 없는 손익 조정

- 기초현금과 기말현금은 각각 5,000원과 17,500원임.
- 회계기간 중에 장부금액이 2,500원인 무형자산을 3,500원에 처분함.
- 손익계산서에 표시된 무형자산처분이익은 1,000원임.
- 회계기간 중의 당기순이익은 10,000원임.

[요구사항]
현금흐름표를 작성하시오.

◎ 회계처리

(차변) 현금(*1)	3,500	(대변) 무형자산	2,500
		무형자산처분이익(*2)	1,000

(*1) 투자활동 현금흐름
(*2) 영업활동과 관련이 없는 항목

◎ 현금흐름표

구 분		금 액
Ⅰ. 영업활동 현금흐름		9,000
1. 당기순이익	10,000	
2. 비현금항목의 조정(현금유출이 없는 수익 등의 차감)		
− 무형자산처분이익	(1,000)	
Ⅱ. 투자활동 현금흐름		3,500
1. 무형자산의 처분	3,500	
Ⅲ. 현금의 증가		12,500
Ⅳ. 기초현금		5,000
Ⅴ. 기말현금		17,500

◎ 작성원리

① 현금흐름표 작성 시 당기순이익은 영업활동 현금흐름과 동일하다고 가정합니다. 따라서 '1. 당기순이익'에 10,000원을 기재합니다.

② 무형자산처분이익은 투자활동에 해당하지만 당기순이익(영업활동)에 포함되어 있습니다. 따라서 비현금항목으로 1,000원을 차감하여, 영업활동 현금흐름을 9,000원으로 조정합니다.

③ 무형자산을 처분하여 획득한 3,500원은 투자활동으로 분류합니다.

(3) 운전자본의 변동

앞서 자산이 증가하면 현금이 감소한다고 하였습니다. 그리고 부채가 증가하면 현금이 증가한다고 하였습니다. 기억나시죠? 당기순이익은 동일하더라도 영업활동과 관련된 자산과 부채가 변동하면 영업현금흐름이 변동합니다.

예를 들어 A사와 B사가 7,000원인 상품을 취득하여 10,000원에 판매했는데, A사는 현금으로 팔았고 B사는 외상으로 팔았다고 가정해 봅시다. 이 경우 A사와 B사는 모두 3,000원의 이익을 계상하게 됩니다. 즉, 손익계산서는 동일합니다.

그러나 현금 보유액은 상이합니다. A사는 10,000원의 현금을 가지게 되지만, B사는 매출채권만 보유하고 현금보유액은 0원입니다. A사와 B사를 비교해 봅시다. B사는 A사에 비하여 자산(매출채권)은 10,000원이 많지만, 현금은 상대적으로 10,000원만큼 적습니다.

이와 같이, 영업활동 과정에서 보유하는 자산이 증가하면 현금은 감소합니다. 반대로 부채가 증가하면 현금은 증가합니다.

예제 4   **운전자본의 변동**

- 기초현금과 기말현금은 각각 5,000원과 14,100원임.
- 매출채권의 기초금액과 기말금액은 각각 1,500원과 2,400원임.
- 회계기간 중의 당기순이익은 10,000원임.

[요구사항]
현금흐름표를 작성하시오.

◎ **현금흐름표**

구 분	금 액	
Ⅰ. 영업활동 현금흐름		9,100
1. 당기순이익	10,000	
2. 운전자본의 변동(영업활동으로 인한 자산·부채의 변동)		
– 매출채권의 증가	(900)	
Ⅱ. 현금의 증가		9,100
Ⅲ. 기초현금		5,000
Ⅳ. 기말현금		14,100

◎ **작성원리**

① 현금흐름표 작성 시 당기순이익은 영업활동 현금흐름과 동일하다고 전제합니다. 따라서 '1. 당기순이익'에 10,000원을 기재합니다.

② 자산의 증가는 현금을 감소시킵니다. 따라서 매출채권 증가액 900원(= 2,400원 – 5,00원)을 차감 표시합니다.

본 절에서 설명한 핵심은 다음과 같습니다. 매우 중요하므로 반드시 그 개념을 다양한 관점에서 정확하게 숙지해야 합니다.

> **영업활동 현금흐름 조정** ☆☆☆
>
> 1. 영업활동으로 창출한 현금흐름은 당기순이익이 동일하다는 전제에서 출발한다.
> 2. 당기순이익 중 영업활동 현금흐름과 일치하지 않는 항목은 조정한다.
>   ① 비현금항목의 조정
>   – 현금흐름에 영향을 미치지 않는 손익
>   – 영업활동과 관련이 없는 항목(투자활동 및 재무활동 관련 사항)
>   ② 영업활동으로 인한 자산 · 부채의 변동(운전자본의 변동)

06 기업활동의 구분

영위하는 사업의 성격과 회계정책에 따라 회사마다 계정과목은 다르게 사용될 수 있습니다. 즉, 동일한 계정과목도 회사에 따라 현금흐름 구분은 다를 수 있습니다.

일반적인 분류는 다음과 같습니다.

🌐 계정과목별 현금흐름 분류

계정과목	영업활동	투자활동	재무활동	비고
단기매매금융자산	○(K-IFRS)	○(일반)		단기매매목적
매출채권	○			
선급비용	○			
미수수익	○			
미수이자수익	○	△		K-IFRS 선택 가능
미수배당금수익	○	△		K-IFRS 선택 가능
재고자산	○			
미수금	△	△		발생원천에 따라 구분
대여금		○		
보증금		○		
투자자산		○		
유형자산		○		
무형자산		○		
매입채무(선급금)	○			
미지급비용	○			
미지급이자비용	○		△	K-IFRS 선택 가능
선수금	○			
선수수익	○			
당기법인세부채	○			
미지급금	△	△	△	발생원천에 따라 구분
임대보증금			○	
차입금			○	
금융부채			○	
확정급여채무	○			
유상증자			○	
배당금의 지급			○	
자기주식 취득·처분			○	

이자비용, 이자수익, 배당금수익 및 법인세비용에 대해서는 다음과 같이 규정하고 있습니다.

① 일반기업회계기준 : 영업활동 현금흐름으로 분류
② K-IFRS : 회사의 회계정책에 따라 선택가능

이로 인하여 이자, 배당, 법인세에 대한 일반기업회계기준과 K-IFRS 상 현금흐름 표시는 상이하게 나타납니다.

이자, 배당, 법인세 대한 분류 : K-IFRS

• 대상 : 이자의 지급과 수취, 배당금의 지급과 수취, 법인세의 납부
• 현금흐름표상 분석 절차
  − 손익계산서에 포함된 이자, 배당, 법인세 항목을 영업활동 현금흐름에서 부인
  − 이자, 배당 및 법인세를 회사정책에 따라 영업활동, 투자활동, 재무활동으로 분류(선택)

이자, 배당, 법인세 조정 이유

이자비용과 이자수익, 배당수익, 법인세비용을 반영하여 당기순이익이 산출됩니다. 그런데 당기순이익은 영업활동 현금흐름과 동일하다는 전제하에 현금흐름표가 작성됩니다. 따라서 **별도의 조정사항이 없다면 이자비용과 이자수익, 배당수익, 법인세비용은 영업활동 현금흐름으로 분류**됩니다.

K-IFRS는 이자, 배당, 법인세에 대한 현금흐름 분류를 회사가 선택할 수 있도록 규정되어 있습니다. 따라서 먼저 당기순이익에 포함된 이자나 배당금 등을 비현금항목의 조정으로 제거합니다. 영업활동에 포함된 금액을 제거하는 거죠. **그리고 회사의 선택에 따라 영업활동, 투자활동 또는 재무활동으로 다시 분류**하게 됩니다.

우리나라의 상당수 기업은 이자와 배당을 영업활동으로 분류하는 경우가 많습니다. 따라서 결국, 비현금항목의 조정으로 관련 항목을 제거하고, 다시 별도 항목으로 이자, 배당, 법인세를 표시하는 경우가 많습니다.

자세한 내용은 '제3장 11. 이자와 배당금'을 참조하기 바랍니다.

- 기초현금과 기말현금은 각각 5,000원과 15,000원임.
- 회계기간 중의 당기순이익은 10,000원임.
- 손익계산서에 인식한 이자수익과 이자수취액은 1,000원임.

[요구사항]
1. 일반기업회계기준에 따라 현금흐름표를 작성하시오.
2. K-IFRS에 따라 현금흐름표를 작성하시오.
   - 회계정책이 영업활동인 경우
   - 회계정책이 투자활동인 경우

◎ 일반기업회계기준

일반기업회계기준에서는 이자, 배당, 법인세을 영업활동 현금흐름으로 분류합니다. 따라서 별도 조정사항이 없습니다.

구 분		금 액
Ⅰ. 영업활동 현금흐름		10,000
1. 당기순이익	10,000	
Ⅱ. 현금의 증가		10,000
Ⅲ. 기초현금		5,000
Ⅳ. 기말현금		15,000

일반기업회계기준은 이자수익을 영업활동 현금흐름으로 분류하고 있습니다.

당기순이익은 영업활동 현금흐름과 동일하다는 전제하에 현금흐름표가 작성되는데, 이자수익은 당기순이익에 포함되어 있습니다. 따라서 일반기업회계기준에서는 이자수익과 관련된 조정사항이 발생하지 않습니다.

◎ K-IFRS에서의 조정 사항

K-IFRS에서의 절차는 다음과 같습니다.
① 1단계 : 영업활동(당기순이익)에 포함되어 있으므로 차감
② 2단계 : 회사의 회계정책에 따라 선택

먼저, 당기순이익에 포함된 이자수익을 비현금항목의 조정으로 차감하여, 이자수익이 없는 상태로 만듭니다. 그다음에 회사의 회계정책에 따른 현금수취액을 표시합니다.

◎ K-IFRS : **영업활동 분류**

구 분		금 액
Ⅰ. 영업활동 현금흐름		10,000
1. 당기순이익	10,000	
2. 비현금항목의 조정		
-이자수익	(1,000)	
3. 이자의 수취	1,000	
Ⅱ. 현금의 증가		10,000
Ⅲ. 기초현금		5,000
Ⅳ. 기말현금		15,000

손익계산서에 표시된 이자수익을 비현금항목의 조정으로 차감하고, 현금 수취액을 영업활동의 구성항목으로 다시 가산합니다.

◎ K-IFRS : **투자활동 분류**

구 분		금 액
Ⅰ. 영업활동 현금흐름		9,000
1. 당기순이익	10,000	
2. 비현금항목의 조정		
-이자수익	(1,000)	
Ⅱ. 투자활동 현금흐름		1,000
-이자수취	1,000	
Ⅲ. 현금의 증가		10,000
Ⅳ. 기초현금		5,000
Ⅴ. 기말현금		15,000

손익계산서에 표시된 이자수익을 비현금항목의 조정으로 차감하고, 현금 수취액을 투자활동의 구성항목으로 가산합니다.

07 정산표

현금흐름표 작성 방식은 여러 가지가 있습니다. 그러나 실무상 널리 사용되는 양식은 아래와 같습니다.

📀 현금흐름표 정산표 양식

계정과목	전기 BS	당기 BS	증감 금액	영업활동		투자활동		재무활동		현금무관 거래		검증
				유입	유출	유입	유출	유입	유출	유입	유출	
자산계정 분석												
현금	80	95	15									15
매출채권	100	200	100		100							–
건물	1,000	1,200	200								200	–
건설중자산	200	–	(200)							200		–
…												
				i	ii	iii	ii	iii	ii	iii	ii	iii	iv
부채와 자본계정 분석												
매입채무	50	70	20	20								–
…												
자본금	1,000	1,200	200					200				–
…												
				i	ii	iii	ii	iii	ii	iii	ii	iii	iv
합계				×××	×××	×××	×××	×××	×××	×××	×××	–

정산표는 재무상태표상 증감액이 어떠한 현금흐름으로 분류될지를 보여줍니다. 계정별로 정확성을 검증하는데 다만, 현금계정은 검증에서 제외됩니다.

현금을 검증하지 않는 이유는 앞서 설명드렸습니다. 기억나시죠? 현금을 제외한 자산과 부채 그리고 자본을 분석해서 현금흐름표를 작성하기 때문입니다.

정산표 양식이 의미하는 바를 정확하게 이해해야 합니다. 앞 절에서 설명한 영업활동 현금흐름 조정원리가 가장 중요한 개념이라면, 정산표 양식은 실제 작업 시 가장 중요한 양식입니다.

> **정산표 양식의 의미** ☆☆☆
>
> - 정산표 양식은 '자산의 증가는 현금의 유출을 의미하고, 부채 및 자본의 증가는 현금의 유입을 의미한다.'라는 기본 개념 하에 작성된 것입니다.
> - 멋지게 표현하면 '재무상태표 계정의 증감액에 포함되어 있는 정보를 재분류하여 현금흐름표로 변환한다.'
> - 정산표의 구성
>   ① 현금및현금성자산을 제외한 각 계정 별 검증금액은 항상 0원입니다.
>   ② 현금무관거래(비현금거래)의 유입과 유출 각각의 합계 금액은 동일합니다. 현금무관거래 분석은 상당히 까다롭습니다. 각각의 내용을 메모하는 습관이 필요합니다.
>   ③ 계정별 현금흐름 분석 시 가끔씩은 하나의 계정과목에 여러 개의 유입과 유출 내용이 혼재되어 있습니다. 복잡합니다. 메모하는 습관이 필요합니다.

정산표의 작성방법을 살펴봅시다.

당기와 전기의 매출채권금액을 비교한 결과 100원의 매출채권이 증가했습니다.
→ 자산 증가! 그렇다면 현금은 감소!
매출채권은 영업활동과 관련된 계정이므로 '영업활동 – 유출'에 100원을 기재합니다.

이와는 반대로 당기와 전기의 매입채무를 비교한 결과 20원의 매입채무가 증가했습니다.
→ 부채 증가! 그렇다면 현금은 증가!
매입채무는 영업활동과 관련된 계정이므로 '영업활동 – 유입'에 20원을 기재합니다.

당기와 전기의 자본금을 비교하니 유상증자를 통해 20원이 증가했습니다.
→ 자본 증가! 그렇다면 현금은 증가!
유상증자는 재무활동이므로 '재무활동 – 유입'에 200원을 기재합니다.

◎ 각 계정 별 분석내용의 검증식

각 계정 별로 검증금액(iv)은 '0원'입니다. 이는 **재무상태표상 당기말 금액에서 전기말 금액을 차감한 증감액이 현금흐름 상 유입과 유출을 각각 합산한 결과가 일치함을** 의미합니다.

자산과 부채 및 자본의 각 계정별로 검증 칼럼에 입력될 산식은 다음과 같습니다. 본서가 제공하는 엑셀 템플릿(Excel Template)을 보면 도움이 될 것입니다.

- (iv) = 자산 증감액 – (현금흐름 활동 별 유출 – 유입) = 0원
- (iv) = 부채와 자본 증감액 – (현금흐름 활동 별 유입 – 유출) = 0원

따라서 각 계정의 증감액은 다음과 같이 표현할 수 있습니다.
- 자산 계정의 증감액 = 현금유출 금액의 합계 – 현금유입 금액의 합계
  즉, (i) = (iii) – (ii)
- 부채와 자본 계정의 증감액 = 현금유입 금액의 합계 – 현금유출 금액의 합계
  즉, (i) = (ii) – (iii)

◎ 현금흐름표 작성

계정별 현금흐름 분석 작업이 완료되면 현금흐름표 양식에 그 내용을 옮깁니다. **엑셀로 링크(Link)해야 합니다**(정산표의 수치를 링크하지 않으면 사소한 오류가 발생할 수 있습니다. 이 경우 오류를 찾아 수정하는 데 불필요한 시간이 낭비됩니다).

① 영업활동 현금흐름
- 영업활동 칼럼에 표시된 (ii)과 (iii)에 표시된 내용들은 당기순이익, 비현금항목의 조정, 운전자본의 변동으로 분류하여 표시

② 투자활동 현금흐름
- 투자활동 칼럼에 표시된 (ii)는 유입의 세부항목으로 표시
- 투자활동 칼럼에 표시된 (iii)은 유출의 세부항목으로 표시

③ 재무활동 현금흐름
- 재무활동 칼럼에 표시된 (ii)는 유입의 세부항목으로 표시
- 재무활동 칼럼에 표시된 (iii)은 유출의 세부항목으로 표시

④ 현금무관거래(비현금거래)

◎ 현금무관거래(비현금거래)

가장 어려운 현금무관거래(비현금거래)를 살펴봅시다. **당기손익뿐만 아니라 현금흐름에도 영향을 미치지 않는 거래입니다.** 구체적인 예는 다음과 같습니다.

> **🔹 현금무관거래** ☆☆☆
>
> 1. 기타포괄손익의 변동 : 매도가능증권의 평가, 보험수리적손익 등
> 2. 건설중인자산의 본 계정 대체
> 3. 차입금의 유동성 대체
>
> 현금흐름표 작성 시 가장 헷갈리는 부분 중 하나가 기타포괄손익입니다.
> 기타포괄손익은 '손익'이라는 단어가 붙었지만 손익계산서에 표시되는 당기손익 항목이 아닙니다. 자본 항목입니다. 그리고 평가계정 성격상 현금흐름에 영향을 미치지도 않습니다. 당기손익과 현금흐름에 미치는 영향이 없으므로 **기타포괄손익과 관련된 모든 거래는 현금무관거래로** 분류됩니다.

예시된 정산표를 보면 200원의 건설중인자산이 건물 계정으로 대체되었습니다.

(차변) 건물   200   (대변) 건설중인자산   200

① 건물 증가 : 자산 증가! 따라서 현금은 감소! '현금무관거래 – 유출'에 200원 기재
② 건설중인자산 감소 : 자산 감소! 따라서 현금은 증가! '현금무관거래 – 유입'에 200원 기재

현금무관거래(비현금거래)는 혼란을 가져올 수 있습니다. 엑셀의 '메모삽입' 기능을 이용하여 내역을 정리하십시오. 그리고 **계정을 정리할 때마다 현금무관거래의 유입 합계금액과 유출 합계금액이 일치하는지 확인**하기 바랍니다.

실무에서는 여러 가지 엑셀 정산표 양식을 사용하고 있습니다. 사람에 따라 표시방법도 조금 다를 수 있습니다. 그러나 본질은 동일합니다. 본서에서 사용하는 양식을 취향에 따라 다소 변형하여 사용하고 있다고 생각하면 됩니다.

[보론 1 : K-IFRS와 일반기업회계기준의 차이]

K-IFRS와 일반기업회계기준의 실질적인 내용은 대부분 동일합니다. 그런데 일부 분류와 표시 방법이 다릅니다.

① 이자의 수취액과 지급액, 배당금의 수취액과 지급액, 법인세의 납부액의 분류
② '환율변동으로 인한 현금의 변동' 표시 방법

실무상 회사마다 회계정책에 따라 표시를 달리 하여 단언하기 어렵습니다만, 일반적인 차이는 다음과 같습니다.

구 분	K-IFRS	일반기업회계기준
• 이자의 지급과 수취 • 배당금의 지급과 수취 • 법인세의 납부	• 이자의 지급과 수취, 배당금의 지급과 수취 및 법인세의 납부액을 회계정책에 따라 분류함. 따라서 손익계산서에 표시된 이자수익, 이자비용, 배당금 수취 및 법인세비용을 전액(영업활동 현금흐름에서 비현금항목으로) 부인하고, 현금 흐름에 미친 영향을 회계정책에 따라 분류함. • 이자수익 및 배당금수익 : 영업활동 또는 투자활동 중 선택 • 이자비용 : 영업활동 및 재무활동 중 선택 단, 자본화된 이자비용은 투자활동으로 분류 가능 • 법인세 : 영업활동이 원칙이나 투자 및 재무활동이 명백한 경우는 제외	• 영업활동으로 분류
• 환율변동으로 인한 현금의 변동	• '환율변동으로 인한 현금의 변동'을 별도로 표시 • 현금및현금성자산에 대한 외화환산손익을 비현금항목으로 조정하고 '환율변동으로 인한 현금의 변동'에 별도로 금액 표시	• 별도의 요구사항 없음. 따라서 외화환산손익 효과가 현금의 증감에 포함되어 표시

구 분	K-IFRS	일반기업회계기준
• 표현의 차이	• '비현금항목의 조정'에 현금의 유출이 없는 비용과 현금의 유입이 없는 수익을 합산하여 표시	• '현금의 유출이 없는 비용 등의 가산'과 '현금의 유입이 없는 수익 등의 차감'의 항목을 각각 소분류로 구분하여 현금흐름표에 표시
	• 자산·부채의 변동을 '운전자본의 변동'이나 '영업활동으로 인한 자산·부채의 변동'으로 표현	• 자산·부채의 변동을 '영업활동으로 인한 자산·부채의 변동'으로 표현
• 단기매매증권	• 영업활동으로 분류	• 투자활동으로 분류
• 주석의 표시	• 현금흐름표에는 '비현금항목의 조정'과 '운전자본의 변동'의 합계금액만 표시하고, 세부 내역은 주석으로 기재하는 것이 일반적임.	• '현금의 유출이 없는 비용 등의 가산', '현금의 유입이 없는 수익 등의 차감' 및 '영업활동으로 인한 자산·부채의 변동'의 세부 내용을 현금흐름표에 직접 표시
• '투자활동 현금흐름'과 '재무활동 현금흐름'의 표시	• 가산항목과 차감항목을 별도로 구분하지 않고 기재	• 가산항목과 차감항목을 소분류로 구분
• 파생상품	• 구체적으로 현금흐름 분류를 구분하고 있음.	• 별도의 규정 없음.

[보론 2 : 또 다른 정산표 양식]

실무에서는 여러 정산표 양식을 사용하고 있습니다. 그러나 본질은 모두 동일합니다. 본서에서 제시하는 양식에 익숙해지면 실무에서 활용되는 다른 양식도 모두 금방 터득할 수 있습니다. 실무에서 활용되는 정산표 중 활용도가 높은 또 다른 양식을 소개합니다.

첫째, 영업활동 현금흐름을 수익조정, 비용조정, 운전자본 변동으로 세분화하고 계정 과목에 대한 설명을 기재한 양식이 있습니다. 사실상 본서의 양식과 동일합니다.

둘째, 본서의 양식과 달리 행 부분에 재무상태표의 증감 금액을 표시하고, 열 부분에 현금흐름표 구성 항목을 표시하는 양식입니다. 행과 열을 달리한다는 점 이외에 큰 차이는 없으나, 작성 시 엑셀이 한 눈에 들어오지 않아 불편하다는 단점이 있습니다.

본서는 기본양식을 제시하고 있는데, 원리에 익숙해지면 실무에서 활용되는 다양한 양식들도 쉽게 터득할 수 있습니다.

다른 양식들은 사례 1을 소개한 엑셀 File에 첨부하였으니 참조하기 바랍니다.

제2장

현금흐름표 작성 실무

본 장에서는 현금흐름표 작성 과정을 살펴봅니다. 본 장을 통하여 정산표 양식과 현금흐름표 작성 절차를 습득하기 바랍니다.

예제 6

• 계정의 변동

	기초	기말
현금	60,000	63,000
이익잉여금	10,000	13,000

• 당기순이익은 3,000원임.

[요구사항]

현금흐름을 분석하시오.

현금성자산의 분석 시 유의해야 할 사항은 다음과 같습니다.

① 현금성자산의 재무상태표상 증감액은 정산표에 반영하지 않습니다.

② 정산표에서 검증이 이루어지지 않습니다.

③ 현금성자산의 증감액은 그 이외의 다른 계정에 대한 분석이 종료된 후, 그 결과와 일치하는지 확인하는 용도로 활용됩니다.

이익잉여금 분석 시 유의하여야 할 사항은 다음과 같습니다.

① 증감액의 원인이 무엇인지 파악합니다.

② 당기순이익으로 증가한 금액은 '영업활동 – 유입'에 기재합니다. 이익잉여금의 증감은 당기순이익 이외에도 보험수리적손익, 공정가치측정금융자산의 처분, 배당금의 지급 등 다양한 원인이 있습니다.[2]

③ 정산표상 검증이 0원인지 확인합니다.

당기순이익은 영업활동으로 발생한 현금과 동일하다고 전제합니다. 따라서 당기순이익은 영업활동 현금흐름의 구성항목으로 표시됩니다.

---

2) 보험수리적손익은 제3장 '퇴직급여부채', 공정가치측정금융자산의 처분은 제3장 '투자주식', 배당금은 제3장 '이자와 배당금'에서 설명합니다.

◎ 계정 분석

계정과목	전기BS	당기BS	증감금액	영업활동		검증
				유입	유출	
현금성자산	60,000	63,000	3,000	–	–	3,000
이익잉여금	10,000	13,000	3,000	3,000(P/L)	–	–

◎ 현금흐름표

구 분	금 액
Ⅰ. 영업활동 현금흐름	3,000
1. 당기순이익 3,000	
Ⅱ. 현금의 증가	3,000
Ⅲ. 기초현금	60,000
Ⅳ. 기말현금	63,000

영업활동 현금흐름

(1) 운전자본의 변동

• 계정의 변동

	기초	기말
현금	60,000	56,000
상품	80,000	97,000
매입채무	65,000	69,000
이익잉여금	68,000	77,000

• 회계기간 중 당기순이익은 9,000원임.

[요구사항]

현금흐름을 분석하시오.

영업활동과 관련된 운전자본을 분석할 경우 유의할 사항은 다음과 같습니다.

① **자산 증가 → 현금 감소**

• 자산을 취득하면 현금이 지출됩니다. 따라서 현금이 감소됩니다.

• 순 증가액을 정산표상 '영업활동 - 유출'에 반영합니다.

• 반대로 자산이 감소한다면 정산표에 '영업활동 - 유입'으로 기재합니다.

② **부채 증가 → 현금 증가**

• 수수료를 미지급하면 미지급금이 증가합니다. 그러나 지급하는 경우에 비하여 현금은 통장에 남아 있겠지요. 따라서 부채의 증가액을 정산표상 '영업활동 - 유입'에 반영합니다.

• 반대로 부채가 감소는 현금의 지급을 의미하므로, 정산표에 '영업활동 - 유출'에 기재합니다.

본 예제에서 이익잉여금이 증가한 원인은 당기순이익이므로 '영업활동 - 유입'에 해당합니다.

◎ 계정 분석

① 재고자산 증가액 17,000원은 '영업활동 - 유출'에 기재

② 매입채무 증가액 4,000원은 '영업활동 - 유입'에 기재

③ 당기순이익 9,000원은 '영업활동 - 유입'에 기재

계정과목	전기BS	당기BS	증감금액	영업활동		검증
				유입	유출	
현금및현금성자산	60,000	56,000	(4,000)			(4,000)
상품	80,000	97,000	17,000		17,000	–
매입채무	65,000	69,000	4,000	4,000		–
이익잉여금	68,000	77,000	9,000	9,000(P/L)		–

◎ 현금흐름표

구 분	금 액
Ⅰ. 영업활동 현금흐름	(4,000)
1. 당기순이익	9,000
2. 재고자산의 증가	(17,000)
3. 매입채무의 증가	4,000
Ⅱ. 현금의 감소	(4,000)
Ⅲ. 기초현금	60,000
Ⅳ. 기말현금	56,000

(2) 비현금항목의 조정 : 현금의 유·출입이 없는 수익과 비용

예제 8

• 계정의 변동

	기초	기말
현금	60,000	77,000
매출채권	10,000	5,000
이익잉여금	50,000	62,000

• 외화환산이익은 1,500원이며, 전액 매출채권 환산으로 발생된 것임.

• 회계기간 중 당기순이익은 12,000원임.

[요구사항]

현금흐름을 분석하시오.

하나의 항목에 여러 사항이 있을 경우 조정 순서는 다음과 같습니다.

조정 순서 ☆☆☆

하나의 계정과목에 비현금항목의 조정(현금의 유출입이 없는 수익과 비용)과 현금무관거래(비현금거래) 등이 혼재된 경우가 있습니다. 이 경우에는 **손익항목과 현금무관거래를 먼저 조정하고,** **운전자본의 변동은 마지막에** 하는 것이 좋습니다.

본 예제를 그림으로 설명합니다.

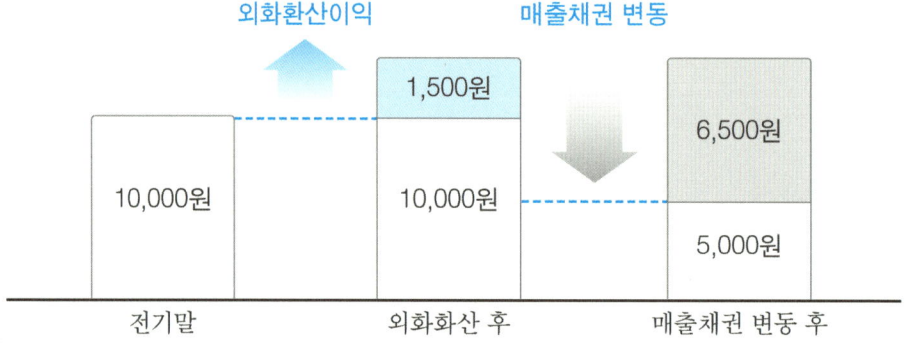

외화화산이익으로 매출채권이 1,500원만큼 증가합니다. 그런데 외화환산이익으로 당기순이익은 증가하지만 현금이 증가하지는 않습니다. 그래서 비현금항목의 조정으로 1,500원을 차감합니다.

외화환산 후 매출채권은 11,500원인데, 기말 잔액은 5,000원입니다. 매출채권(자산)이 6,500원만큼 감소하였으므로, 현금이 6,500원만큼 증가합니다.

요약하면 다음과 같습니다.

① 비현금항목의 조정(현금의 유입이 없는 수익) : (−)1,500원

② 운전자본의 변동 : (+)6,500

◎ 계정 분석

① 외화환산이익 1,500원은 '영업활동 − 유출'에 기재

② 매출채권 감소액 6,500원은 '영업활동 − 유입'에 기재

③ 당기순이익 12,000원은 '영업활동 − 유입'에 기재

계정과목	전기IBS	당기IBS	증감금액	영업활동		검증
				유입	유출	
현금	60,000	77,000	17,000			17,000
매출채권	10,000	5,000	(5,000)	6,500	1,500(P/L)	−
이익잉여금	50,000	62,000	12,000	12,000(P/L)		−

하나의 매출채권 계정에서 두 가지의 조정이 발생했습니다. 다소 복잡합니다. 하나의 계정에서 여러 가지 조정이 반영된다면 혼동되지 않도록 메모하는 것이 좋습니다.

◎ 현금흐름표

구 분		금 액
Ⅰ. 영업활동 현금흐름		17,000
1. 당기순이익	12,000	
2. 외화환산이익	(1,500)	
3. 매출채권 감소	6,500	
Ⅱ. 현금의 증가		17,000
Ⅲ. 기초현금		60,000
Ⅳ. 기말현금		77,000

(3) 충당금[3]

예제 9

- 계정의 변동

	기초	기말
현금	60,000	62,020
대손충당금	(150)	(220)
기타의대손충당금	(150)	(100)
이익잉여금	10,000	12,000

- 회계기간 중에 70원의 대손상각비를 인식함.
- 회계기간 중에 50원의 기타의대손충당금환입을 인식함.
- 회계기간 중에 인식한 당기순이익은 2,000원임.

[요구사항]

현금흐름을 분석하시오.

충당금, 상각누계액, 할인차금 및 충당부채 등에 대해서는 기초부터 결산일까지의 세부 변동 내역을 정리해야 현금흐름 분석이나 주석 공시에 편리합니다.

계정과목	기초	전입	환입	기말
대손충당금	150	70	–	220
기타의대손충당금	150	–	(50)	100

대손상각비나 대손충당금환입은 자산의 평가계정입니다. 자산의 평가계정은 회수가 능성에 대한 판단을 나타내며, 현금 자체에는 영향을 미치지 않습니다.

예를 들어 충당금환입은 향후 현금을 회수할 가능성이 높아졌음을 의미하지만, 실제 현금이 회수된 것은 아닙니다.

---

3) 현금흐름표 작성 시 대손충당금을 조정하는 방법은 다음과 같습니다.
　① 대손충당금과 매출채권을 별도로 분석하는 방법
　② 대손충당금과 매출채권을 구분하지 않고, 매출채권 순장부금액을 이용하는 방법
　양자의 방법은 모두 동일한 금액의 영업활동 현금흐름을 산출합니다. 본서에서는 실무에서 널리 사용하고 있는 첫 번째 방법을 적용하고 있습니다.

따라서 대손상각비나 대손충당금환입은 다음과 같이 조정됩니다.

① 대손충당금의 전입(대손상각비) : 비현금항목(현금의 유출이 없는 비용)으로 가산
② 대손충당금의 환입(대손충당금환입) : 비현금항목(현금의 유입이 없는 수익)으로
   차감

◎ 계정 분석

① 대손상각비 70원은 '영업활동 – 유입'에 기재
② 기타의대손충당금환입 50원은 '영업활동 – 유출'에 기재

계정과목	전기BS	당기BS	증감금액	영업활동		검증
				유입	유출	
현금	60,000	62,020	2,020			2,020
대손충당금	(150)	(220)	(70)	70(PL)		–
기타의대손충당금	(150)	(100)	50		50(PL)	–
이익잉여금	10,000	12,000	2,000	2,000(PL)		–

◎ 현금흐름표

구 분	금 액	
Ⅰ. 영업활동 현금흐름		2,020
1. 당기순이익	2,000	
2. 비현금항목의 조정(현금유출이 없는 비용이나 수익)		
–대손상각비	70	
–기타의대손충당금환입	(50)	
Ⅱ. 현금의 증가		2,020
Ⅲ. 기초현금		60,000
Ⅳ. 기말현금		62,020

투자활동 현금흐름은 주로 투자자산, 유형자산, 무형자산과 관련하여 발생합니다. 투자활동과 재무활동 계정은 영업활동 계정과 달리 세부 변동내역을 파악해야 현금흐름을 분석할 수 있습니다. 따라서 원장 분석 과정이 수반됩니다.

투자활동과 재무활동은 회계기간 중에 발생한 모든 거래가 현금흐름표에 반영됩니다. 즉, 증가와 감소가 총액으로 표시됩니다.

(1) 유형자산 취득과 상각

예제 10

• 계정의 변동

	기초	기말
현금	30,000	49,000
토지	210,000	215,000
건물	80,000	80,000
감가상각누계액	10,000	25,000
이익잉여금	68,000	77,000

• 회계기간 중 취득한 토지는 5,000원임.
• 회계기간 중 발생한 감가상각비는 15,000원임.
• 회계기간 중의 당기순이익은 9,000원임.

[요구사항]
유형자산의 증감내역과 현금흐름을 분석하시오.

유형자산의 변동내역은 다음과 같습니다.

계정과목	기초	취득	상각	기말
토지	210,000	5,000	−	215,000
건물	80,000	−	−	80,000
감가상각누계액	(10,000)	−	15,000	(25,000)

당기순이익은 영업활동 현금흐름과 같다는 전제에서 출발합니다. 그런데 감가상각비는 당기순이익을 감소키지만 현금은 유출되지 않습니다. 따라서 '비현금항목의 조정(또는 '현금의 유출·입이 없는 손익')'으로 15,000원을 가산합니다.

감가상각비가 영업활동에 해당되기 때문에 영업활동 현금흐름에서 조정하는 것이 아닙니다. 단지, **당기순이익(영업활동 현금흐름과 같다는 전제)에 포함되어 있으나, 현금흐름이 발생하지 않기에 영업활동 현금흐름에서 차감하는 것입니다.**

한편, 토지의 취득 활동은 투자활동에 해당합니다. 따라서 투자활동 현금유출에 5,000원을 반영합니다.

◎ **계정 분석**

① 감가상각비 15,000원은 '영업활동 – 유입'에 기재
② 토지 증가액 5,000원은 '투자활동 – 유출'에 기재
③ 당기순이익 9,000원은 '영업활동 – 유입'에 기재

계정과목	전기BS	당기BS	증감금액	영업활동		투자활동		검증
				유입	유출	유입	유출	
현금	30,000	49,000	19,000					19,000
토지	210,000	215,000	5,000				5,000	–
건물	80,000	80,000	–					–
감가상각누계액	(10,000)	(25,000)	(15,000)	15,000(PL)				–
이익잉여금	68,000	77,000	9,000	9,000(PL)				–

◎ **현금흐름표**

구 분	금 액
Ⅰ. 영업활동 현금흐름	24,000
1. 당기순이익	9,000
2. 감가상각비	15,000
Ⅱ. 투자활동 현금흐름	(5,000)
1. 토지의 취득	(5,000)
Ⅲ. 현금의 증가	19,000
Ⅳ. 기초현금	30,000
Ⅴ. 기말현금	49,000

(2) 유형자산 처분

예제 11

• 계정의 변동

	기초	기말
현금	50,000	130,000
토지	210,000	180,000
이익잉여금	10,000	60,000

• 회계기간 중 장부금액이 30,000원인 토지를 80,000원에 처분함.
• 회계기간 중의 당기순이익은 50,000원임.

[요구사항]
토지의 변동과 현금흐름을 분석하시오.

토지의 변동내역은 다음과 같습니다.

계정과목	기초	취득	처분	기말
토지	210,000	–	30,000	180,000

토지 처분 시 회계처리는 다음과 같습니다.

(차변) 현금	80,000	(대변) 토지	30,000
		유형자산처분이익	50,000

당기순이익은 영업활동 현금흐름과 같다는 전제에서 출발합니다. 그런데 유형자산 처분이익은 현금을 창출하지만 투자활동으로 분류됩니다. 따라서 당기순이익에서 유형자산처분이익(투자활동)을 차감해야 영업활동 현금흐름이 계산됩니다.

유형자산처분이익은 '비현금항목의 조정(또는 '현금의 유입이 없는 손익')'으로 분류
하다 보니, 현금창출이 되지 않는다고 오해하기 쉽습니다. 비현금항목은 다음 두 가지
항목으로 구성되어 있기 때문인데, 반드시 그 성격을 구분하시기 바랍니다.

① 당기손익에는 영향을 미치지만 현금흐름이 발생하지 않는 항목 : 감가상각비 등
② 현금흐름에 영향을 미치지만 영업활동에 해당하지 않는 항목 : 유형자산처분이익 등

◎ 계정 분석

① 유형자산처분이익 50,000원은 '영업활동 – 유출'에 기재
② 토지 처분 금액 80,000원은 '투자활동 – 유입'에 기재
③ 당기순이익 50,000원은 '영업활동 – 유입'에 기재

계정과목	전기BS	당기BS	증감금액	영업활동		투자활동		검증
				유입	유출	유입	유출	
현금	50,000	130,000	80,000					80,000
토지	210,000	180,000	(30,000)		50,000(PL)	80,000		–
이익잉여금	10,000	60,000	60,000	50,000(PL)				–

◎ 현금흐름표

구 분	금 액
I. 영업활동 현금흐름	–
1. 당기순이익	50,000
2. 유형자산처분이익	(50,000)
II. 투자활동 현금흐름	80,000
1. 토지의 처분	80,000
III. 현금의 증가	80,000
IV. 기초현금	50,000
V. 기말현금	130,000

재무활동 현금흐름은 주로 차입금, 사채 및 자본 항목과 관련하여 발생합니다. 재무활동 현금흐름도 투자활동 현금흐름과 같이 세부 변동내역을 파악해야 합니다.

예제 12

• 계정의 변동

	기초	기말
현금	30,000	84,000
장기차입금	100,000	120,000
자본금	50,000	60,000
자본잉여금	50,000	65,000
이익잉여금	68,000	77,000

• 회계기간 중에 20,000원을 차입함.
• 회계기간 중에 유상증자를 실시하여 자본금과 자본잉여금이 각각 10,000원과 15,000원 증가함.
• 회계기간 중의 당기순이익은 9,000원임.

[요구사항]
1. 차입금의 자본의 변동을 분석하시오.
2. 현금흐름을 분석하시오.

차입금과 자본의 변동내역은 다음과 같습니다.

계정과목	기초	차입	유상증자	당기순이익	기말
장기차입금	100,000	20,000	–	–	120,000
자본금	50,000	–	10,000	–	60,000
자본잉여금	50,000	–	15,000	–	65,000
이익잉여금	68,000	–	–	9,000	77,000

◎ 계정 분석

① 장기차입금 증가액 20,000원은 '재무활동 – 유입'에 기재

② 자본금 증가액 10,000원은 '재무활동 – 유입'에 기재

③ 자본잉여금 증가액 15,000원은 '재무활동 – 유입'에 기재

④ 당기순이익 9,000원은 '영업활동 – 유입'에 기재

계정과목	전기BS	당기BS	증감 금액	영업활동		재무활동		검증
				유입	유출	유입	유출	
현금	30,000	84,000	54,000					54,000
장기차입금	100,000	120,000	20,000			20,000		–
자본금	50,000	60,000	10,000			10,000		–
자본잉여금	50,000	65,000	15,000			15,000		–
이익잉여금	68,000	77,000	9,000	9,000(PL)				–

◎ 현금흐름표

구 분	금 액	
Ⅰ. 영업활동 현금흐름		9,000
1. 당기순이익	9,000	
Ⅱ. 재무활동 현금흐름		45,000
1. 장기차입금의 차입	20,000	
2. 유상증자	25,000	
Ⅲ. 현금의 증가		54,000
Ⅳ. 기초현금		30,000
Ⅴ. 기말현금		84,000

현금무관거래(비현금거래)

현금무관거래(비현금거래)는 이익과 현금흐름에 영향을 주지 않는 거래로서 현금흐름표에 표시되지 않습니다. 그러나 투자활동이나 재무활동과 관련된 현금무관거래(비현금거래)는 주석사항으로 공시해야 합니다.

현금무관거래(비현금거래)와 비현금항목의 조정(현금의 유출·입이 없는 손익)을 혼동하기 쉬운데, 그 차이는 다음과 같습니다.

 현금무관거래와 비현금항목 ☆☆☆

① 현금무관거래(비현금거래)
   당기순이익과 현금흐름에 모두 영향을 미치지 않는 거래
② 비현금항목의 조정(현금의 유출·입이 없는 손익)
   - 당기순이익에는 영향을 미치지만, 현금흐름에 영향을 미치지 않는 손익
   - 당기순이익에는 영향을 미치지만, 영업활동 현금흐름과 관련이 없는 손익

다음 예제를 통하여 현금무관거래(비현금거래)에 대해 살펴봅니다.

예제 13

• 계정의 변동

	기초	기말
현금	60,000	80,000
유동성장기차입금	–	7,000
장기차입금	100,000	113,000

• 회계기간 중 20,000원의 장기차입을 실시함.
• 회계기간 중 7,000원의 장기차입금을 유동성 대체함.

[요구사항]
현금흐름을 분석하시오.

차입금의 증감 내역은 다음과 같습니다.

계정과목	기초	차입	유동성대체	기말
유동성장기차입금	–	–	7,000	7,000
장기차입금	100,000	20,000	(7,000)	113,000

◎ 계정 분석

(차변) 장기차입금[*1]　　　7,000　　　(대변) 유동성장기차입금[*2]　　　7,000

(*1) 장기차입금의 감소 : 부채의 감소. 따라서 '현금무관거래 – 유출'에 기재
(*2) 유동성장기차입금의 증가 : 부채의 증가. 따라서 '현금무관거래 – 유입'에 기재

상기 회계처리를 살펴보면 현금도 수반되지 않고, 당기순이익에도 영향을 미치지 않습니다. 이러한 거래를 현금무관거래라고 합니다. 정산표에 반영되는 내용은 다음과 같습니다.

① 장기차입금 증가액 20,000원은 '재무활동 – 유입'에 기재
② 유동성장기차입금 증가액 7,000원은 '현금무관거래 – 유입'에 기재
③ 장기차입금 감소액 7,000원은 '현금무관거래 – 유출'에 기재

계정과목	전기BS	당기BS	증감금액	재무활동		현금무관거래		검증
				유입	유출	유입	유출	
현금	60,000	80,000	20,000					20,000
유동성장기차입금	–	7,000	7,000			7,000		–
장기차입금	100,000	113,000	13,000	20,000			7,000	–

◎ 현금흐름표

구 분		금 액
Ⅰ. 재무활동 현금흐름		20,000
1. 장기차입금의 차입	20,000	
Ⅱ. 현금의 증가		20,000
Ⅲ. 기초현금		60,000
Ⅳ. 기말현금		80,000

유동성대체 내역은 주석사항으로 공시됩니다.

(1) 현금흐름표 작성 시 유의사항

지금까지 살펴보았던 내용을 요약합니다.

① 영업활동 현금흐름 분석 : 영업활동으로 창출한 현금흐름은 당기순이익과 동일하다는 전제에서 출발하고 있습니다. 따라서 다음 사항들이 현금흐름표 작성 시 조정됩니다.

- 현금흐름에 영향을 미치지 않는 손익
- 현금흐름에 영향이 있으나, 영업활동과 관련이 없는 항목(즉, 투자활동이나 재무활동과 관련된 항목)
- 영업활동으로 인한 자산·부채의 변동(운전자본의 변동)
- 여기서 조정되는 손익 항목은 당기순이익에 영향을 미치는 손익계산서 항목에 한정됩니다. 따라서 자기주식처분손익이나 매도가능증권평가손익은 제외됩니다.

② 정산표

- 정산표의 작성 원리 : 자산의 증가는 현금의 유출(감소)을, 부채의 증가는 현금의 유입(증가)을 의미합니다.
- 정산표는 재무상태표 계정의 증감액에 내재되어 있는 정보를 재분류하여 현금흐름표로 변환시키는 과정을 나타내고 있습니다.
- 현금을 제외한 모든 계정의 검증금액은 항상 0원입니다.
- 현금무관거래(비현금거래)의 유입금액과 유출금액은 동일합니다. 현금무관거래는 까다롭고 실수하기 쉽습니다. 별도로 메모하길 바랍니다. 하나의 계정이 완료될 때마다 현금무관거래의 유출·입 합계가 일치하는지 확인해야 합니다.
- 정산표는 자산총계나 비유동자산 등 대분류와 중분류가 아니라, 세부 계정과목을 분석대상으로 합니다.

③ 현금

- 현금은 정산표에서 검증이 이루어지지 않습니다.
- 모든 분석이 완료된 후 그 결과가 현금의 증감액과 일치하는지 대사하는 용도로만 활용됩니다.

(2) 현금흐름표 작성 절차

현금흐름표 작성 절차는 다음과 같습니다.

① 기초 자료의 준비

- 비교식재무상태표 : 전기와 당기의 재무상태표를 비교하고 증감액을 계산합니다.
- 손익계산서 : 계정과목 중 현금흐름을 수반하지 않거나, 영업활동과 관련이 없는 금액을 정리합니다.
- 변동내역 분석 : 영업활동과 관련이 있는 계정과목은 순 증감액만 파악해도 됩니다.[4] 그러나 투자활동과 재무활동에 관련된 계정은 원장을 검토하여 세부 변동내역을 분석해야 합니다.

② 정산표 작성 과정

- 하나의 계정에 대한 분석이 종결될 때마다 검증식이 '0'원으로 수렴하는지 확인합니다. 그리고 현금무관거래의 '유출'과 '유입'의 총합계 금액이 일치하는지도 확인합니다. 정산표 작성 중 검증 Column과 현금무관거래에 대한 확인이 적시에 이루어지지 않으면, 나중에 불필요한 시간이 소요됩니다.
- 각 계정별 분석이 완료되면 각 현금흐름의 순액을 요약하여 다음의 관계가 성립되는지 확인합니다.
'현금의 순증감 = 영업활동 현금흐름 + 투자활동 현금흐름 + 재무활동 현금흐름'

③ 정산표 작성 후

- 현금흐름표와 수식으로 연결되어 있어 정산표가 완료되면 현금흐름표가 자동으로 작성되도록 엑셀 서식을 준비합니다.
- 처음 현금흐름표를 작성하면 서식을 준비하고 계정을 분석하는데 다소 시간이 소요됩니다. 그러나 이후 시간이 70% 이상 감소합니다. 한 번의 번거로움을 극복하길 바랍니다.
- 손익계산서와의 대사 : 비현금항목의 조정(현금의 유출·입이 없는 손익)에 표시된 금액과 손익계산서 금액이 일치하는지 대사합니다.
- 주석과의 대사 : 투자활동과 재무활동은 주석으로 공시되는 경우가 많습니다. 그러한 주석사항은 현금흐름표상 정보와 상호 일치하는지 대사합니다.

---

4) 하나의 영업활동 계정에 여러 가지 거래가 혼재되어 있으면 조정되는 순서는 다음과 같습니다. (1) 손익계산서에 미치는 영향 (2) 현금무관거래에 미치는 영향 (3) 잔액은 운전자본의 변동에 반영

사례 1 → 현금흐름표 작성

1. 비교식 재무상태표

계정과목	01년	02년	증감액
Ⅰ. 유동자산	140,000	187,000	
1. 현금및현금성자산	60,000	90,000	30,000
2. 상품	80,000	97,000	17,000
Ⅱ. 비유동자산	280,000	270,000	
1. 토지	210,000	215,000	5,000
2. 건물	80,000	80,000	–
감가상각누계액	(10,000)	(25,000)	(15,000)
자산총계	420,000	457,000	
부　　채			
Ⅰ. 유동부채	140,000	130,000	
1. 매입채무	65,000	69,000	4,000
2. 미지급금	75,000	54,000	(21,000)
3. 유동성장기차입금	–	7,000	7,000
Ⅱ. 비유동부채	100,000	113,000	–
1. 장기차입금	100,000	113,000	13,000
부채총계	240,000	243,000	
자　　본			
Ⅰ. 자본금	50,000	60,000	10,000
Ⅱ. 자본잉여금	50,000	65,000	15,000
Ⅲ. 기타포괄손익누계액	12,000	12,000	–
Ⅳ. 이익잉여금	68,000	77,000	9,000
자본총계	180,000	214,000	
부채및자본총계	420,000	457,000	

2. 손익계산서

(1) 요약 손익계산서

계정과목	금액
매출액	485,000
매출원가	323,000
매출총이익	162,000
급여	100,000
복리후생비	38,000
감가상각비	15,000
영업이익(당기순이익)	9,000

3. 추가자료

(1) 현금

증감금액은 전체 현금흐름을 분석한 이후 순증감액과 대사하는데 활용됨.

(2) 유형자산

① 회계기간 중 토지를 5,000원 취득함.

② 유형자산 변동내역

구 분	기초	상각	취득	기말
토지	210,000	–	5,000	215,000
건물	80,000	–	–	80,000
감가상각누계액	(10,000)	(15,000)	–	(25,000)

(3) 차입금

① 회계기간 중 20,000원의 장기 차입금을 차입함.

② 장기차입금 중 7,000원이 유동성장기차입금으로 대체됨.

③ 차입금의 변동내역

구 분	기초	차입	대체	기말
유동성장기차입금	–	–	7,000	7,000
장기차입금	100,000	20,000	(7,000)	113,000

(4) 유상증자

① 회계기간 중 유상증자로 인하여 자본금과 자본잉여금이 각각 10,000원 및 15,000원 증가함.

요구사항

02년 현금흐름표를 작성하시오.

해설

1. 정산표

계정과목	01년	02년	증감	영업활동		투자활동		재무활동		현금무관거래		검증
				유입	유출	유입	유출	유입	유출	유입	유출	
I. 유동자산	140,000	187,000										
1. 현금	60,000	90,000	30,000									30,000
2. 상품	80,000	97,000	17,000		17,000							–
II. 비유동자산	280,000	270,000										
1. 토지	210,000	215,000	5,000				5,000					–
2. 건물	80,000	80,000	–									–
상각누계액	(10,000)	(25,000)	(15,000)	15,000								–

계정과목	01년	02년	증감	영업활동		투자활동		재무활동		현금무관거래		검증
				유입	유출	유입	유출	유입	유출	유입	유출	
자산총계	420,000	457,000										
I. 유동부채	140,000	130,000										
1. 매입채무	65,000	69,000	4,000	4,000								–
2. 미지급금	75,000	54,000	(21,000)		21,000							–
3. 유동성장기차입금	–	7,000	7,000							7,000		–
II. 비유동부채	100,000	113,000										
1. 장기차입금	100,000	113,000	13,000					20,000			7,000	–
부채총계	240,000	243,000										
I. 자본금	50,000	60,000	10,000					10,000				–
II. 자본잉여금	50,000	65,000	15,000					15,000				–
III. 기타포괄손익	12,000	12,000	–									
IV. 이익잉여금	68,000	77,000	9,000	9,000								–
자본총계	180,000	214,000										
부채 및 자본총계	420,000	457,000										
			합계	28,000	38,000	–	5,000	45,000	–	7,000	7,000	30,000
			순액	(10,000)		(5,000)		45,000		–		

현금흐름 요약

영업활동현금흐름	(10,000)
투자활동현금흐름	(5,000)
재무활동현금흐름	45,000
현금흐름 증감	30,000
기초현금	60,000
기말현금	90,000

2. 현금흐름표

과목	금액	
Ⅰ. 영업활동 현금흐름		(10,000)
1. 당기순이익	9,000	
2. 손익조정사항	15,000	
가. 감가상각비	15,000	
3. 자산부채 조정사항	(34,000)	
가. 상품의 증가	(17,000)	
나. 매입채무의 증가	4,000	
다. 미지급금의 감소	(21,000)	
Ⅱ. 투자활동 현금흐름		(5,000)
1. 토지의 취득	(5,000)	
Ⅲ. 재무활동 현금흐름		45,000
1. 장기차입금의 차입	20,000	
2. 유상증자	25,000	
Ⅳ. 현금및현금성자산의 순증감(Ⅰ+Ⅱ+Ⅲ)		30,000
Ⅴ. 기초의 현금및현금성자산		60,000
Ⅵ. 기말의 현금및현금성자산		90,000

3. 주석사항

구분	금액
장기차입금의 유동성 대체	7,000

본 사례를 통해 살펴본 내용은 다음과 같습니다.

1) 증감액 분석

• 영업활동 계정은 일반적으로 순 증감액만 정산표에 반영됩니다.
• 투자활동과 재무활동은 원장분석을 통해 세부 변동내역이 파악되어야 합니다.

2) 현금

• 현금의 증감은 정산표에 반영되지 않습니다. 따라서 검증식이 성립되지 않습니다.
• 모든 분석이 종료되면 현금의 증감인 30,000원이 '영업활동 현금흐름 + 투자활동 현금흐름 + 재무활동 현금흐름'과 일치해야 합니다.

제**3**장

계정과목별 상세 분석

본 장에서는 주요 계정들을 분석하고 현금흐름표에 표시하는 방법을 살펴봅니다.

현금흐름표 조정은 회계처리에 대한 이해를 전제하고 있습니다. 만일 여러분께서 현금흐름표 작성에 애를 먹는다면, 관련 회계처리에 대한 이해가 선행될 필요가 있습니다. 그러한 계정으로는 법인세, 리스, 지분법, 확정급여채무 등이 있습니다.

본 장의 예제들은 엑셀로 연습할 수 있도록 구성되어 있습니다. 자료를 다운로드 받아 활용한다면 이해와 실무에 도움이 될 것입니다.

예제 14

- 계정의 변동

	기초	기말
현금	1,000	2,500
이익잉여금	10,000	11,500

- 회계기간 중 외화표시 현금에 대해 외화환산이익이 1,500원 발생함.
- 회계기간 중에 발생한 당기순이익은 1,500원임.

[요구사항]

1. K-IFRS에 따라 현금흐름을 분석하시오.
2. 일반기업회계기준에 따라 현금흐름을 분석하시오.

현금성자산

① K-IFRS : 환율변동효과는 '비현금항목의 조정'으로 기재되는 동시에, '환율변동으로 인한 현금의 변동'에도 표시

② 일반기업회계기준 : 현금성자산에 대한 외화환산을 반영하지 아니함. 별도의 조정 없음.

K-IFR상 '환율변동으로 인한 현금의 변동'은 다음을 대상으로 합니다.

① 현금성자산에 대한 외화환산손익

② 해외사업장에 있는 현금성자산으로 발생된 해외사업환산손익

관련 기준서 내용은 다음과 같습니다(K-IFRS 제1007호 문단 28).

환율변동으로 인한 미실현손익은 현금흐름이 아니다. 그러나 외화로 표시된 현금및현금성자산의 환율변동효과는 기초와 기말의 현금및현금성자산을 조정하기 위해 현금흐름표에 보고한다. 이 금액은 영업활동, 투자활동 및 재무활동 현금흐름과 구분하여 별도로 표시하며, 그러한 현금흐름을 기말 환율로 보고하였다면 발생하게 될 차이를 포함한다.

본 예제의 경우 외화환산이익은 당기순이익에 포함되어 있고, 당기순이익은 영업활동 현금흐름과 동일하다고 전제됩니다. 따라서 **외화환산이익을 비영업항목으로 영업활동 현금흐름에서 차감하고, '환율변동으로 인한 현금의 변동'에 가산합니다.** 즉, 양편 조정이 이루어집니다.

반면, 일반기업회계기준은 현금성자산에 대한 조정이 없습니다.

◎ 계정 분석

① K-IFRS는 외화환산이익 1,500원을 '영업활동 - 유출'에 기재, 일반기업회계기준은 조정사항 없음.

② 당기순이익으로 인한 이익잉여금 증가액 1,500원은 '영업활동 - 유입'에 기재

③ 외화환산이익을 제외한 현금의 증감액은 정산표에 반영하지 않습니다.

계정과목	전기BS	당기BS	증감금액	영업활동		검증
				유입	유출	
현금(K-IFRS)	1,000	2,500	1,500		1,500(PL)	-
현금(일반기준)	1,000	2,500	1,500			1,500
이익잉여금	10,000	11,500	1,500	1,500(PL)		-

◎ K-IFRS : 현금흐름표

구 분	금 액
I. 영업활동 현금흐름	-
1. 당기순이익	1,500
2. 비현금항목의 조정	
- 외화환산이익	(1,500)
II. 환율변동으로 인한 현금의 변동	1,500
III. 현금의 증가	1,500
IV. 기초현금	10,000
V. 기말현금	11,500

외화환산이익 1,500원은 '비현금항목의 조정'과 '환율변동으로 인한 현금의 변동' 항목으로 동시에 반영됩니다.

◎ **일반기업회계기준 : 현금흐름표**

구 분	금 액	
Ⅰ. 영업활동 현금흐름		1,500
1. 당기순이익	1,500	
Ⅱ. 현금의 증가		1,500
Ⅲ. 기초현금		10,000
Ⅳ. 기말현금		11,500

[보론 : 현금및현금성자산 분류]

◎ 가상통화(가상화폐 또는 암호화폐 등)[5]

가상통화는 현재 일반적인 교환의 수단으로 사용되지 않고 가치변동위험이 크며, 거래상대방에게서 현금 등 금융자산을 수취할 계약상의 권리에도 해당하지 않습니다. 따라서 가상통화는 현금및현금성자산이나 금융자산의 정의를 충족하지 않습니다.

가상통화를 통상적인 영업과정에서 판매목적으로 보유한다면 재고자산으로 분류하고, 그렇지 않다면 무형자산으로 분류합니다.

◎ 제3자와의 계약으로 인해 사용이 제한된 요구불예금

제3자와의 계약으로 인해 사용이 제한된 요구불예금은 어떻게 분류될까요? 만일, 제3자와의 계약으로 인한 요구불예금의 사용제한이 더는 K-IFRS 제1007호에서 규정한 현금의 정의를 충족하지 못하도록 예금의 성격을 바꾸는 것이 아니라면 여전히 현금에 해당합니다. 필요하다면 문단 48에 따라 경영진의 설명과 함께 그 금액을 공시해야 합니다.

◎ MMT(Money Market Trust)의 분류

K-IFRS 적용 시 별도재무제표에서는 MMT 구성자산을 직접 보유한 것으로 회계처리하거나, 간주별도실체로 보아 연결범위에 포함하는 정책을 모두 인정하고 있습니다.

MMT와 같이 특정금전신탁 등 수익증권은 그 편입자산이 채무상품으로 구성되더라도 현금흐름이 SPPI(Solely Payments of Principal and Interest, 현금흐름이 원금과 이자로만 구성) 기준을 충족하지 못합니다. 따라서 MMT 구성자산을 직접 보유한 것으로 회계처리하더라도 각 구성자산은 일반적으로 실무상 FVPL로 분류됩니다.

MMT 계약은 유가증권이 아니라 위탁자가 단독·직접투자를 할 수 있는 금융상품입니다. 따라서 일반기업기준 하에서도 회사가 직접 신탁금을 운용하는 것과 거래의 실질이 동일하므로 MMT 구성자산을 회사가 직접 보유하고 있는 것으로 회계처리합니다.[6] 다만, 현금및현금성자산의 정의를 충족하는 MMT의 구성자산은 재무제표에 현금및현금성자산으로 표시할 수 있습니다.

---

5) 2019-I-KQA017
6) 금감원 2013-004

(1) 매출채권의 처분

예제 15

• 계정의 변동

	기초	기말
현금	10,000	17,000
매출채권	10,000	5,000
이익잉여금	10,000	12,000

• 회계기간 말에 5,000원의 매출채권을 비소구권 계약에 따라 처분하고, 40원의 처분손실을 인식함.
• 회계기간 중에 인식한 당기순이익은 2,000원임.

[요구사항]
현금흐름을 분석하시오.

매출채권의 처분 회계처리는 다음과 같습니다.

(차변) 현금	4,960	(대변) 매출채권	5,000
매출채권처분손실	40		

일반기업회계기준은 소구권 여부에 관계없이 매출채권(금융상품)을 제거합니다. 반면, K-IFRS는 비소구권 조건이 부여된 경우에만 매출채권을 제거합니다.

매출채권처분손실이 현금을 수반하고 있다고 보아 비현금항목으로 반영하지 않는 방법도 있습니다. 이러한 관점에서는 매출채권의 감소액만 5,000원으로 표시됩니다. 표시방법은 다소 상이하나 양 방법의 영업활동 현금흐름은 동일합니다.

하나의 계정과목에 비현금항목의 조정(현금의 유출입이 없는 수익과 비용)과 현금무관거래(비현금거래) 등이 복합되어 있는 경우가 있습니다. 이 경우 **손익항목과 현금무관거래를 먼저 조정하고, 잔액은 운전자본의 변동에 반영**한다는 것 기억나시죠?

순서를 떠올리며 다음 그림을 살펴봅시다.

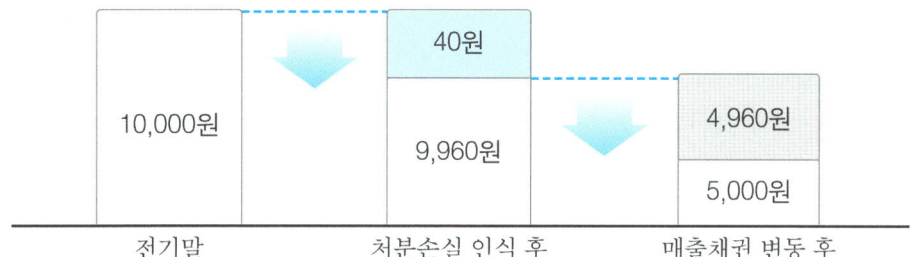

매출채권처분손실   매출채권 변동

10,000원   전기말

40원
9,960원   처분손실 인식 후

4,960원
5,000원   매출채권 변동 후

　매출채권처분손실은 당기순이익의 감소를 가져오지만 현금흐름에는 영향을 미치지 않습니다. 그래서 비현금항목의 조정으로 40원을 가산합니다. 매출채권처분손실을 인식한 후 매출채권은 9,960원인데, 기말 잔액은 5,000원입니다. 매출채권(자산)이 4,960원 감소하였으므로, 현금이 4,960원만큼 증가합니다.

◎ 계정 분석

① 매출채권처분손실 40원은 '영업활동 – 유입'에 기재
② 매출채권(자산)의 감소 4,960원은 '영업활동 – 유입'에 기재

| 계정과목 | 전기BS | 당기BS | 증감금액 | 영업활동 | | 검증 |
				유입	유출	
현금	10,000	17,000	7,000			7,000
매출채권	10,000	(5,000)	(5,000)	40(PL) + 4,960(변동)		–
이익잉여금	10,000	12,000	2,000	2,000(PL)		–

◎ 현금흐름표

구 분	금 액
Ⅰ. 영업활동 현금흐름	7,000
1. 당기순이익	2,000
2. 매출채권처분손실	40
3. 매출채권의 감소	4,960
Ⅱ. 현금의 증가	7,000
Ⅲ. 기초현금	10,000
Ⅳ. 기말현금	17,000

(2) 매출채권의 제각과 환산

예제 16

• 계정의 변동

	기초	기말
현금	10,000	10,840
매출채권	1,000	2,200
대손충당금	(150)	(190)
이익잉여금	4,000	6,000

• 회계기간 중에 70원의 대손상각비를 인식하였으며, 30원의 채권을 제각함.

• 매출채권과 관련하여 40원의 외화환산손실이 발생함.

• 회계기간 중에 인식한 당기순이익은 2,000원임.

[요구사항]

현금흐름을 분석하시오.

충당금, 상각누계액, 할인차금 등은 원장을 검토하여 세부 변동액을 분석합니다.

계정과목	기초금액	증가(전입)	제각	기말금액
대손충당금	150	70	(30)	190

하나의 계정과목에 여러 조정이 혼재되어 있으면 **손익항목과 현금무관거래를 먼저 조정하고**, 잔액은 운전자본의 변동에 반영합니다.

그림으로 살펴봅시다.

외화환산손실과 대손상각비는 당기순이익을 감소시키지만 현금을 수반하지 않습니다. 따라서 비현금조정으로 가산합니다.

제각은 현금흐름에 영향을 미치지 않고, 당기순이익에도 영향을 미치지 않습니다. 즉, 현금무관거래입니다.

(차변) 대손충당금(제각)   30   (대변) 매출채권(제각)   30

① 매출채권의 감소(자산의 감소) : '현금무관거래 – 유입'에 기재
② 대손충당금의 증가(자산의 증가)[7] : '현금무관거래 – 유출'에 기재

◎ **계정 분석**

① 외화환산손실 40원과 대손상각비 70원은 각각 '영업활동 – 유입'에 기재
② 매출채권(자산)의 증가 1,270원은 '영업활동 – 유출'에 기재
③ 매출채권 제각 효과는 현금무관거래(비현금거래)에 반영

계정과목	전기BS	당기BS	증감금액	영업활동		현금무관거래		검증
				유입	유출	유입	유출	
현금	10,000	10,840	840					840
매출채권	1,000	2,200	1,200	40(PL)	1,270	30		–
대손충당금	(150)	(190)	(40)	70(PL)			30	–
이익잉여금	4,000	6,000	2,000	2,000(PL)				–

◎ **현금흐름표**

구 분	금 액
Ⅰ. 영업활동 현금흐름	840
1. 당기순이익	2,000
2. 대손상각비	70
3. 외화환산손실	40
4. 매출채권의 증가	(1,270)
Ⅱ. 현금의 증가	840
Ⅲ. 기초현금	10,000
Ⅳ. 기말현금	10,840

---

7) 대손충당금을 자산으로 보기는 어렵습니다. 그러나 자산 쪽에 있으니 자산과 동일하게 조정된다고 이해하시기 바랍니다.

[보론 : Roll Rate를 활용한 대손충당금 설정]

K-IFRS에서 매출채권에 대한 대손충당금은 기대손실모형에 따라 계상되는데, 평가 절차는 다음과 같습니다.

① 개별평가 : 개별 채권 중 대손사건 또는 징후(부도, 재무위험 노출 등)가 인지된 채 권에 대해 대손충당금 설정

② 집합평가 : 채권을 유사한 신용위험을 가진 집단으로 분류하여 각 분류별로 대손충당 금 설정. 이때 실무상 채권의 Aging을 구분 기준으로 활용하는 경우가 많습니다.

Aging을 이용한 집합평가는 연체전이율(Delinquency Roll Rate)을 활용하고 있습니 다. 여기서 전이율이란 채권이 연체 회차 중 한 구간에서 다른 구간으로 전이되는 확률 을 의미합니다. 예를 들어 6개월 미만 채권이 12개월 미만 채권으로 전이되고, 12개월 미만 채권이 18개월 미만 채권으로 이전되는 확률을 의미합니다. 이런 방식으로 오래된 채권으로 전이되다가 결국은 회수하지 못하는 시점을 설정하여 대손충당금을 설정하게 됩니다.

Roll-Rate에 따른 평가는 비교적 단순한 식으로 과거 경험률을 객관적으로 계산할 수 있다는 장점이 있으나, 다음에 유의해야 합니다.

① 기업의 영업과 회수 추세가 안정적이라는 전제가 필요합니다. 영업 환경이 급변하 여 고객구성이 달라진다면 과거 경험률을 조정할 필요가 있습니다. 예를 들어 과거 대손경험률은 20%이더라도 경제상황이 악화되어 있다면, 경영진의 판단으로 50% 정도를 추가 반영하여 30%로 설정하는 것입니다.

② 이 모델은 구간별로 적정 수의 거래처가 있어야 통계적으로 유의미합니다. 만일, 소수의 채권으로 구성되어 일부 채권이 전체 회수율에 큰 영향을 미친다면 Roll Rate 기법에 적합하지 않을 수 있습니다.

③ 연령 단위는 회수 가능액이 없거나 극히 미미한 수준까지 분류되어야 합니다. 실무 상 3년을 기준으로 하는 경우가 빈번하게 발견됩니다.

④ 회계기간 중 제각한 금액이 있다면 가산하여 Aging에 반영해야 합니다. 그렇지 않 을 경우 전기 집합채권 분석에 반영했던 금액이 회수한 것으로 해석되어 회수율이 왜곡됩니다.

Roll Rate 기법은 그 특성상 다수의 거래처로 구성된 도·소매업이나 통신업종 등에 특히 더 유용합니다.

- 01년말 채권 내역

	~6월	~12월	~18월	~24월	~30월	~36월	36월~	합계
집합 채권	23,023	1,078	325	105	30	6	394	24,961
개별 채권	3	–	25	10	45	15	172	270
합계	23,026	1,078	350	115	75	21	566	25,231

- 최근 집합 채권 내역

	~6월	~12월	~18월	~24월	~30월	~36월	36월~	3년 초과 회수채권	합계
00년 4Q	20,695	1,200	380	105	130	29	303	–	22,842
01년 1Q	21,964	1,053	420	230	100	30	330	2	24,127
01년 2Q	22,114	305	502	201	65	15	358	2	23,560
01년 3Q	22,689	2,400	270	195	50	25	370	3	25,999
01년 4Q	23,026	1,078	350	115	75	21	394	1	25,059

- 개별채권 평가 결과 210원의 대손충당금이 산출됨.

거래처명	채권	대손설정	근거
A사	32	16	장기 연체
B사	25	25	파산
C사	12	12	부도
D사	12	5	법원 결정
E사 외	199	152	
합계	270	210	

[요구사항]

회사는 3년 초과 채권 중 회수된 채권을 직전 연도 31월~36월 채권의 일부이며, 36개월을 초과한 채권은 회수가능성이 없다고 가정한다. 이 전제하에 Roll Rate를 이용하여 01년 말 현재 대손충당금을 계산하시오.

본 예제에 대해 계산된 Roll Rate와 대손충당금은 다음과 같습니다.

	~6월	~12월	~18월	~24월	~30월	~36월	36월~
01년 1Q	5.09%	35.00%	60.53%	95.24%	23.08%	6.90%	100.00%
01년 2Q	1.39%	47.67%	47.86%	28.26%	15.00%	6.67%	100.00%
01년 3Q	10.85%	88.52%	38.84%	24.88%	38.46%	20.00%	100.00%
01년 4Q	4.75%	14.58%	42.59%	38.46%	42.00%	4.00%	100.00%
연체전이율(평균)	5.5%	46.4%	47.5%	46.7%	29.6%	9.4%	100.0%
연체전이율(누적)	0.0%	0.3%	0.6%	1.3%	2.8%	9.4%	100.0%
집합 채권	23,023	1,078	325	105	30	6	394
대손충당금	4	3	2	1	1	1	394

평균연체율과 누적연체율은 다음과 같은 차이가 있습니다.

① 평균연체율 : 해당 채권이 이후 구간에서 회수되지 못할 가능성입니다. 예를 들어 6월 이내 채권의 평균연체율은 5.5%인데, 이 의미는 01년말 보유 채권이 이후 6개월 내 회수되지 못할 가능성이 5.5%라는 것입니다. 연체율이 아닌 평균연체율을 사용한 이유는 여러 기간의 연체율을 평균하면 특정 시점에 발생된 회수율 변동이 미치는 영향을 Smoothing 할 수 있습니다.

② 누적연체율 : 해당 채권이 향후 회수되지 못할 가능성입니다. 예를 들어 ~12월 채권의 누적연체율은 0.3%인데, 이 의미는 동 채권이 회수되지 못할 가능성이 0.3%라는 것입니다.

구체적인 수식을 지면에 기술하기에는 효율적이지 않은 듯합니다. 구체적인 내용은 Down 받은 자료의 엑셀 sheet를 참조하시기 바랍니다. 결과적으로 01년말 결산일에 계산될 대손충당금은 다음과 같습니다.

① 개별채권에 대한 대손충당금 210원

② 집합채권에 대한 대손충당금 406원(＝ 4원 + 3원 + 2원 + 1원 + 1원 + 1원 + 1원 + 394원)

③ 합계 616원

(1) 재고자산 평가

예제 18

- 계정의 변동

	기초	기말
현금	10,000	13,600
재고자산	3,500	2,000
재고자산평가충당금	(400)	(500)
이익잉여금	4,000	6,000

- 회계기간 중 지진으로 재고자산감모손실(영업외비용)을 200원 인식함.
- 회계기간 중에 100원의 재고자산평가손실을 인식함.
- 회계기간 중에 인식한 당기순이익은 2,000원임.

[요구사항]

현금흐름을 분석하시오.

재고자산평가충당금의 변동내역은 다음과 같습니다.

계정과목	기초금액	증가(전입)	감소(상계)	기말금액
평가충당금	400	100	–	500

하나의 계정과목에 여러 조정이 혼재되어 있으면 **손익항목과 현금무관거래를 먼저 조정하고, 잔액은 운전자본의 변동에 반영**합니다. 그림으로 살펴봅시다.

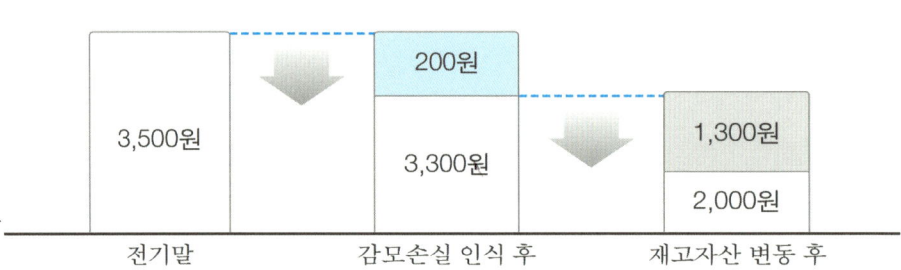

재고자산감모손실은 재고자산 계정에서 직접 차감됩니다. 그러나 재고자산평가손실은 충당금 계정으로 반영합니다.

재고자산감모손실과 재고자산평가손실은 당기순이익을 감소시키지만 현금흐름에 영향이 없습니다. 따라서 비현금항목으로 가산합니다.

(차변)	재고자산감모손실	200	(대변)	재고자산	200
(차변)	평가손실(매출원가)	100	(대변)	평가충당금	100

◎ 계정 분석

① 재고자산감모손실 200원은 '영업활동 – 유입'에 기재
② 재고자산 변동으로 인한 감소액 1,300원은 '영업활동 – 유입'에 기재
③ 재고자산평가손실 100원은 '영업활동 – 유입'에 기재

계정과목	전기BS	당기BS	증감금액	영업활동		검증
				유입	유출	
현금	10,000	13,600	3,600			3,600
재고자산	3,500	2,000	(1,500)	200(PL) + 1,300(변동)		–
평가충당금	(400)	(500)	(100)	100(PL)		–
이익잉여금	4,000	6,000	2,000	2,000(PL)		–

◎ 현금흐름표

구 분	금 액
Ⅰ. 영업활동 현금흐름	3,600
1. 당기순이익	2,000
2. 재고자산감모손실	200
3. 재고자산평가손실	100
4. 재고자산의 감소	1,300
Ⅱ. 현금의 증가	3,600
Ⅲ. 기초현금	10,000
Ⅳ. 기말현금	13,600

(2) 재고자산의 폐기

예제 19

• 계정의 변동

	기초	기말
현금	10,000	13,100
재고자산	3,500	2,000
평가충당금	(700)	(300)
이익잉여금	4,000	6,000

• 회계기간 중 지진으로 재고자산감모손실(영업외비용)을 800원 인식함.
• 회계기간 중 300원의 재고자산을 폐기함.
• 회계기간 중에 100원의 재고자산평가손실환입(매출원가)을 인식함.
• 회계기간 중에 인식한 당기순이익은 2,000원임.

[요구사항]
1. 평가충당금 계정의 변동내역을 분석하시오.
2. 현금흐름을 분석하시오.

◎ 평가충당금 분석

재고자산평가충당금의 변동내역은 원장검토를 통해 파악됩니다.

만일 재고자산이 원재료, 재공품, 제품 및 상품 등으로 구분되어 있다면, 각 계정별로 감모손실, 평가손실, 증감액을 분석합니다.

계정과목	기초금액	환입	폐기	기말금액
평가충당금	700	(100)	(300)	300

재고자산평가충당금의 전입액 및 환입액은 매출원가 계정에 반영됩니다.

재고자산평가환입은 당기순이익을 증가시키지만 현금흐름에 영향이 없습니다. 따라서 비현금항목으로 가산합니다.

（차변） 평가충당금   100   （대변） 평가손실환입(매출원가) 100

재고자산 폐기는 매출채권 제각과 유사합니다. 현금과 당기순이익에 영향을 미치지 않으므로 현금무관거래에 해당합니다. 폐기 시 회계처리는 다음과 같습니다.

（차변） 평가충당금[*1]   300   （대변） 재고자산[*2]   300

(*1) 평가충당금(자산)이 증가하였으므로 '현금무관거래 – 유출'[8)]
(*2) 재고자산(자산)이 감소하였으므로 '현금무관거래 – 유입'

하나의 계정과목에 여러 조정이 혼재되어 있으면 **손익항목과 현금무관거래를 먼저 조정하고, 잔액은 운전자본의 변동에 반영**합니다.

재고자산의 변동내역은 다음과 같습니다.

---

8) 재고자산평가충당금은 자산으로 보기 어려우나 자산 쪽에 있으니 유사하게 조정된다고 기억하면 좋습니다.

◎ 계정 분석

① 재고자산감모손실 800원은 '영업활동 – 유입'에 기재

② 재고자산의 감소액 400원은 '영업활동 – 유입'에 기재

③ 재고자산평가손실환입 100원은 '영업활동 – 유출'에 기재

④ 폐기로 재고자산이 감소하였으므로 '현금무관거래 – 유입'에 표시하고, 충당금이 증가하였으므로 '현금무관거래 – 유출'에 기재

계정과목	전기BS	당기BS	증감금액	영업활동		현금무관거래		검증
				유입	유출	유입	유출	
현금	10,000	13,100	3,100					3,100
재고자산	3,500	2,000	(1,500)	800(PL) + 400		300		–
평가충당금	(700)	(300)	400		100(PL)		300	–
이익잉여금	4,000	6,000	2,000	2,000(PL)				–

◎ 현금흐름표

구 분	금 액	
Ⅰ. 영업활동 현금흐름		3,100
1. 당기순이익	2,000	
2. 재고자산감모손실	800	
3. 재고자산평가손실환입(매출원가)	(100)	
4. 재고자산의 감소	400	
Ⅱ. 현금의 증가		3,100
Ⅲ. 기초현금		10,000
Ⅳ. 기말현금		13,100

재고자산 폐기 금액이 중요하다면 주석사항으로 공시합니다.

[보론 : 재고자산의 평가, 폐기 및 감모 회계처리]

재고자산에 대한 평가 및 감모로 발생한 변동은 당기비용으로 반영합니다(K-IFRS 제1002호 문단 34, 일반기업회계기준 7.20). 이때 비용분류는 다음과 같습니다.

① 재고자산평가손실 및 평가손실환입 : 매출원가에서 조정
② 재고자산감모손실 및 재고자산폐기손실 : 정상적이라면 영업비용(매출원가)으로 분류, 비정상적이라면 영업외비용으로 분류

일반기업회계기준 7.20에서는 감모손실이 정상적인지 여부에 따라 그 분류가 달라지는데, '정상적'이라는 의미는 주된 영업활동과 관련이 있는지에 따라 결정됩니다. 만일, 생산이나 판매과정에서 발생한 감모손실은 영업비용으로 분류하지만, 예기치 못한 천재지변으로 인한 감모손실은 영업외비용으로 분류됩니다.

재고자산폐기손실의 경우도 마찬가지입니다. 유통기한 경과, 생산라인 중단, 불량 제품 등 영업활동 과정에서 발생했다면 영업비용으로 반영합니다. 따라서 영업외비용으로 분류되는 사유는 극히 제한됩니다.

재고자산 평가는 순실현가능가치를 기준으로 하는데, 순실현가치는 정상적인 영업과정의 예상 판매가격에서 예상되는 추가 완성원가와 판매비용을 차감한 금액입니다. 이때 순실현가치 산정 시 판매 목적의 상품과 제조에 사용될 목적인 원재료에 대한 평가절차는 상이함에 유의해야 합니다.

상품은 결산일의 시가를 기준으로 순실현가치를 산정합니다. 반면, 완성될 제품이 원가 이상으로 판매될 것으로 예상된다면, 그 생산에 투입하기 위해 보유하는 원재료 및 기타 소모품은 감액하지 않습니다(K-IFRS 제1002호 문단 32, 일반기업회계기준 7.17).

(3) 재고자산의 타계정 대체

예제 20

- 계정의 변동

	기초	기말
현금	10,000	13,050
재고자산	3,500	2,000
기계장치	–	500
감가상각누계액	–	(50)
이익잉여금	4,000	6,000

- 회계기간 중 500원의 재고자산을 기계장치로 대체함.
- 대체 후 기계장치에 대하여 50원의 감가상각비를 인식함.
- 회계기간 중에 인식한 당기순이익은 2,000원임.

[요구사항]

현금흐름을 분석하시오.

타계정 대체처리는 현금을 수반하지 않고 당기순이익에 영향도 없습니다. 즉, 현금무관거래에 해당합니다.

(차변) 기계장치[*1]　　　　　　　500　　　(대변) 재고자산[*2]　　　　　　500

(*1) 기계장치(자산)가 증가하였으므로 '현금무관거래 – 유출'
(*2) 재고자산(자산)이 감소하였으므로 '현금무관거래 – 유입'

재고자산의 타계정 대체 후 재고자산 금액은 3,000원(= 3,500원 – 500원)입니다. 그런데 기말 금액은 2,000원이므로 1,000원만큼 감소했음을 알 수 있습니다. 동 금액은 운전자본의 변동으로 가산됩니다. 항상 당기손익 조정, 현금무관거래 조정 그리고 운전자본 조정 순서입니다.

마지막으로 타계정 대체 후 인식한 감가상각비는 당기순이익을 감소시키지만, 현금흐름에 영향이 없습니다. 따라서 비현금항목으로 가산됩니다.

◎ **계정 분석**

① 재고자산 감소액 1,000원은 '영업활동 – 유입'에 기재

② 감가상각비 50원은 '영업활동 – 유입'에 기재

③ 타계정대체로 재고자산이 감소하였으므로 '현금무관거래 – 유입'에 기재하고, 기계장치는 증가하였으므로 '현금무관거래 – 유출'에 기재

계정과목	전기BS	당기BS	증감금액	영업활동		현금무관거래		검증
				유입	유출	유입	유출	
현금	10,000	13,050	3,050					3,050
재고자산	3,500	2,000	(1,500)	1,000		500		–
기계장치	–	500	500				500	–
감가상각누계액	–	(50)	(50)	50(PL)				–
이익잉여금	4,000	6,000	2,000	2,000(PL)				–

◎ **현금흐름표**

구 분	금 액
Ⅰ. 영업활동 현금흐름	3,050
1. 당기순이익	2,000
2. 재고자산 감소	1,000
3. 감가상각비	50
Ⅱ. 현금의 증가	3,050
Ⅲ. 기초현금	10,000
Ⅳ. 기말현금	13,050

(1) 공정가치측정금융자산 : K - IFRS

예제 21

• 계정의 변동

	기초	기말
현금	10,000	10,700
공정가치측정금융자산	5,200	5,500
공정가치측정금융자산평가이익	2,000	800
이익잉여금	2,000	4,200

• 당기 중에 2,500원을 취득하였으며, 1,200원을 처분함(관련 평가손익 200원).

• 회사는 평가손익을 기타포괄손익으로 분류하고, 처분 시 이익잉여금으로 대체함.

• 결산 시 시가를 반영하여 주식의 장부금액과 평가이익이 1,000원만큼 감소함.

• 회계기간 중에 인식한 당기순이익은 2,000원임.

[요구사항]

투자주식 계정의 변동내역과 현금흐름을 분석하시오.

투자주식은 투자활동과 관련된 계정이므로 세부 변동내역을 분석해야 합니다.

계정과목	기초금액	취득	처분	평가	기말금액
공정가치측정금융자산	5,200	2,500	(1,200)	(1,000)	5,500
공정가치측정금융자산평가손익	2,000	–	(200)	(1,000)	800

공정가치측정금융자산은 회계정책에 따라 당기손익이나 기타포괄손익으로 분류할 수 있습니다. 만일 기타포괄손익(Other Comprehensive Income, 이하 OCI)으로 계상하는 정책을 채택한다면, 처분 시에도 당기손익을 경유하지 않습니다. 이익잉여금으로 대체하는 것이 일반적입니다.

(차변) 현금   1,200   (대변) 공정가치측정금융자산   1,200
        평가이익(OCI)[*1]   200   이익잉여금[*2]   200

(*1) 현금무관거래 - 유출   (*2) 현금무관거래 - 유입

한편, 결산 시 회계처리는 다음과 같습니다.

(차변) 평가이익(OCI)$^{(*1)}$ 1,000   (대변) 공정가치측정금융자산$^{(*2)}$ 1,000

(*1) 현금무관거래 – 유출   (*2) 현금무관거래 – 유입

◎ 계정 분석

① 처분으로 유입된 1,200원은 '투자활동 – 유입'에 기재
② 취득으로 유출된 2,500원은 '투자활동 – 유출'에 기재

평가손익(기타포괄손익)의 증가와 처분은 모두 순이익과 현금흐름에 영향을 미치지 않습니다. 따라서 처분이나 평가 시 증감 내역은 모두 현금무관거래로 처리합니다. 다른 기타포괄손익도 대부분 동일합니다.

계정과목	전기 BS	당기 BS	증감 금액	영업활동		투자활동		현금무관거래		검증
				유입	유출	유입	유출	유입	유출	
현금	10,000	10,700	700							700
공정가치측정 금융자산	5,200	5,500	300			1,200	2,500	1,000		–
평가이익 (OCI)	2,000	800	(1,200)						1,000 +200	–
이익잉여금	2,000	4,200	2,200	2,000(PL)				200		–

◎ 현금흐름표

구 분	금 액
Ⅰ. 영업활동 현금흐름	2,000
1. 당기순이익	2,000
Ⅱ. 투자활동 현금흐름	(1,300)
1. 공정가치측정금융자산의 처분	1,200
2. 공정가치측정금융자산의 취득	(2,500)
Ⅲ. 현금의 증가	700
Ⅳ. 기초현금	10,000
Ⅴ. 기말현금	10,700

(2) 매도가능증권 : 일반기업회계기준

예제 22

• 계정의 변동

	기초	기말
현금	10,000	10,700
매도가능증권	5,200	5,500
매도가능증권평가이익	2,000	800
이익잉여금	2,000	4,200

• 당기 중에 2,500원을 취득하였으며, 1,200원을 처분하고 200원의 처분이익을 인식함.

• 결산 시 시가를 반영하여 주식의 장부금액과 평가이익이 1,000원만큼 감소함.

• 회계기간 중에 인식한 당기순이익은 2,200원임.

[요구사항]

투자주식 계정의 변동내역과 현금흐름을 분석하시오.

투자주식은 투자활동에 해당하므로 세부 변동내역을 분석합니다.

계정과목	기초금액	취득	처분	평가	기말금액
매도가능증권	5,200	2,500	(1,200)	(1,000)	5,500
매도가능증권평가이익	2,000	−	(200)	(1,000)	800

매도가능증권의 처분 회계처리는 다음과 같습니다.

(차변) 현금$^{(*1)}$	1,200	(대변) 매도가능증권	1,200
매도가능증권평가이익	200	매도가능증권처분이익$^{(*2)}$	200

상기 회계처리는 **다음과 같이 구분**할 수 있습니다.

(차변) 현금$^{(*1)}$	1,200	(대변) 매도가능증권	1,000
		매도가능증권처분이익$^{(*2)}$	200
매도가능평가이익$^{(*3)}$	200	매도가능증권$^{(*3)}$	200

(*1) 투자활동 현금흐름 - 유입

(*2) 영업활동이 아닌 투자활동에 해당하므로 비현금항목으로 차감

(*3) 당기순이익과 현금흐름에 영향이 없으므로 현금무관거래로 분류

결산 시 평가 회계처리는 다음과 같습니다.

(차변)　매도가능권평가이익　　　1,000　　（대변）　매도가능증권　　　　　　1,000

(*) 당기순이익과 현금흐름에 영향이 없으므로 현금무관거래로 분류

◎ 계정 분석

① 매도가능증권처분이익 200원은 '영업활동 – 유출'에 기재
② 매도가능증권의 처분으로 유입된 1,200원은 '투자활동 – 유입'에 기재
③ 매도가능증권의 취득으로 유출된 2,500원은 '투자활동 – 유출'에 기재

매도가능증권평가손익(기타포괄손익)의 증가와 처분은 모두 순이익과 현금흐름에 영향을 미치지 않습니다. 따라서 처분이나 평가 시점의 증감 내역은 모두 현금무관거래로 처리합니다. 다른 기타포괄손익도 대부분 동일합니다.

계정과목	전기 BS	당기 BS	증감 금액	영업활동		투자활동		현금무관거래		검증
				유입	유출	유입	유출	유입	유출	
현금	10,000	10,700	700							700
매도가능증권	5,200	5,500	300		200(PL)	1,200	2,500	200 + 1,000		–
매도가능증권 평가이익	2,000	800	(1,200)						200 + 1,000	–
이익잉여금	2,000	4,200	2,200	2,200(PL)						–

◎ 현금흐름표

구 분	금 액
Ⅰ. 영업활동 현금흐름	2,000
1. 당기순이익	2,200
2. 매도가능증권처분이익	(200)
Ⅱ. 투자활동 현금흐름	(1,300)
1. 매도가능증권의 처분	1,200
2. 매도가능증권의 취득	(2,500)
Ⅲ. 현금의 증가	700
Ⅳ. 기초현금	10,000
Ⅴ. 기말현금	10,700

지분법적용투자주식

지분법적용투자주식에 대한 현금흐름을 분석하기 이전에 지분법에 대한 회계처리를 살펴봅시다.

지분법(equity method)은 원가로 인식하고, 취득시점 이후 발생한 피투자기업의 순자산변동액 중 투자기업의 지분율에 해당하는 금액을 해당 투자주식에 가감하는 회계처리입니다. 여기서 지분법 적용 대상은 유의적인 영향력을 행사할 수 있는 피투자기업이며 주식회사, 합명회사, 합자회사, 유한회사, 조합 등의 모든 법적 실체를 포함합니다.

다음 예제를 통해 지분법 회계처리와 현금흐름 조정방법을 살펴봅시다.

예제 23

- 회사는 지분법적용투자주식을 10,000원에 취득함.
- 01년 중 지분법이익, 지분법자본변동 및 지분법이익잉여금을 각각 2,000원과 400원 30원 인식함.
- 01년 중 지분법피투자기업으로부터 300원의 배당금을 수령함.
- 02년 중 지분법적용투자주식을 15,000원에 처분하고, 3,270원의 처분이익을 인식함.

① 지분법이익에 대한 조정

(차변) 지분법적용투자주식　　2,000　　(대변) 지분법이익$^{(*)}$　　2,000

$^{(*)}$ 비현금항목으로 차감

지분법이익 1,000원은 당기순이익에 영향을 미치지만 현금유입이 없으므로 비현금항목의 조정으로 차감합니다.

② 지분법자본변동에 대한 조정

(차변) 지분법적용투자주식$^{(*1)}$　　400　　(대변) 지분법자본변동$^{(*2)}$　　400

$^{(*1)}$ 현금무관거래 – 유출　　　　　　　　$^{(*2)}$ 현금무관거래 – 유입

지분법자본변동은 기타포괄손익 계정입니다. 당기순이익과 현금흐름에 영향을 미치지 않습니다. 따라서 현금무관거래로 처리합니다.

③ 배당금에 대한 조정

(차변) 현금　　　　　　　　　　　　300　　　（대변) 지분적용투자주식　　　　300

관계기업으로부터 수령한 배당금은 다음과 같이 분류합니다.
- 일반기업회계기준 : 영업활동으로 인한 자산·부채의 변동(운전자본의 변동)
- K－IFRS : 회계정책에 따라 영업활동이나 투자활동으로 분류(배당금의 수취)

일반기업회계기준은 배당금을 영업활동 현금흐름으로 분류하도록 규정하고 있습니다. 그런데 지분법적용투자주식으로부터 발생된 배당금은 당기손익으로 반영되지 않습니다. 따라서 운전자본의 변동으로 가산합니다.

④ 이익잉여금에 대한 조정

(차변) 지분법적용투자주식　　　　30　　　（대변) 지분법이익잉여금　　　　30

피투자기업이 보험수리적손익 등을 통해 이익잉여금을 인식하면 회사도 지분율에 해당하는 금액만큼을 이익잉여금으로 인식하게 됩니다. 상기 회계처리는 당기순이익과 현금흐름에 영향을 미치지 않습니다. 따라서 현금무관거래로 처리합니다.

⑤ 지분법적용투자주식의 처분

(차변) 지분법자본변동　　　　400　　　（대변) 지분법적용투자주식　　12,130
　　　　현금　　　　　　　15,000　　　　　　　　 처분이익　　　　　　3,270

상기 회계처리를 나누어 분석해 보겠습니다.

(차변) 지분법자본변동[*1]　　　　400　　　（대변) 지분법적용투자주식[*1]　　　400
　　　　현금[*2]　　　　　　15,000　　　　　　　　 지분법적용투자주식　　11,730
　　　　　　　　　　　　　　　　　　　　　　　　 처분이익[*3]　　　　　3,270

(*1) 현금무관거래　　　　　　　　　　　　(*2) 투자활동 현금흐름
(*3) 비현금항목으로 차감

음영부분과 그 외의 부분으로 나누어 생각해 봅시다. 음영부분은 당기순이익이나 현금흐름에 영향을 미치지 않기 때문에 현금무관거래로 분류합니다.

그리고 그 외의 부분은 지분법적용투자주식을 처분하여 현금을 회수하는 회계처리입니다. 투자활동에 해당합니다. 여기서 지분법적용투자주식처분이익은 영업활동이 아닌 투자활동으로 발생되었기 때문에, 비현금항목으로 차감합니다.

(1) 지분법적용투자주식의 평가

예제 24

• 계정의 변동

	기초	기말
현금	10,000	11,500
지분법적용투자주식	8,000	8,100
지분법자본변동	–	(400)
이익잉여금	2,000	4,000

• 회계기간 중 1,000원의 지분법이익과 (400)원의 지분법자본변동을 인식함.
• 관계기업으로부터 500원을 배당 받음.
• 회계기간 중에 인식한 당기순이익은 2,000원임.
• 배당금은 영업활동에 반영하고 있음.

[요구사항]
지분법주식의 변동과 현금흐름을 분석하시오.

지분법적용투자주식의 변동내역은 다음과 같습니다.

기초	지분법이익	배당	자본변동	기말
8,000	1,000	(500)	(400)	8,100

지분법 회계처리는 다음과 같습니다.

(차변) 지분법적용투자주식   1,000   (대변) 지분법이익$^{(*1)}$ 1,000
　　　 지분법자본변동$^{(*2)}$ 400   지분법적용투자주식$^{(*3)}$ 400

(*1) 비현금항목으로 차감
(*2) '현금무관거래 – 유출'
(*3) '현금무관거래 – 유입'

지분법이익 1,000원은 당기순이익에 영향을 미치지만 현금유입이 없으므로 비현금항목으로 차감합니다. 지분법자본변동은 기타포괄손익 계정입니다. 당기순이익과 현금흐름에 영향을 미치지 않습니다. 따라서 현금무관거래로 처리합니다. 지분법자본변동(자본)이 감소하였으므로 '현금무관거래 – 유출'에 표시하고, 지분법적용투자주식이 감소하였으므로 '현금무관거래 – 유입'에 기재합니다.

한편, 피투자기업으로부터 현금을 수취하는 시점의 회계처리는 다음과 같습니다.

（차변）현금   500   （대변）지분법적용투자주식   500

일반기업회계기준에서는 배당금을 영업활동으로 조정하는데, 관계기업으로부터의 배당금은 지분법적용투자주식의 차감항목이므로 운전자본의 변동에 반영합니다. 반면, K–IFRS는 영업활동 또는 투자활동 중 회사의 정책에 따라 선택하게 됩니다.

◎ 계정 분석

① 손익계산서에 표시된 지분법이익 1,000원은 '영업활동 – 유출'에 기재
② 지분법적용투자주식으로부터 수령한 배당금 500원은 '영업활동 – 유입'에 기재
③ 평가로 발생한 지분법자본변동(기타포괄손익)과 지분법적용투자주식 증감액 400원은 현금무관거래로 처리

계정과목	전기 BS	당기 BS	증감 금액	영업활동		현금무관거래		검증
				유입	유출	유입	유출	
현금	10,000	11,500	1,500					1,500
지분법주식	8,000	8,100	100	500	1,000(PL)	400		–
자본변동	–	(400)	(400)				400	–
이익잉여금	2,000	4,000	2,000	2,000(PL)				–

◎ 현금흐름표

구 분	금 액
I. 영업활동 현금흐름	1,500
1. 당기순이익	2,000
2. 지분법이익	(1,000)
3. 배당금 수취[*]	500
II. 현금의 증가	1,500
III. 기초현금	10,000
IV. 기말현금	11,500

[*] 일반기업회계기준은 운전자본의 변동으로 분류하지만, K–IFRS는 영업활동이나 투자활동 중 회사의 회계정책에 따라 표시

(2) 지분법적용투자주식의 취득·처분

• 계정의 변동

	기초	기말
현금	10,000	9,800
지분법적용투자주식	8,000	9,700
지분법자본변동	500	–
이익잉여금	2,000	4,000

• 회계기간 중 1,700원의 지분법적용투자주식을 1,250원에 처분함. 50원의 처분이익이 발생하고, 지분법자본변동이 500원이 감소함.
• 2,400원의 지분법주식을 취득함.
• 회계기간 중에 인식한 지분법이익은 1,000원임.
• 회계기간 중에 인식한 당기순이익은 2,000원임.

[요구사항]
투자주식의 변동과 현금흐름을 분석하시오.

지분법적용투자주식의 변동내역은 다음과 같습니다.

	기초	지분법이익	취득	처분	기말
지분법적용투자주식	8,000	1,000	2,400	(1,700)	9,700
자본변동	500	–	–	(500)	–

지분법적용투자주식의 처분 회계처리는 다음과 같습니다.

(차변) 지분법자본변동   500   (대변) 지분법적용투자주식   1,700
         현금   1,250   처분이익   50

상기 회계처리는 다음과 같이 구분할 수 있습니다.

(차변) 지분법자본변동[*1]   500   (대변) 지분법적용투자주식[*1]   500
         현금[*2]   1,250   지분법적용투자주식   1,200
                                                 처분이익[*3]   50

  (*1) 현금무관거래
  (*2) 투자활동 현금흐름

(*3) 비현금항목으로 차감

◎ **계정 분석**

① 지분법이익 1,000원은 '영업활동 - 유출'에 기재

② 지분법적용투자주식처분이익 50원은 '영업활동 - 유출'에 기재

③ 취득으로 지출된 2,400원은 '투자활동 - 유출'에 기재

④ 처분으로 유입된 현금 1,250원은 '투자활동 - 유입'에 기재

⑤ 지분법자본변동은 현금무관거래로 처리

계정과목	전기 BS	당기 BS	증감 금액	영업활동		투자활동		현금무관거래		검증
				유입	유출	유입	유출	유입	유출	
현금	10,000	9,800	(200)							(200)
지분법주식	8,000	9,00	1,700		1,000(PL) + 50(PL)	1,250	2,400	500		–
자본변동	500	–	(500)						500	–
이익잉여금	2,000	4,000	2,000	2,000(PL)						–

◎ **현금흐름표**

구 분	금 액	
Ⅰ. 영업활동 현금흐름		950
1. 당기순이익	2,000	
2. 지분법이익	(1,000)	
3. 지분법주식처분이익	(50)	
Ⅱ. 투자활동 현금흐름		(1,150)
1. 지분법적용투자주식의 처분	1,250	
2. 지분법적용투자주식의 취득	(2,400)	
Ⅲ. 현금의 증가		(200)
Ⅳ. 기초현금		10,000
Ⅴ. 기말현금		9,800

06 **유형자산**

(1) 유형자산의 취득·처분과 대체

예제 26

• 계정의 변동

	기초	기말
현금	30,000	30,450
토지	1,500	1,800
기계장치	1,200	2,000
상각누계액	(500)	(350)
건설중인자산	900	1,200
이익잉여금	2,000	4,000

• 회계기간 중 토지와 기계장치의 취득금액은 각각 200원과 1,000원임.
• 회계기간 중 건설중인자산의 취득 금액은 500원이며, 토지와 기계장치로 각각 100원씩 대체됨.
• 회계기간 중 원가 300원인 기계장치를 110원에 처분하여 60원의 이익을 인식함. 동 기계장치에 대한 감가상각누계액은 250원임.
• 회계기간 중 기계장치에 대한 감가상각비는 100원임.
• 회계기간 중 인식한 당기순이익은 2,000원임.

[요구사항]
유형자산의 증감내역과 현금흐름을 분석하시오.

　　본 예제는 복잡해 보이지만 실무에서 흔히 나타나는 내용입니다. 다소 어렵지만 꼼꼼하게 살펴봅시다.

　　투자활동과 재무활동은 세부 변동내역을 파악해야 합니다. **투자활동과 재무활동 관련 정보는 재무상태표, 손익계산서, 현금흐름표, 주석 공시사항에 유기적인 관계를 가지고 표현됩니다. 따라서 반드시 현금흐름표와 기타 재무지표 간 일치여부를 확인해야 합니다.**

본 예제에서 주석에 기재될 유형자산 장부금액의 변동내역은 다음과 같습니다.

계정과목	기초[*1]	취득[*2]	상각비[*3]	대체액[*4]	처분[*5]	기말[*1]
토지	1,500	200	–	100	–	1,800
기계장치	1,200	1,000	–	100	(300)	2,000
상각누계액	(500)	–	100	–	250	(350)
건설중인자산	900	500	–	(200)	–	1,200

[주석과 재무제표 간 상관관계]
(*1) 재무상태표 금액과 일치
(*2) 투자활동 현금유출액과 동일
(*3) 손익계산서에 표시된 감가상각비, 비현금항목의 조정 금액과 일치
(*4) 현금무관거래로서 주석 공시
(*5) 50원(처분) + 60원(처분이익) = 110원(투자활동 현금유입)

기계장치의 처분 회계처리는 다음과 같습니다.

(차변) 감가상각누계액	250	(대변) 기계장치	300
현금	110	유형자산처분이익	60

상기 회계처리는 기술적으로 다음과 같이 구분할 수 있습니다.

(차변) 감가상각누계액[*1]	250	(대변) 기계장치	250
(차변) 현금[*2]	110	(대변) 기계장치	50
		유형자산처분이익[*3]	60

(*1) 현금무관거래
(*2) 투자활동 현금유입
(*3) 비현금항목으로 차감

음영부분은 '기계장치와 감가상각누계액의 상계'를 의미한다고 생각할 수 있습니다. 따라서 기계장치의 원가 중 감가상각누계액과 상계된 250원은 현금무관거래로 처리합니다. 그리고 그 외 부분은 50원의 기계장치가 110원에 처분한 것으로 정산표에 반영합니다.

① 감가상각누계액(자산 측면)이 증가하였으므로 '현금무관거래 – 유출'
② 기계장치(자산)이 감소하였으므로 '현금무관거래 – 유입'
③ 유형자산처분이익은 영업활동이 아닌 투자활동이므로 비현금항목에서 차감조정

건설중인자산을 본 계정 대체하는 회계처리는 당기순이익과 현금흐름에 영향을 미치지 않습니다. 따라서 현금무관거래에 해당합니다.

| (차변) 토지[*1] | 100 | (대변) 건설중인자산[*2] | 200 |
| 기계장치[*1] | 100 | | |

(*1) '현금무관거래 – 유출'
(*2) '현금무관거래 – 유입'

◎ 계정 분석

① 감가상각비 100원은 '영업활동 – 유입'에 기재
② 유형자산처분이익 60원은 '영업활동 – 유출'에 기재
③ 토지, 기계장치 및 건설중인자산의 취득금액 200원, 1,000원 및 500원은 '투자활동 – 유출'에 기재
④ 기계장치를 처분하여 획득한 현금수령액 110원은 '투자활동 – 유입'에 기재
⑤ 처분된 기계장치 중 감가상각누계액에 해당하는 금액 250원은 기계장치와 감가상각누계액에서 각각 현금무관거래로 반영
⑥ 건설중인자산 200원의 본 계정 대체 내역은 현금무관거래로 처리

계정과목	전기 BS	당기 BS	증감 금액	영업활동 유입	영업활동 유출	투자활동 유입	투자활동 유출	현금무관거래 유입	현금무관거래 유출	검증
현금	30,000	30,450	450							450
토지	1,500	1,800	300				200		100	–
기계장치	1,200	2,000	800		60(PL)	110	1,000	250	100	–
상각누계액	(500)	(350)	150	100(PL)					250	–
건설중인자산	900	1,200	300				500	200		–
이익잉여금	2,000	4,000	2,000	2,000(PL)						–

◎ 현금흐름표

구 분	금 액	
Ⅰ. 영업활동 현금흐름		2,040
1. 당기순이익	2,000	
2. 비현금항목의 조정		
−감가상각비	100	
−유형자산처분이익	(60)	
Ⅱ. 투자활동 현금흐름		(1,590)
1. 토지의 취득	(200)	
2. 기계장치의 취득	(1,000)	
3. 건설중인자산의 취득	(500)	
4. 기계장치의 처분	110	
Ⅲ. 현금의 증가		450
Ⅳ. 기초현금		30,000
Ⅴ. 기말현금		30,450

재무제표와 주석 간의 상관관계

• 유형자산 계정 별 장부금액 : 주석, 재무상태표가 일치

• 감가상각비 : 현금흐름표, 주석, 손익계산서상 감가상각비(매출원가, 판매비와관리비 등의 합계)가 일치

• 유형자산의 취득금액 : 주석과 현금흐름표가 일치

• 유형자산처분손익 : 주석, 손익계산서와 현금흐름표가 일치

• 유형자산처분손익 = 현금흐름표상 처분금액 − 주석의 처분금액

(2) 손상과 차입이자 자본화

예제 27

• 계정의 변동

	기초	기말
현금	30,000	32,180
건물	1,500	1,200
상각누계액	(500)	(500)
차량	1,200	1,500
상각누계액	(400)	(500)
손상누계액	–	(80)
이익잉여금	2,000	4,000

• 건물의 일부를 170원에 처분하고 건물과 감가상각누계액을 각각 300원과 200원을 제거함 (처분이익 70원 인식).
• 차량을 회계기간 중 300원 취득하였으며, 그 중 30원은 자본화된 이자비용임.
• 회사는 이자지급액을 영업활동으로 분류함.
• 건물과 차량에 대한 회계기간 중 감가상각비는 각각 200원과 100원임.
• 당기 중에 차량에 대해 80원의 손상차손을 인식함.
• 회계기간 중 인식한 당기순이익은 2,000원임.

[요구사항]
1. K-IFRS에 따라 유형자산의 증감내역과 현금흐름을 분석하시오.
2. 일반기업회계기준에 따라 유형자산의 증감내역과 현금흐름을 분석하시오.

K-IFRS 제1023호 '차입원가'에 따라 회계기간 동안 지급한 이자금액은 자본화 여부에 관계없이 총지급액을 현금흐름표에 표시해야 합니다.

반면, 일반기업회계기준에서는 관련 조정사항이 없습니다.

특정 자산의 취득원가의 일부로 자본화된 금융비용은 현금흐름표에서 해당 자산과 일관되게 분류합니다(IFRIC update 2011년 5월). 예를 들어, 유형자산 원가의 일부로 자본화된 금융비용은 투자활동의 일부로 분류하며, 재고자산의 원가로 자본화된 금융비용은 영업활동의 일부로 분류합니다.

K-IFRS에 따라 각 계정의 증감내역을 살펴보면 다음과 같습니다.

	기초(*1)	상각비(*2)	손상(*3)	처분(*4)	취득(*5)	기말(*1)
건물	1,500	–	–	(300)	–	1,200
상각누계액	(500)	(200)	–	200	–	(500)
차량	1,200	–	–	–	300	1,500
상각누계액	(400)	(100)	–	–	–	(500)
손상누계액	–	–	(80)	–	–	(80)

[주석과 재무제표 간 상관관계]
(*1) 재무상태표 금액과 일치
(*2) 손익계산서에 표시된 감가상각비, 비현금항목과 일치
(*3) 손익계산서에 표시된 손상차손, 비현금항목과 일치
(*4) 100원(처분) + 70원(처분이익) = 170원(투자활동으로 인한 현금 유입액)
(*5) 투자활동 현금유출과 일치

건물의 매각 회계처리는 다음과 같습니다.

(차변) 감가상각누계액	200	(대변)	건물	300
(차변) 현금	170	(대변)	유형자산처분이익	70

상기 회계처리는 다음과 같이 구분할 수 있습니다.

(차변) 감가상각누계액(*1)	200	(대변)	건물(*1)	200
(차변) 현금	170	(대변)	건물	100
			유형자산처분이익(*2)	70

(*1) 음영부분은 현금무관거래로 처리
(*2) 비현금항목으로 차감

◎ **계정 분석 : K-IFRS**

① 유형자산처분이익 70원은 '영업활동 – 유출'에 기재
② 건물의 처분으로 획득된 170원은 '투자활동 – 유입'에 기재
③ 건물과 차량에 대한 감가상각비 200원과 100원은 '영업활동 – 유입'에 기재
④ 유형자산손상차손 80원은 '영업활동 – 유입'에 기재
⑤ 차량 취득금액 중에서 실제 지급한 270원은 '투자활동 – 유출'에 기재
⑥ 자본화된 이자 30원은 '투자활동 – 유출'에 기재
⑦ 건물 처분 시 감가상각누계액과 동일 금액의 건물 원가는 현금무관거래로 처리

계정과목	전기 BS	당기 BS	증감 금액	영업활동		투자활동		현금무관거래		검증
				유입	유출	유입	유출	유입	유출	
현금	30,000	32,180	2,180							2,180
건물	1,500	1,200	(300)		70(PL)	170		200		−
상각누계액	(500)	(500)	−	200(PL)					200	−
차량	1,200	1,500	300				270 +30		·	−
상각누계액	(400)	(500)	(100)	100(PL)						−
손상누계액	−	(80)	(80)	80(PL)						−
이익잉여금	2,000	4,000	2,000	2,000(PL)						−

◎ 현금흐름표 : K-IFRS

구 분	금 액	
Ⅰ. 영업활동 현금흐름		2,310
1. 당기순이익	2,000	
2. 감가상각비	300	
3. 유형자산처분이익	(70)	
4. 유형자산손상차손	80	
Ⅱ. 투자활동 현금흐름		(130)
1. 건물의 처분	170	
2. 차량의 취득	(270)	
3. 차입원가 자본화(이자의 지출)	(30)	
Ⅲ. 현금의 증가		2,180
Ⅳ. 기초현금		30,000
Ⅴ. 기말현금		32,180

　차입원가 자본화가 이루어지면 손익계산서에 이자비용이 인식되지 않습니다. 따라서 비현금항목으로 조정할 사항이 발생하지 않습니다.

◎ 계정 분석 : 일반기업회계기준

대부분의 내용은 K – IFRS와 동일합니다만, 이자지출을 별도로 조정하지 않는다는 차이점이 있습니다.

계정과목	전기 BS	당기 BS	증감 금액	영업활동 유입	영업활동 유출	투자활동 유입	투자활동 유출	현금무관거래 유입	현금무관거래 유출	검증
현금	30,000	32,180	2,180							2,180
건물	1,500	1,200	(300)		70(PL)	170		200		–
상각누계액	(500)	(500)	–	200(PL)					200	–
차량	1,200	1,500	300				300			–
상각누계액	(400)	(500)	(100)	100(PL)						–
손상누계액	–	(80)	(80)	80(PL)						–
이익잉여금	2,000	4,000	2,000	2,000(PL)						–

◎ 현금흐름표 : 일반기업회계기준

구 분		금 액
Ⅰ. 영업활동 현금흐름		2,310
1. 당기순이익	2,000	
2. 감가상각비	300	
3. 유형자산처분이익	(70)	
4. 유형자산손상차손	80	
Ⅱ. 투자활동 현금흐름		(130)
1. 건물의 처분	170	
2. 차량의 취득	(300)	
Ⅲ. 현금의 증가		2,180
Ⅳ. 기초현금		30,000
Ⅴ. 기말현금		32,180

(3) 유형자산 재평가

- 계정의 변동

	기초	기말
현금	10,000	13,000
토지	8,000	7,000
건물	10,000	13,000
이연법인세부채	–	900
재평가이익	–	2,100
이익잉여금	2,000	4,000

- 회계기간 중 토지에 대한 재평가손실(당기손익)을 1,000원 인식함.
- 회계기간 중 건물에 대한 재평가이익(기타포괄손익)을 3,000원 인식함. 재무상태표에는 법인세효과(900원)가 반영되어 2,100원이 계상됨.
- 회계기간 중에 인식한 당기순이익은 2,000원임.

[요구사항]

현금흐름을 분석하시오.

토지에 대해 인식한 1,000원의 재평가손실(당기손익)은 현금흐름에 영향을 미치지 않으므로, 비현금항목으로 가산합니다.

(차변) 토지재평가손실	1,000	(대변) 토지	1,000

건물에 대한 회계처리는 다음과 같습니다.

(차변) 건물[*1]	3,000	(대변) 재평가이익(OCI)[*2]	2,100
		이연법인세부채[*3]	900

(*1) 건물(자산)의 증가는 '현금무관거래 – 유출'
(*2) 재평가이익(OCI, 자본)의 증가는 '현금무관거래 – 유입'
(*3) 이연법인세부채(부채)는 '현금무관거래 – 유입'

재평가이익은 기타포괄손익입니다. **기타포괄손익은 당기손익이 아니며, 그 변동은 현금흐름에 영향이 없다고 하였습니다.** 따라서 상기 회계처리는 현금무관거래입니다.

◎ 계정 분석

계정과목	전기 BS	당기 BS	증감 금액	투자활동 유입	투자활동 유출	현금무관거래 유입	현금무관거래 유출	검증
현금	10,000	13,000	3,000					3,000
토지	8,000	7,000	2,000	1,000(PL)				−
건물	10,000	13,000	3,000				3,000	−
이연법인세부채	−	900	900			900		−
재평가이익(OCI)	−	2,100	2,100			2,100		−
이익잉여금	2,000	4,000	2,000	2,000(PL)				−

◎ 현금흐름표

구 분		금 액
Ⅰ. 영업활동 현금흐름		3,000
1. 당기순이익	2,000	
2. 토지재평가손실	1,000	
Ⅱ. 현금의 증가		3,000
Ⅲ. 기초현금		10,000
Ⅳ. 기말현금		13,000

※ 유형자산 재평가 회계처리

구 분		회계처리
재평가이익 인식	최초인식	재평가잉여금(기타포괄손익)으로 인식
	손실인식 이후	이전까지 인식한 재평가손실의 누적금액 만큼 재평가이익(당기이익)을 인식한 후, 그 초과액은 재평가잉여금(기타포괄손익)으로 인식
재평가손실 인식	최초인식	재평가손실(당기 비용)으로 인식
	이익인식 이후	이전까지 인식한 재평가잉여금(기타포괄손익)의 누적금액을 감소시킨 후, 그 초과액은 재평가손실(당기비용)로 인식
처분 시점	일반기준	기타포괄손익을 당기손익으로 리사이클(Recycling)
	K-IFRS	기타포괄손익은 당기손익으로 대체되지 아니함.

(4) 취득과 미지급금

예제 29

- 계정의 변동

	기초	기말
현금	2,700	1,000
건설중인자산	9,000	14,200
미지급금	4,100	5,600
이익잉여금	2,000	4,000

- 미지급금의 세부 내역은 다음과 같음.

	투자활동 관련		영업활동 관련		증감	
	당기	전기	당기	전기	투자활동	영업활동
미지급금	5,200	3,300	400	800	1,900	(400)

- 미지급금 중 투자활동 현금흐름은 건설중인자산 취득과 관련된 것임.
- 회계기간 중에 인식한 당기순이익은 2,000원임.

[요구사항]

현금흐름을 분석하시오.

일반기업회계기준 제10장 문단 10.46은 건설중인자산에 다음을 포함하도록 규정하고 있습니다.

① 유형자산의 건설을 위한 재료비, 노무비 및 경비(도급금액 등 포함)

② 유형자산을 취득하기 위하여 지출한 계약금 및 중도금

건설중인자산과 관련된 K-IFRS의 규정은 명확하지 않지만, 실무상 일반기업회계기준을 준용하여 회계정책을 수립하고 있습니다. 따라서 유형자산과 관련된 선급금은 발생하지 않습니다.

당기 중에 지출한 미지급금 3,300원은 건설중인자산을 취득하는 과정에서 발생하였으므로 투자활동으로 분류합니다.

| (차변) 미지급금 | 3,300 | (대변) 현금 | 3,300 |

한편, 당기 중에 미지급한 금액은 현금무관거래에 해당합니다.

| (차변) 건설중인자산[*1] | 5,200 | (대변) 미지급금[*2] | 5,200 |
| (*1) 현금무관거래 – 유출 | | (*2) 현금무관거래 – 유입 | |

◎ 계정 분석

계정과목	전기 BS	당기 BS	증감 금액	영업활동 유입	영업활동 유출	투자활동 유입	투자활동 유출	현금무관거래 유입	현금무관거래 유출	검증
현금	2,700	1,000	(1,700)							(1,700)
건설중인자산	9,000	14,200	5,200					5,200		–
미지급금	4,100	5,600	1,500		400		3,300	5,200		–
이익잉여금	2,000	4,000	2,000	2,000 (PL)						–

◎ 현금흐름표

구 분		금 액
Ⅰ. 영업활동 현금흐름		1,600
1. 당기순이익	2,000	
2. 미지급금의 감소	(400)	
Ⅱ. 투자활동 현금흐름		(3,300)
1. 건설중인자산의 취득	(3,300)	
Ⅲ. 현금의 증가		(1,700)
Ⅳ. 기초현금		2,700
Ⅴ. 기말현금		1,000

(5) 미수금과 처분

• 계정의 변동

	기초	기말
현금	4,800	7,900
미수금	4,100	4,000
차량운반구	10,000	8,000
감가상각누계액	(5,000)	(4,000)
이익잉여금	2,000	4,000

• 미수금의 세부 내역은 다음과 같음.

	투자활동 관련		영업활동 관련		증감	
	당기	전기	당기	전기	투자활동	영업활동
미수금	2,700	2,000	1,300	2,100	700	(800)

• 당기 중 차량운반구를 2,000원에 처분함(취득원가 : 5,000원, 상각누계액 : 3,500원)
• 당기 중 차량운반구를 3,000원 취득하였으며, 차량운반구에 대한 상각비는 2,500원임.
• 전기 유형자산 처분활동으로 발생된 전기의 미수금 2,000원은 당기에 회수되었고, 당기의 차량운반구 처분액은 결산일 현재 미수금으로 계상됨.
• 회계기간 중에 인식한 당기순이익은 2,000원임.

[요구사항]
유형자산의 변동내역과 현금흐름을 분석하시오.

차량운반구와 감가상각누계액의 변동내역은 다음과 같습니다.

	기초	처분	취득	상각	기말
차량	10,000	(5,000)	3,000	–	8,000
상각누계액	(5,000)	3,500	–	(2,500)	(4,000)

처분 회계처리는 다음과 같습니다.

(차변) 감가상각누계액[*1]	3,500	(대변) 차량운반구[*2]	3,500
미수금[*1]	2,700	차량운반구	1,500
		처분이익[*3]	1,200

(*1) 현금무관거래 – 유출   (*2) 현금무관거래 – 유입
(*3) 비현금항목으로 차감

◎ 계정 분석

① 당기 중 회수된 미수금 2,000원은 '투자활동 – 유입'에 기재

② 당기 중 회수되지 못한 미수금 2,700원은 '현금무관거래 – 유출'에 기재

③ 차량운반구의 경우 처분된 원가에 대응되는 3,500원 및 회수하지 못한 미수금 2,700원은 '현금무관거래 – 유입'로 기재

④ 영업활동 성격의 미수금 증가액 800원은 '영업활동 – 유출'에 기재

계정과목	전기 BS	당기 BS	증감 금액	영업활동		투자활동		현금무관거래		검증
				유입	유출	유입	유출	유입	유출	
현금	4,800	7,900	3,100							3,100
미수금	4,100	4,000	(100)	800		2,000			2,700	–
차량운반구	10,000	8,000	(2,000)	1,200 (PL)			3,000	3,500 + 2,700		–
감가상각 누계액	(5,000)	(4,000)	1,000	2,500					3,500	–
이익잉여금	2,000	4,000	2,000	2,000						–

◎ 현금흐름표

구 분	금 액	
I. 영업활동 현금흐름		4,100
1. 당기순이익	2,000	
2. 감가상각비	2,500	
3. 유형자산처분이익	(1,200)	
4. 미수금의 감소	800	
II. 투자활동 현금흐름		(1,000)
1. 차량운반구의 취득	(3,000)	
2. 차량운반구의 처분(미수금의 회수)	2,000	
III. 현금의 증가		3,100
IV. 기초현금		4,800
V. 기말현금		7,900

예제 31

• 계정의 변동

	기초	기말
현금	30,000	33,300
영업권	1,500	1,200
특허권	2,000	1,000
이익잉여금	2,000	4,000

• 회계기간 중 영업권에 대하여 300원의 손상차손을 인식함.

• 회계기간 중 특허권에 대하여 200원의 상각비를 인식함.

• 회계기간 중 특허권 장부금액 800원을 처분하고 1,200원을 수령함.

• 회계기간 중에 인식한 당기순이익은 2,000원임.

[요구사항]

무형자산의 변동내역과 현금흐름을 분석하시오.

각 계정의 증감내역을 분석하면 다음과 같습니다.

	기초[*1]	상각비[*2]	손상[*3]	처분[*4]	기말[*1]
영업권	1,500	–	300	–	1,200
특허권	2,000	200	–	800	1,000

[주석과 재무제표 간 상관관계]

(*1) 재무상태표 금액과 일치

(*2) 손익계산서상 상각비, 비현금항목의 조정과 일치

(*3) 손익계산서상 손상차손, 비현금항목의 조정과 일치

(*4) 800원(처분) + 400원(처분이익) = 1,200원(투자활동 현금유입)

◎ **계정 분석**

① 무형자산상각비 300원은 '영업활동 – 유입'에 기재

② 무형자산손상차손 300원은 '영업활동 – 유입'에 기재

③ 무형자산을 처분하여 획득한 1,200원은 '투자활동 – 유입'에 기재

④ 무형자산처분이익 400원은 '영업활동 – 유출'에 기재

계정과목	전기BS	당기BS	증감금액	영업활동		투자활동		검증
				유입	유출	유입	유출	
현금	30,000	33,300	3,300					3,300
영업권	1,500	1,200	(300)	300(PL)				–
특허권	2,000	1,000	(1,000)	200(PL)	400(PL)	1,200		–
이익잉여금	2,000	4,000	2,000	2,000(PL)				–

◎ 현금흐름표

구 분	금 액
Ⅰ. 영업활동 현금흐름	2,100
1. 당기순이익	2,000
2. 무형자산상각비	200
3. 무형자산처분이익	(400)
4. 무형자산손상차손	300
Ⅱ. 투자활동 현금흐름	1,200
1. 특허권의 처분	1,200
Ⅲ. 현금의 증가	3,300
Ⅳ. 기초현금	30,000
Ⅴ. 기말현금	33,300

재무제표와 주석 간의 상관관계

- 무형자산 계정별 장부금액 : 주석과 재무상태표 금액이 일치
- 무형자산상각비 : 현금흐름표, 주석, 손익계산서 상 상각비(매출원가, 판매비와관리비 등의 합계)와 일치
- 무형자산의 취득금액 : 주석과 현금흐름표가 일치
- 무형자산처분손익 : 손익계산서와 현금흐름표가 일치
- 무형자산손상차손 : 손익계산서, 현금흐름표, 주석이 일치
- 손익계산서의 무형자산처분손익 = 현금흐름표상 처분금액 – 주석의 처분금액

08 차입금과 사채

(1) 사채

예제 32

• 계정의 변동

	기초	기말
현금	30,000	32,850
유동성사채	1,500	1,200
유동성사채할인발행차금	(120)	(70)
사채	2,000	3,000
사채할인발행차금	(300)	(200)
이익잉여금	2,000	4,000

• 유동성할인발행차금과 사채할인발행차금의 상각액은 각각 150원과 200원임.

• 당기 중 장기사채가 신규로 2,200원 발행되었으며, 사채발행비가 200원 지출됨.

• 회계기간 중 유동성사채 중 1,500원을 상환함.

• 당기 중 사채와 사채할인발행차금 중 각각 1,200원과 100원이 유동성대체됨.

• 회계기간 중에 인식한 당기순이익은 2,000원임.

[요구사항]

사채의 변동내역과 현금흐름을 분석하시오.

각 계정의 변동내역은 다음과 같습니다.

	기초[*1]	발행[*2]	상환[*2]	상각[*3]	대체	기말[*1]
유동성사채	1,500	–	(1,500)	–	1,200	1,200
할인발행차금	(120)	–	–	150	(100)	(70)
사채	2,000	2,200	–	–	(1,200)	3,000
할인발행차금	(300)	(200)	–	200	100	(200)

[주석과 재무제표 간 상관관계]

(*1) 재무상태표 금액과 일치

(*2) 현금흐름표 금액과 일치

(*3) 손익계산서상 이자비용, 비현금항목과 일치. 할인차금상각액은 이자비용으로 당기손익에 반영되지만 현금흐름과 무관하므로, 비현금항목으로 가산

유동성대체 회계처리는 다음과 같습니다.

| (차변) 유동성할인발행차금^(*1) | 100 | (대변) 할인발행차금^(*2) | 100 |
| 사채^(*1) | 1,200 | 유동성사채^(*2) | 1,200 |

(*1) 현금무관거래 - 유출   (*2) 현금무관거래 - 유입

◎ 계정 분석

① 이자비용 350원(= 150원 + 200원)은 '영업활동 - 유입'에 기재

② 사채 상환금액 1,500원은 '재무활동 - 유출'에 기재

③ 사채 발행 금액 2,200원은 '재무활동 - 유입'에 기재

④ 사채발행비 200원은 '재무활동 - 유출'에 기재

계정과목	전기 BS	당기 BS	증감 금액	영업활동		재무활동		현금무관거래		검증
				유입	유출	유입	유출	유입	유출	
현금	30,000	32,850	2,850							2,850
유동성사채	1,500	1,200	(300)				1,500	1,200		−
유동할인차금	(120)	(70)	50	150(PL)					100	−
사채	2,000	3,000	1,000			2,200			1,200	−
장기할인차금	(300)	(200)	100	200(PL)			200	100		−
이익잉여금	2,000	4,000	2,000	2,000(PL)						−

◎ 현금흐름표

구 분	금 액
Ⅰ. 영업활동 현금흐름	2,350
1. 당기순이익	2,000
2. 사채할인발행차금 상각(이자비용)	350
Ⅱ. 재무활동 현금흐름	500
1. 사채의 발행	2,200
2. 사채의 상환	(1,500)
3. 사채발행비의 지급	(200)
Ⅲ. 현금의 증가	2,850
Ⅳ. 기초현금	30,000
Ⅴ. 기말현금	32,850

(2) 차입금

• 계정의 변동

	기초	기말
현금	30,000	29,700
유동성차입금	1,500	1,200
장기차입금	5,000	3,000
이익잉여금	20,000	22,000

• 유동성장기차입금 중 당기 상환액은 1,500원임.
• 장기차입금 중 1,200원은 유동성대체 되었으며, 2,500원은 조기상환(200원의 조기상환손실을 고려하면 실제 지급액은 2,700원임)되었고 1,700원을 추가 차입함.
• 회계기간 중에 인식한 당기순이익은 2,000원임.

[요구사항]
차입금의 변동내역과 현금흐름을 분석하시오.

각 계정의 변동내역은 다음과 같습니다.

	기초	차입	상환	대체	기말
유동성장기차입금	1,500	–	(1,500)	1,200	1,200
장기차입금	5,000	1,700	(2,500)	(1,200)	3,000

조기상환에 대한 회계처리는 다음과 같습니다.

(차변) 장기차입금   2,500   (대변) 현금(CF)[*1]   2,700
            조기상환손실[*2]   200

(*1) 재무활동 현금유출
(*2) 비현금항목으로 가산

조기상환손실은 현금의 유출을 가져오지만, 영업활동이 아닌 재무활동에 해당합니다. 따라서 당기순이익을 감소시킨 조기상환손실을 제거하여 영업활동 현금흐름을 계산해야 합니다. 실제 지급한 2,700원이 재무활동에 반영됩니다.

◎ 계정 분석

① 유동성장기차입금의 상환액 1,500원은 '재무활동 – 유출'에 기재

② 장기차입금으로 조달한 1,700원은 '재무활동 – 유입'에 기재

③ 조기상환손실 200원은 장기차입금 계정에서 '영업활동 – 유입'에 기재

④ 장기차입금의 상환 2,700원(= 2,500원 + 200원)은 '재무활동 – 유출'에 기재

⑤ 장기차입금의 유동성대체는 현금무관거래로 분류

계정과목	전기 BS	당기 BS	증감 금액	영업활동		재무활동		현금무관거래		검증
				유입	유출	유입	유출	유입	유출	
현금	30,000	29,700	(300)							(300)
유동성차입금	1,500	1,200	(300)				1,500	1,200		–
장기차입금	5,000	3,000	(2,000)	200(PL)		1,700	2,700		1,200	–
이익잉여금	20,000	22,000	2,000	2,000(PL)						–

◎ 현금흐름표

구 분		금 액
Ⅰ. 영업활동 현금흐름		2,200
1. 당기순이익	2,000	
3. 조기상환손실	200	
Ⅱ. 재무활동 현금흐름		(2,500)
1. 유동성장기차입금의 상환	(1,500)	
2. 장기차입금의 차입	1,700	
3. 차입금의 조기상환(조기상환손실 포함)	(2,700)	
Ⅲ. 현금의 증가		(300)
Ⅳ. 기초현금		30,000
Ⅴ. 기말현금		29,700

장기차입금의 유동성대체는 현금무관거래로 주석기재됩니다.

09 퇴직급여부채

(1) 확정급여채무 : K-IFRS

퇴직급여제도는 확정기여제도와 확정급여제도 두 가지로 구분됩니다.

확정기여제도(Defined Contribution, DC)는 회사가 종업원에게 매년 지급할 퇴직금을 별개의 실체(퇴직급여기금 운용기관)에 출연하는 제도로서, 임직원은 퇴직 시점에 운용기관으로부터 퇴직금을 수령하게 됩니다. 퇴직금으로 운용되는 상품은 임직원이 직접 선택하므로 투자위험도 임직원에게 귀속됩니다.

확정기여제도는 출연한 기여금만큼 비용을 계상하므로 회계처리가 단순합니다. 미지급되거나 선급된 기여금을 제외하고는 회사가 인식할 자산과 부채가 없습니다.

반면, 확정급여제도(Defined Benefit plans, DB)는 회사가 임직원에게 지급할 퇴직금 재원을 직접 운용하고, 임직원이 퇴직하는 시점에 직접 퇴직금을 지급하는 제도입니다. 따라서 임직원의 사망률, 퇴사율, 미래임금상승률, 할인율과 같은 보험수리적 위험을 회사가 부담하게 됩니다. 기금자산의 운용위험도 모두 회사에게 귀속되므로, 회사가 기여할 금액은 매년 달라질 수 있습니다.

일반기업회계기준은 결산일 현재 퇴직급여추계액을 퇴직급여부채로 산정합니다. 반면, K-IFRS에서는 미래에 지급될 퇴직금을 추정하여 퇴직급여부채를 계산한다는 점에 차이가 있습니다.

확정급여제도 회계처리는 복잡한데, 그 원리를 다음 사례로 살펴보겠습니다.

예제 34

- A氏는 01년초에 입사하였으며, 과거 경험에 따를 경우 05년말에 퇴직이 예상됨.
- 01년 연봉은 50,000,000원이며, 매년 10%씩 상승할 것으로 예상됨.
- 회사의 정책에 따른 퇴직금 = 퇴직한 연도에 수령한 월 급여 × 근무연수
- 적용될 할인율은 5%임.

[요구사항]
예측단위적립방식에 따라 계상될 퇴직급여부채를 계산하시오.

확정급여부채의 계산 과정은 다음과 같습니다.

① 예상 퇴직금의 산정

② 예측단위적립방식에 따른 할당급여 계산

③ 당기근무원가 계산

본 예제로 구체적인 계산과정을 살펴봅시다.

① 예상 퇴직금
- 05년 예상 월 급여 $= 50,000,000 \div 12월 \times (1 + 10\%)^4 = 6,100,417$
- 05년 말 예상 퇴직금 $= 6,100,417 \times 5년 = 30,502,085$

② 예측단위적립방식에 따른 할당급여 = 예상 퇴직금 ÷ 예상 근무기간 = 6,100,417

③ 당기근무원가 = 할당급여 ÷ $(1 + 할인율)^{잔여\ 기간}$
- 01년 당기근무원가 $= 6,100,417 \div (1+5\%)^4 = 5,018,828$
- 02년 당기근무원가 $= 6,100,417 \div (1+5\%)^3 = 5,269,770$
- 03년 당기근무원가 $= 6,100,417 \div (1+5\%)^2 = 5,533,258$
- 04년 당기근무원가 $= 6,100,417 \div (1+5\%)^1 = 5,809,921$
- 05년 당기근무원가 $= 6,100,417$

상기 과정을 그림으로 표현하면 다음과 같습니다.

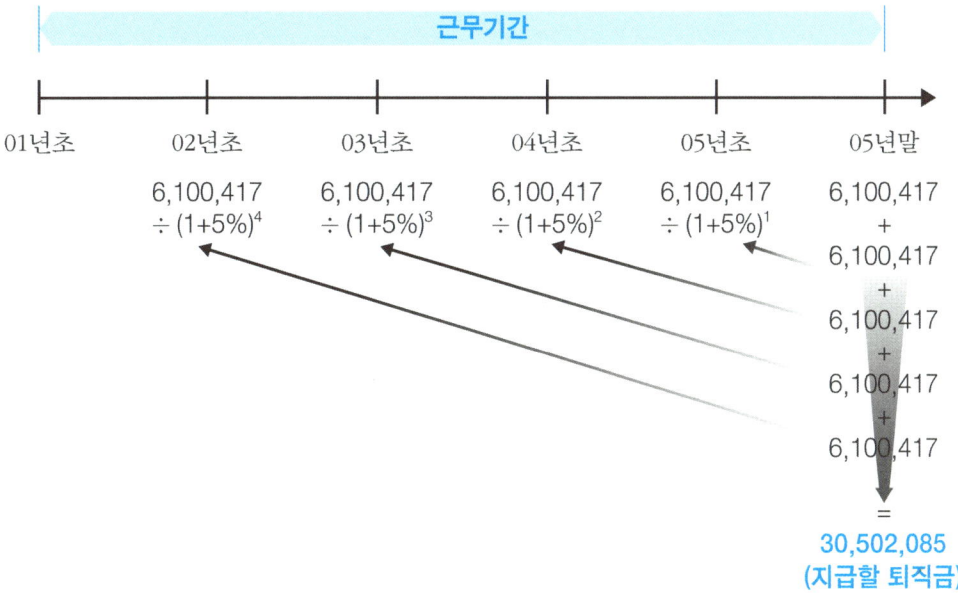

기말에 계상될 확정급여부채는 다음과 같습니다.

	01년	02년	03년	04년	05년
귀속 급여(급여 할당)					
전기와 그 이전	–	6,100,417	12,200,834	18,301,251	24,401,668
당기	6,100,417	6,100,417	6,100,417	6,100,417	6,100,417
당기와 그 이전	6,100,417	12,200,834	18,301,251	24,401,668	30,502,085
기초 확정급여부채	–	5,018,828	10,539,539	16,599,774	23,239,684
이자비용(할인율 5%)(PL)	–	250,941	526,977	829,989	1,161,984
당기근무원가(PL)	5,018,828	5,269,770	5,533,258	5,809,921	6,100,417
기말 확정급여부채(BS)	5,018,828	10,539,539	16,599,774	23,239,684	30,502,085

◎ 확정급여부채의 변동

확정급여부채의 변동내역은 다음과 같습니다.

구 분	금 액	비 고
기초금액	×××	전기이월금액
당기근무원가	×××	종업원이 1년 더 근무함에 따라 증가하는 퇴직급여
과거근무원가	×××	퇴직급여제도의 개정 또는 축소로 발생하는 기초 퇴직급여부채의 변동 금액
이자비용	×××	현재가치로 표시된 확정급여부채가 시간에 따라 증가할 것으로 예상되는 금액
보험수리적손익(OCI)	×××	퇴직률, 임금상승률, 할인율, 퇴직기간 등에 대한 가정의 변경으로 발생되는 금액
퇴직급여지급액	×××	회계기간 중 지급된 금액(현금흐름표에 반영될 금액)
기말금액	×××	

확정급여부채에서 차감되는 퇴직급여 지급액이 실제 종업원에게 귀속되는 퇴직급여입니다. 회사는 사외적립자산뿐만 아니라 별도로 마련한 자금으로 종업원에게 퇴직금을 지급합니다. 사외적립자산은 퇴직금의 원천 중 하나로 이해하시면 좋습니다.

한편, 보험수리적 가정의 변경에 따라 발생된 재측정요소인 보험수리적손익은 기타포괄손익으로 분류됩니다. 실무상 보험수리적손익은 결산 시 이익잉여금과 상계되는 경우가 많습니다(그러나 상계하지 않고 보험수리적손익을 별도로 표시하는 회사도 빈번하게 발견됩니다).

퇴직급여부채에 대한 회계처리는 다음과 같습니다.

(차변)	퇴직급여(근무원가)[*1]	×××	(대변)	확정급여채무	×××
	퇴직급여(이자비용)[*1]	×××		확정급여채무	×××
	확정급여채무	×××		현금(지급)[*2]	×××
	확정급여채무[*3]	×××		~~보험수리적어익~~(상계)	×××
	~~보험수리적어익~~(상계)	×××		이익잉여금[*3]	×××

(*1) 비현금항목으로 가산
(*2) 영업활동 현금흐름
(*3) 현금무관거래

◎ 사외적립자산의 변동

사외적립자산의 변동내역은 다음과 같습니다.

구 분	금 액	비 고
기초금액	×××	전기이월금액
기여금	×××	회계기간 중 회사가 퇴직금 지급을 위해 운용기금 또는 기관에 적립한 기금
이자수익	×××	회계기간 중 사외적립자산에 대하여 기대되는 이자수익
보험수리적손익(OCI)	×××	실제 이자수익 − 기대이자수익
퇴직급여지급액	×××	회계기간 중 퇴직금 지급을 위해 출금된 금액
기말금액	×××	

사외적립자산에 대한 회계처리는 다음과 같습니다.

(차변)	사외적립자산[*1]	×××	(대변)	현금(기여금)	×××
	사외적립자산[*2]	×××		퇴직급여(이자수익)	×××
	현금(인출)	×××		사외적립자산[*1]	×××
	사외적립자산[*3]	×××		~~보험수리적어익~~(상계)	×××
	~~보험수리적어익~~(상계)	×××		이익잉여금[*3]	×××

(*1) 영업활동 현금흐름
(*2) 비현금항목의 조정
(*3) 현금무관거래

◎ **재무제표 표시**

① 재무상태표상 순확정급여부채 = 확정급여부채 − 사외적립자산

② 손익계산서상 퇴직급여 = 근무원가 + 이자원가(확정급여채무와 사외적립자산)

③ 현금흐름표상 퇴직금 = 확정급여채무의 감소액으로 표시된 금액

예제 35

• 계정의 변동

	기초	기말
현금	10,000	11,850
확정급여채무	3,500	3,640
사외적립자산	2,000	2,340
이익잉여금	10,000	12,050

• 회계기간 중에 인식한 당기순이익은 2,000원임.

• 계리보고서 검토 결과 확정급여채무와 사외적립자산의 변동은 다음과 같음.

	확정급여채무	사외적립자산
기초	3,500	2,000
근무원가	600	−
이자원가	140	60
재측정요소(*)	(100)	(50)
기여금	−	430
지급액	(500)	(100)
기말	3,640	2,340

(*) 재측정요소는 보험수리적이익으로 기타포괄손익에 해당함.

[요구사항]

현금흐름을 분석하시오.

확정급여채무는 다음과 같이 재무제표에 반영됩니다.

① 손익계산서상 퇴직급여 = 600원 + 140원 − 60원 = 680원

② 퇴직금 지급액 = 500원

계리보고서에 기재된 재측정요소는 당기손익에 반영되지 않고 기타포괄손익으로 표시됩니다. 그리고 결산 시 기타포괄손익은 이익잉여금과 상계됩니다.

| (차변) 확정급여채무[*1] | 100 | (대변) 보험수리적이익(상계) | 100 |
| 보험수리적이익(상계) | 100 | 이익잉여금[*2] | 100 |

(*1) '현금무관거래 – 유출'
(*2) '현금무관거래 – 유입'

사외적립산 관련 재측정요소도 결산 시 이익잉여금과 상계되어 재무상태표에 반영됩니다.

| (차변) 보험수리적손실(상계) | 50 | (대변) 사외적립자산[*1] | 50 |
| 이익잉여금[*2] | 50 | 보험수리적손실(상계) | 50 |

(*1) '현금무관거래 – 유입'
(*2) '현금무관거래 – 유출'

◎ 계정 분석

① 확정급여채무의 근무원가 600원과 이자원가 140원은 '영업활동 – 유입'에 기재
② 퇴직금 지급액 500원은 확정급여채무 계정의 '영업활동 – 유출'로 기재
③ 사외적립자산에서 발생한 이자수익 60원은 '영업활동 – 유출'에 기재
④ 사외적립자산에서 발생한 기여금과 지급액의 합계(사외적립자산의 변동 330원 = 430원 – 100원)은 '영업활동 – 유출'에 반영
⑤ 재측정요소와 이익잉여금 상계는 현금무관거래로 처리

계정과목	전기 BS	당기 BS	증감금액	영업활동		현금무관거래		검증
				유입	유출	유입	유출	
현금	10,000	11,850	1,850					1,850
확정급여채무	3,500	3,640	140	600(PL) + 140(PL)	500		100	–
사외적립자산	(2,000)	(2,340)	(340)		60(PL) + 330	50		–
이익잉여금	10,000	12,050	2,050	2,000(PL)		100	50	–

◎ 현금흐름표

구 분	금 액	
Ⅰ. 영업활동 현금흐름		1,850
1. 당기순이익	2,000	
2. 퇴직급여(=600원+140원−60원)	680	
3. 퇴직금 지급액(비현금항목의 조정)	(500)	
4. 사외적립자산 증가(운전자본의 변동)	(330)	
Ⅱ. 현금의 증가		1,850
Ⅲ. 기초현금		10,000
Ⅳ. 기말현금		11,850

(2) 퇴직급여충당부채 : 일반기업회계기준

예제 36

• 계정의 변동

	기초	기말
현금	10,000	10,970
퇴직급여충당부채	10,000	9,500
퇴직운용자산	9,700	10,300
국민연금전환금	420	350
이익잉여금	2,000	4,000

• 회계기간 중에 지급된 퇴직금 지급액은 2,500원이며, 손익계산서에 퇴직급여로 인식한 금액은 2,000원임.

• 회계기간 중에 인식한 당기순이익은 2,000원임.

[요구사항]
퇴직급여충당부채의 변동내역과 현금흐름을 분석하시오.

퇴직급여충당부채의 증감내역은 주석으로 공시되는데, 본 예제의 경우 다음과 같습니다.

계정과목	기초	전입액	지급액	기말
퇴직급여충당부채	10,000	2,000	(2,500)	9,500

손익계산서에 표시된 퇴직급여는 '현금의 유출이 없는 비용'으로 가산됩니다. 그리고 퇴직금 지급액은 '영업활동으로 인한 자산·부채의 변동'으로 표시합니다.

한편, 퇴직연금운용자산과 국민연금전환금의 증감액은 '영업활동으로 인한 자산·부채의 변동'에 반영합니다.

◎ 계정 분석

① 퇴직급여(전입액) 2,000원은 '영업활동 – 유입'에 기재

② 퇴직금 지급액 2,500원은 '영업활동 – 유출'에 기재

③ 퇴직연금운용자산 증가액 600원은 '영업활동 – 유출'에 기재

④ 국민연금전환금의 감소액 70원은 '영업활동 – 유입'에 기재

계정과목	전기IBS	당기IBS	증감금액	영업활동		검증
				유입	유출	
현금	10,000	10,970	970			970
퇴직급여충당부채	10,000	9,500	(500)	2,000(PL)	2,500	–
퇴직운용자산	9,700	10,300	600		600	–
국민연금전환금	420	350	(70)	70		–
이익잉여금	2,000	4,000	2,000	2,000(PL)		–

◎ 현금흐름표

구 분	금 액
Ⅰ. 영업활동 현금흐름	970
1. 당기순이익	2,000
2. 퇴직급여	2,000
3. 퇴직금 지급액	(2,500)
4. 퇴직운용자산의 증가	(600)
5. 국민연금전환금의 감소	70
Ⅱ. 현금의 증가	970
Ⅲ. 기초현금	10,000
Ⅳ. 기말현금	10,970

10 충당부채

(1) AS충당부채와 복구충당부채

복구충당부채는 회사가 자산을 해체 및 제거하거나 부지를 복구할 의무를 나타냅니다. 다음 예제를 통해 복구충당부채의 회계처리와 현금흐름 조정방법을 살펴봅시다.

예제 37

- 회사는 01년초 내용연수 3년의 유형자산을 취득하며, 100,000원을 지출함.
- 03년말에 유형자산을 폐기하면서 10,000원의 복구비용이 지출될 것으로 예상됨.
- 02년말에 추정한 복구비용은 12,000원으로 변경됨.
- 03년말에 12,000원의 복구비용이 지출됨.
- 복구충당부채 계산 시 적용될 할인율은 10%임.

[요구사항]

복구충당부채 관련 회계처리를 제시하시오.

복구충당부채의 변동 내역은 다음과 같습니다.

취득 시점[*1]	현재가치 변동[*2]	01년 말	현재가치 변동[*3]	전입액[*4]	02년 말	현재가치 변동[*5]	03년 말
7,513	751	8,264	826	1,819	10,909	1,091	12,000

(*1) $10,000원 \div (1+10\%)^3$
(*2) $7,513원 \times 10\%$
(*3) $8,264원 \times 10\%$
(*4) $12,000원 \div (1+10\%) - (8,264원 + 826원)$
(*5) $10,909원 \times 10\%$

① 유형자산 취득시점의 회계처리

추정된 복구충당부채는 유형자산이나 사용권자산으로 처리됩니다(K-IFRS 제1016호 문단 16 및 제1116호 문단 24, 일반기업회계기준 10.8).

(차변) 유형자산	107,513	(대변) 복구충당부채[*1]	7,513
		현금[*2]	100,000

(*1) 현금무관거래
(*2) 투자활동 현금유출

② 01년 회계처리

시간이 경과하여 복구충당부채의 현재가치는 751원만큼 증가하게 됩니다.

(차변) 이자비용[*1]	751	(대변) 복구충당부채	751
(차변) 감가상각비[*2]	35,838	(대변) 감가상각누계액	35,838

(*1) 비현금항목으로 가산
(*2) 비현금항목으로 가산, 감가상각비 = 107,513원 ÷ 3년

③ 02년 회계처리

(차변) 이자비용[*1]	1,091	(대변) 복구충당부채	1,091
(차변) 감가상각비[*2]	35,838	(대변) 감가상각누계액	35,838

(*1) 비현금항목으로 가산
(*2) 비현금항목으로 가산, 감가상각비 = 107,513원 + ÷ 3년

01년과 02년의 평가를 통해 계산된 복구충당부채는 9,090원(= 7,513원 + 751원 + 826원)입니다. 그런데 02년말에 다시 추정된 복구충당부채의 현재가치는 10,909원(= 12,000원 ÷ 1.1)이므로, 1,819원만큼을 추가로 전입합니다. 전입액은 유형자산으로 대체되는데, 당기순이익과 현금흐름에 영향을 미치지 않으므로 현금무관거래입니다.

(차변) 유형자산	1,819	(대변) 복구충당부채	1,819

④ 03년 회계처리

(차변) 이자비용[*1]	826	(대변) 복구충당부채	826
(차변) 감가상각비[*2]	37,656	(대변) 감가상각누계액	35,838

(*1) 비현금항목으로 가산
(*2) 비현금항목으로 가산, 감가상각비 = (107,513원 + 1,819원) − 35,838원 × 2년

한편, 02년말에 지출되는 12,000원의 분류에 대해서는 명확한 규정이 없습니다. 최초에 자산의 취득원가로 처리하는 개념으로 보면 투자활동으로 분류할 수도 있겠지만, 복구활동을 수선활동 성격으로 본다면 영업활동과 유사하다고 볼 수도 있습니다.

• 계정의 변동

	기초	기말
현금	10,000	13,700
토지	9,000	9,400
AS충당부채	1,500	3,000
복구충당부채	1,800	2,400
이익잉여금	2,000	4,000

• 회계기간 중 AS충당부채의 전입액은 2,500원이며, 사용액은 1,000원임.
• 복구충당부채의 전입액 중 400원은 이자율 변경으로 인한 것이며, 200원은 현재가치 평가로 인한 것임. 상대계정은 토지임.
• 회계기간 중에 인식한 당기순이익은 2,000원임.

[요구사항]
충당부채의 변동내역과 현금흐름을 분석하시오.

충당부채는 세부 증감내역을 파악해야 합니다.

계정과목	기초	전입	사용	현재가치	기말
AS충당부채	1,500	2,500	(1,000)	–	3,000
복구충당부채	1,800	400	–	200	2,400

AS충당부채에 대한 회계처리는 다음과 같습니다.

(차변) AS비용(전입액)$^{(*1)}$　　2,500　　(대변) AS충당부채　　1,500
　　　　　　　　　　　　　　　　　　　　　　현금$^{(*2)}$　　1,000

(*1) 비현금항목으로 가산
(*2) 운전자본의 변동

복구충당부채에 대한 회계처리는 다음과 같습니다.

(차변) 유형자산$^{(*1)}$　　　　400　　(대변) 복구충당부채　　400
　　　　이자비용$^{(*2)}$　　　　200　　　　　　복구충당부채　　200

(*1) 400원의 유형자산과 충당부채 증가는 현금무관거래로 분류
(*2) 비현금항목으로 가산

◎ 계정 분석

① AS충당부채의 전입액 2,500원은 '영업활동 – 유입'에 기재
② AS충당부채를 적립한 이후 발생한 현금지급액 1,000원은 '영업활동 – 유출'에 기재
③ 현재가치 평가로 증가한 복구충당부채 증가액 200원은 '영업활동 – 유입'에 기재
④ 토지와 복구충당부채의 증가 400원은 현금무관거래로 처리

계정과목	전기 BS	당기 BS	증감 금액	영업활동		현금무관거래		검증
				유입	유출	유입	유출	
현금	10,000	13,700	3,700					3,700
토지	9,000	9,400	400				400	–
AS충당부채	1,500	3,000	1,500	2,500(PL)	1,000			–
복구충당부채	1,800	2,400	600	200(PL)		400		–
이익잉여금	2,000	4,000	2,000	2,000(PL)				–

◎ 현금흐름표

구 분	금 액
Ⅰ. 영업활동 현금흐름	3,700
1. 당기순이익	2,000
2. 비현금항목의 조정	
– AS충당부채 전입액	2,500
– 이자비용	200
3. 운전자본의 변동	
– AS충당부채의 지급액	(1,000)
Ⅱ. 현금의 증가	3,700
Ⅲ. 기초현금	10,000
Ⅳ. 기말현금	13,700

(2) 금융보증채무 : K-IFRS

예제 39

• 계정의 변동

	기초	기말
현금	10,000	13,500
금융보증채무	1,500	3,000
이익잉여금	2,000	4,000

• 회계기간 중에 추가적인 지급보증으로 증가한 금융보증채무는 2,000원임.

• 회계기간 중에 환입한 금융보증채무 금액은 500원임.

• 회계기간 중에 인식한 당기순이익은 2,000원임.

[요구사항]

현금흐름을 분석하시오.

금융보증채무의 전입액과 환입액은 현금의 변동을 가져오지 않습니다. 따라서 비현금 항목으로 조정합니다.

계정과목	기초	증가	감소	기말
금융보증채무	1,500	2,000	(500)	3,000

◎ 계정 분석

① 금융보증채무 전입액 2,000원은 '영업활동 – 유입'에 기재

② 금융보증채무 환입액 500원은 '영업활동 – 유출'에 기재

	전기 BS	당기 BS	증감 금액	영업활동		검증
				유입	유출	
현금	10,000	13,500	3,500			3,500
금융보증채무	1,500	3,000	1,500	2,000(PL)	500(PL)	–
이익잉여금	2,000	4,000	2,000(PL)			–

◎ **현금흐름표**

구 분		금 액
Ⅰ. 영업활동 현금흐름		3,500
1. 당기순이익	2,000	
2. 금융보증채무 전입액	2,000	
3. 금융보증채무 환입액	(500)	
Ⅱ. 현금의 증가		3,500
Ⅲ. 기초현금		10,000
Ⅳ. 기말현금		13,500

금융보증채무의 상대계정은 무엇인가?

금융보증채무의 상대계정으로 다음의 대안이 있습니다.

① 종속기업주식 금액 : 종속기업에 대한 출자로 해석

② 선급비용 : 종속기업이 저리의 차입금을 통해 향후 단가가 낮은 제품을 생산하여 공급할 수 있음을 감안한 회계처리(향후 지배기업이 저가의 제품을 획득할 수 있는 효익이 발생한다는 관점)

③ 당기비용처리

금융보증채무에 대한 상대계정이 결정되면, 이후에는 계상된 자산과 부채는 각각 해당 기준서에 따라 회계처리됩니다. 금융보증채무의 크기에 따라 자산(주식이나 선급비용) 금액이 조정되지 않습니다. 손상이나 비용으로 대체되며 주식과 선급비용 금액이 감소하고, 금융보증채무는 환입되면서 소멸됩니다.

일부 최초에 인식한 금융보증채무가 감소됨에 따라 종속기업주식이나 선급비용을 감소시키는 회계처리가 발견됩니다. 오류입니다.

11 리스

(1) 사용권자산과 리스부채 : K-IFRS

리스이용자의 경우 K-IFRS 제1116호는 금융리스와 운용리스를 구분하지 않고 있습니다. 계약기간 동안 자산을 이용할 수 있는 권리와 지급할 리스료의 현재가치를 각각 자산과 부채로 인식하고 있습니다. 리스계약을 담보부 차입 또는 연부연납에 따른 취득 개념으로 보는 것입니다.

다만, 실무상 편의를 고려하여 다음은 사용권자산으로 계상하지 않을 수 있습니다.
① 단기리스 : 12개월 이하 리스기간의 리스 계약
② 소액리스 : 기초자산이(신규 자산 가격이) US $ 5,000 이하인 리스 계약

사용권자산은 이용자가 계약기간 동안 기초자산을 사용할 권리(기초자산 사용권)로 정의됩니다. 그리고 사용권자산은 다음과 같은 항목들의 합계로 구성됩니다.
① 리스부채의 최초 측정금액
② 리스개시일이나 그 전에 지급한 리스료(받은 리스 인센티브는 차감)
③ 리스이용자가 부담하는 리스개설직접원가
④ 계약 종료 후 복구 의무

리스인센티브 등이 없는 경우 계약 체결 시점의 회계처리는 다음과 같습니다. 계약 자체는 당기손익과 현금흐름에 관련이 없으므로 현금무관거래로 처리됩니다.

(차변) 사용권자산$^{(*1)}$ ×××   (대변) 리스부채$^{(*2)}$ ×××

(*1) 현금무관거래-유출
(*2) 현금무관거래-유입, 지급할 리스료의 현재가치

사용권자산은 리스계약 기간 동안 정액법을 적용하여 상각합니다. 감가상각비와 동일하게 사용권자산의 상각비는 당기손익에 영향을 미치지만 현금흐름에는 영향이 없으므로 비현금항목으로 반영됩니다.

(차변) 상각비$^{(*)}$ ×××   (대변) 사용권자산   ×××

(*) 비현금항목으로 가산

리스부채는 유효이자율법을 적용하여 작성된 상각표에 따라 상환 처리가 이루어집니다. 리스부채에 대한 이자는 이자지급에 관한 사항을 준용하여, 현금유출이 있는 이자비용으로 분류합니다(K-IFRS 제1116호 문단 50). 이자비용을 인식하고, 리스료를 지출하는 회계처리는 다음과 같습니다.

| (차변) 이자비용[*1] | ××× | (대변) 현금 | ××× |
| 리스부채[*2] | ××× | | |

(*1) 비현금항목으로 가산하고, 회계정책에 따라 영업 또는 재무활동으로 분류(양편조정)
(*2) 재무활동-유출

리스 계약 시 임차료와 함께 임차보증금을 같이 지급하는 경우가 일반적입니다. 계약 종료 시 동일한 임차보증금을 받더라도 장부금액과 현재가치의 차이만큼은 사용권자산으로 처리됩니다.

| (차변) 임차보증금 | ××× | (대변) 현금[*1] | ××× |
| 사용권자산[*2] | ××× | 현재가치할인차금[*2] | ××× |

(*1) 투자활동-유출
(*2) 현금무관거래

현재가치할인차금은 유효이자율법에 따라 감소합니다. 이때, 이자수익은 당기손익에 반영되나 현금흐름에는 영향이 없으므로 비현금항목에 해당합니다.

| (차변) 현재가치할인차금 | ××× | (대변) 이자수익 | ××× |

- 계정의 변동

	기초	기말
현금	11,000	12,230
보증금	–	1,000
할인차금	–	(90)
사용권자산	–	17,100
상각누계액	–	(3,420)
리스부채	–	13,820
이익잉여금	2,000	4,000

- 연초에 보증금 1,000원(현재가치 : 900원)과 리스부채 17,000원을 계상하고, 사용권자산 17,100원을 인식함.
- 회계기간 중에 보증금에 대해 10원의 이자수익을 인식함.
- 회계기간 중에 리스부채에 대해 120원의 이자비용을 인식하고, 3,200원을 상환함.
- 사용권자산에 대해 3,420원의 상각비를 인식함.
- 회계기간 중에 인식한 당기순이익은 2,000원임.

[요구사항]

현금흐름을 분석하시오.

사용권자산의 변동내역은 다음과 같습니다.

	기초	상각	증감	기말
사용권자산	–	–	17,100	17,100
상각누계액	–	(3,420)	–	(3,420)

그리고 리스부채의 변동내역은 다음과 같습니다.

	기초	증가	지급리스료	이자비용	기말
리스부채	–	17,000	(3,300)	120	13,820

리스 계약 시 회계처리는 다음과 같습니다.

(차변)	보증금	1,000	(대변)	현금	1,000
	사용권자산$^{(*1)}$	17,100		현재가치할인차금$^{(*2)}$	100
				리스부채$^{(*2)}$	17,000

(*1) 현금무관거래 – 유출
(*2) 현금무관거래 – 유입

위에서 음영처리된 부분은 당기손익과 현금흐름에 영향을 미치지 않기 때문에 현금무관거래로 분류됩니다.

리스부채에 대한 이자비용는 현금의 변동을 가져오는 사항으로 분류한다는 점에 유의해야 합니다. 따라서 리스료의 지급으로 표시될 금액은 3,300원이 아닌 3,180원(= 3,300원 – 120원)으로 계산됩니다.

(차변)	이자비용$^{(*1)}$	120	(대변)	현금	3,300
	리스부채$^{(*2)}$	3,180			

(*1) 비현금항목으로 가산하고, 회계정책에 따라 영업 또는 재무활동으로 반영(양편조정)
(*2) 재무활동 – 유출

한편, 보증금할인차금 상각액(이자수익) 10원은 현금흐름과 관련이 없으므로 비현금항목으로 차감합니다.

(차변)	현재가치할인차금	10	(대변)	이자수익	10

◎ 계정 분석

① 사용권자산 취득 시 지출한 보증금 1,000원은 '투자활동 – 유출'에 기재
② 계약 시점에 발생한 리스부채 17,000원, 보증금 현재가치 100원 및 사용권자산 17,100원은 현금무관거래로 처리
③ 사용권자산 상각비 3,420원과 이자비용 120원은 '영업활동 – 유입'에 기재
④ 리스부채와 관련되어 지출된 이자비용 120원은 '이자의 지급'으로 표시
⑤ 이자수익 10원은 '영업활동 – 유출'에 기재
⑥ 지급한 리스료 3,180원은 '재무활동 – 유출'에 기재

계정과목	전기 BS	당기 BS	증감 금액	영업활동		투자활동		재무활동		현금무관거래		검증
				유입	유출	유입	유출	유입	유출	유입	유출	
현금	11,000	12,230	1,230									1,230
보증금	-	1,000	1,000				1,000					-
할인차금	-	(90)	(90)	10 (PL)						100		-
사용권자산	-	17,100	17,100								17,100	-
상각누계액	-	(3,420)	(3,420)	3,420 (PL)								-
리스부채	-	13,920	13,820	120 (PL)	120				3,180	17,000		-
이익잉여금	2,000	4,000	2,000	2,000 (PL)								-

◎ 현금흐름표

구 분	금 액	
Ⅰ. 영업활동 현금흐름		5,410
1. 당기순이익	2,000	
2. 비현금 항목의 조정		
－ 사용권자산 상각비	3,420	
－ 이자비용	120	
－ 이자수익	(10)	
3. 이자의 지급	(120)	
Ⅱ. 투자활동 현금흐름		(1,000)
1. 보증금 증가	(1,000)	
Ⅲ. 재무활동 현금흐름		(3,180)
1. 리스료 지급	(3,180)	
Ⅳ. 현금의 증가		1,230
Ⅴ. 기초현금		11,000
Ⅵ. 기말현금		12,230

예제 41

- 계정의 변동

	기초	기말
현금	11,000	13,850
사용권자산	17,100	40,300
상각누계액	(3,420)	(9,120)
리스부채	13,820	32,170
이익잉여금	2,000	4,000

- 회계기간 중 연간 리스료가 4,000원씩 지출되는 리스계약을 체결함(리스부채의 현재가치 : 25,000원).
- 동 리스계약을 체결하는데 900원의 중개수수료(직접 관련 지출)가 발생함.
- 종전 리스계약 중 기간이 만료된 사용권자산은 2,700원이며, 관련 사용권자산과 상각누계액을 제각함.
- 회계기간 중에 리스부채에 대해 350원의 이자비용을 인식하고, 7,000원을 상환함.
- 사용권자산에 대해 8,400원의 상각비를 인식함.
- 회계기간 중에 인식한 당기순이익은 2,000원임.

[요구사항]
사용권자산과 리스부채의 변동내역을 분석하고, 현금흐름을 분석하시오.

사용권자산의 변동내역은 다음과 같습니다.

	기초	상각	증감	제각	기말
사용권자산	17,100	–	25,900	(2,700)	40,300
상각누계액	(3,420)	(8,400)	–	2,700	(9,120)

그리고 리스부채의 변동내역은 다음과 같습니다.

	기초	이자비용	지급리스료	증가	기말
리스부채	13,820	350	(7,000)	25,000	32,170

계약 시점의 회계처리는 다음과 같습니다.

(차변)	사용권자산	900	(대변)	현금[*1]	900
	사용권자산[*2]	25,000		리스부채[*3]	25,000

(*1) 투자활동 현금흐름
(*2) 현금무관거래 – 유출
(*3) 현금무관거래 – 유입

계약 시점에 발생된 중개수수료는 직접 관련 지출이므로 사용권자산의 취득금액에 해당하며, 투자활동으로 분류됩니다. 음영처리된 부분은 당기손익과 현금흐름에 영향을 미치지 않기 때문에 현금무관거래로 분류됩니다.

리스기간 만료 시점에 제각처리가 이루어지는데, 당기순이익과 현금흐름에 미치는 영향이 없으므로 현금무관거래로 분류됩니다.

(차변)	상각누계액	2,700	(대변)	사용권자산	2,700

리스료를 지급하는 시점의 회계처리는 다음과 같습니다.

(차변)	이자비용[*1]	350	(대변)	현금	7,000
	리스부채[*2]	6,650			

(*1) 비현금항목으로 가산하고, 회계정책에 따라 영업 또는 재무활동에 이자지출로 반영(양편조정)
(*2) 재무활동 현금유출

◎ 계정 분석

① 사용권자산 취득 시 지출한 900원은 '투자활동 – 유출'에 기재
② 리스계약 시 발생한 리스부채와 사용권자산 25,000원은 현금무관거래로 처리
③ 사용권자산 상각비 8,400원과 이자비용 350원은 '영업활동 – 유입'에 기재
④ 리스부채와 관련되어 지출된 이자비용 350원은 '이자의 지급'으로 표시
⑤ 제각된 사용권자산과 상각누계액 2,700원은 현금무관거래로 처리
⑥ 지급한 리스료 6,650원은 '재무활동 – 유출'에 기재

계정과목	전기 BS	당기 BS	증감 금액	영업활동		투자활동		재무활동		현금무관거래		검증
				유입	유출	유입	유출	유입	유출	유입	유출	
현금	11,000	13,850	2,850									2,850
사용권자산	40,300	17,100	23,200				90			2,700	25,000	-
상각누계액	(3,420)	(9,120)	(5,700)	8,400 (PL)							2,700	-
리스부채	13,820	32,170	18,350	350 (PL)	350				6,650	25,000		-
이익잉여금	2,000	4,000	2,000	2,000 (PL)								-

◎ 현금흐름표

구 분	금 액	
Ⅰ. 영업활동 현금흐름		10,400
1. 당기순이익	2,000	
2. 비현금 항목의 조정		
- 사용권자산 상각비	8,400	
- 이자비용	350	
3. 이자의 지급	(350)	
Ⅱ. 투자활동 현금흐름		(900)
1. 사용권자산 취득	(900)	
Ⅲ. 재무활동 현금흐름		(6,650)
1. 리스료 지급	(6,650)	
Ⅳ. 현금의 증가		2,850
Ⅴ. 기초현금		11,000
Ⅵ. 기말현금		13,850

(2) 리스부채 : 일반기업회계기준

일반기업회계기준은 운용리스의 경우 리스료 지출 시점에 비용으로 인식하도록 규정되어 있어 부외부채 효과가 발생합니다. 그리고 금융리스의 경우 연부연납 개념에 따라 계약 시 자산을 인식하고 미지급된 금융리스부채를 인식하게 됩니다. 이후 약정에 따른 금융리스부채의 상환은 재무활동으로 분류됩니다.

예제 42

• 계정의 변동

	기초	기말
현금	10,000	13,300
유형자산	7,000	8,500
미지급금	5,000	7,800
이익잉여금	10,000	12,000

• 유형자산의 취득과 관련 미지급금은 기초금액과 기말금액이 각각 200원과 1,500원임.
• 전기에 미지급된 200원은 당기에 전액 지급됨(금융리스부채 성격).
• 회계기간 중의 당기순이익은 2,000원임.

[요구사항]
현금흐름을 분석하시오.

유형자산 취득과 관련된 금액은 금융리스부채 성격이므로 재무활동으로 분류됩니다. 리스 계약 시 회계처리는 다음과 같습니다. 당기순이익과 현금흐름에 영향을 미치지 않기에 현금무관거래로 분류됩니다.

(차변) 유형자산   1,500   (대변) 미지급금   1,500

리스료 상환은 재무활동으로 분류됩니다.

(차변) 미지급금   200   (대변) 현금   200

미지급금의 경우 영업활동과 재무활동(리스부채)가 혼재되어 있으므로 별도 구분이
필요합니다.

	기초금액	기말금액
재무제표상 미지급금 금액	5,000	7,800
리스부채 성격	(200)	(1,500)
영업활동과 관련 있는 미지급금	4,800	6,300

◎ 계정 분석

① 영업활동으로 인한 미지급금 변동액 1,500원은 '영업활동 – 유입'에 기재

② 금융리스부채 성격의 미지급금 지급 200원은 '재무활동 – 유출'에 기재

③ 회계기간 중에 증가한 미지급금과 유형자산 1,500원은 현금무관거래로 분류

계정과목	전기 BS	당기 BS	증감 금액	영업활동		재무활동		현금무관거래		검증
				유입	유출	유입	유출	유입	유출	
현금	10,000	13,300	3,300							3,300
미지급금	5,000	7,800	2,800	1,500			200	1,500		–
유형자산	7,000	8,500	1,500						1,500	–
이익잉여금	10,000	12,000	2,000	2,000(PL)						–

◎ 현금흐름표

구 분	금 액
Ⅰ. 영업활동 현금흐름		3,500
1. 당기순이익	2,000	
3. 미지급금의 증가	1,500	
Ⅱ. 재무활동 현금흐름		(200)
1. 미지급금의 감소(리스부채의 지급)	(200)	
Ⅲ. 현금의 증가		3,300
Ⅳ. 기초현금		10,000
Ⅴ. 기말현금		13,300

미지급금을 통하여 취득한 유형자산은 현금무관거래로 공시합니다.

12 기타자산과 부채

(1) 대여금

예제 43

- 계정의 변동

	기초	기말
현금	10,000	11,700
대여금	5,200	6,000
대손충당금	(200)	(700)
이익잉여금	10,000	12,000

- 회계기간 중에 대여금에 대하여 600원의 기타의 대손상각비를 인식하고, 100원의 대여금은 제각함.
- 회계기간 중 900원을 회수하고 1,800원을 추가로 대여함.
- 회계기간 중에 인식한 당기순이익은 2,000원임.

[요구사항]
대여금의 변동내역과 현금흐름을 분석하시오.

대여자와 차입자의 대여금과 관련된 회계처리는 다음과 같습니다.

구 분	계정과목	현금흐름 활동
대여자	대여금	투자활동
차입자	차입금	재무활동

대여금의 변동내역은 다음과 같습니다.

계정과목	기초	제각	전입	대여	회수	기말
대여금	5,200	(100)	−	1,800	(900)	6,000
대손충당금	(200)	100	(600)	−	−	(700)

충당금 전입액은 당기손익에 영향을 미치나 현금흐름과 관련이 없습니다. 따라서 비현금항목으로 가산합니다.

| （차변） 기타의대손상각비 | 600 | （대변） | 대손충당금 | 600 |

대여금의 제각처리는 당기순이익과 현금흐름에 관련이 없으므로 현금무관거래로 분류됩니다.

| （차변） 대손충당금[*1] | 100 | （대변） | 대여금[*2] | 100 |

(*1) 현금무관거래 – 유출
(*2) 현금무관거래 – 유입

◎ 계정 분석

① 기타의대손상각비 600원은 '영업활동 – 유입'에 기재
② 회계기간 중에 발생한 대여액 1,800원은 '투자활동 – 유출'에 기재
③ 대여금 상환액 900원은 '투자활동 – 유입'에 기재
④ 제각한 대여금과 대손충당금은 현금무관거래로 분류

계정과목	전기 BS	당기 BS	증감 금액	영업활동		투자활동		현금무관거래		검증
				유입	유출	유입	유출	유입	유출	
현금	10,000	11,700	1,700							1,700
대여금	5,200	6,000	800			900	1,800	100		–
대손충당금	(200)	(700)	(500)	600(PL)					100	–
이익잉여금	10,000	12,000	2,000	2,000(PL)						–

◎ 현금흐름표

구 분	금 액	
I. 영업활동 현금흐름		2,600
1. 당기순이익	2,000	
2. 기타의대손상각비	600	
II. 투자활동 현금흐름		(900)
1. 대여금의 대여	(1,800)	
2. 대여금의 상환	900	
III. 현금의 증가		1,700
IV. 기초현금		10,000
V. 기말현금		11,700

(2) 보증금과 임대보증금

예제 44

• 계정의 변동

	기초	기말
현금	10,000	12,500
보증금	8,000	7,000
임대보증금	4,000	3,500
이익잉여금	20,000	22,000

• 회계기간 중 보증금 2,000원을 회수하고, 1,000원을 추가로 지급함.
• 회계기간 중 임대보증금이 300원 증가하고, 800원 감소함.
• 회계기간 중에 인식한 당기순이익은 2,000원임.

[요구사항]
현금흐름을 분석하시오.

기업이 영위하는 사업에 따라 보증금 및 임대보증금에 대한 분류는 다양할 수 있습니다. 그러나 일반적으로 **보증금은 투자활동**으로, **임대보증금은 재무활동**으로 분류합니다.

계정과목	기초	증가	감소	기말
보증금	8,000	1,000	(2,000)	7,000
임대보증금	4,000	300	(800)	3,500

◎ 계정 분석

① 보증금의 변동은 '투자활동 – 유출 또는 유입'에 기재
② 임대보증금의 변동은 '재무활동 – 유출 또는 유입'에 기재

계정과목	전기 BS	당기 BS	증감 금액	투자활동 유입	투자활동 유출	재무활동 유입	재무활동 유출	검증
현금	10,000	12,500	2,500					2,500
보증금	8,000	7,000	(1,000)	2,000	1,000			–
임대보증금	4,000	3,500	(500)			300	800	–
이익잉여금	20,000	22,000	2,000	2,000(PL)				–

◎ 현금흐름표

구 분	금 액	
Ⅰ. 영업활동 현금흐름		2,000
1. 당기순이익	2,000	
Ⅱ. 투자활동 현금흐름		1,000
1. 보증금의 감소	2,000	
2. 보증금의 증가	(1,000)	
Ⅲ. 재무활동 현금흐름		(500)
1. 임대보증금의 증가	300	
2. 임대보증금의 감소	(800)	
Ⅳ. 현금의 증가		2,500
Ⅴ. 기초현금		10,000
Ⅵ. 기말현금		12,500

임대보증금에 대한 현금흐름분류

회사가 임대업을 주된 영업활동으로 영위하고 있더라도, 리스종료일에 반환해야 할 의무가 있는 금융부채입니다. 따라서 재무활동으로 분류합니다(K‒IFRS 제1007호 문단 17).

임대보증금의 명목가치와 현재가치의 차이(현재가치할인차금)는 회사가 임차인으로부터 리스료를 미리 받은 것(선수리스료)이므로, 영업활동으로 분류합니다(K‒IFRS 제1007호 문단 14).

13 정부보조금

정부보조금은 다음 모두에 대한 **합리적인 확신**이 있는 시점에 인식합니다.
① 정부보조금에 **부수되는 조건의 준수**
② **보조금의 수취**

보조금은 현금을 수취한 시점이 아니라 수취에 대한 합리적인 확신 시점이라는 점에 유의해야 합니다. 상기 두 가지 조건을 충족하였으나 현금을 수취하지 못했다면 미수금과 보조금을 인식하게 됩니다.

정부보조금에 대한 회계처리 원칙은 다음과 같습니다.
① 정부보조금이 과거나 미래의 비용 지출과 관련 없이 기업에게 제공되는 경우(예, 즉각적인 금융지원) : 정부보조금을 수취할 권리가 발생한 기간의 수익으로 인식
② 과거에 이미 발생한 지출이나 손실의 보전 : 정부보조금을 수취할 권리가 발생하는 기간에 손익 반영
③ 정부보조금이 특정 지출을 보전하기 위한 경우
 • 자산 취득에 사용 : 해당 자산이 손익에 영향을 미치는 감가상각자산 기간 동안 안분되어 손익 반영
 • 비용 보전에 사용 : 해당 지출을 비용에 처리하는 시기(발생시점)에 손익 반영
④ 비화폐성자산을 보조금으로 받는 경우 : 해당 자산의 공정가치를 보조금 금액으로 처리

수익관련 보조금에 대한 회계처리는 다음과 같습니다.

	회계처리
K-IFRS, 일반기업회계기준	① 관련 비용이 있는 경우 다음 방법이 모두 인정됨. −관련 비용에서 차감하는 순액법 −관련 비용과 보조금수익을 모두 인식하는 총액법 ② 관련 비용이 없는 경우에는 수익으로 인식

보조금을 수익으로 표시하는 경우, 회사의 주된 영업활동과 직접적인 관련성이 있다면 영업수익으로, 그렇지 않다면 영업외수익으로 회계처리합니다.

자산취득 관련 보조금에 대한 회계처리는 다음과 같습니다.

	회계처리
K-IFRS	① 자산차감 방식 : 자산의 장부금액을 취득금액에서 정부보조금을 차감하여 표시 ② 이연수익 방식 : 정부보조금을 이연수익(부채)으로 계상하는 방법
일반기업회계기준	자산차감 방식만 인정

일반기업회계기준은 보조금과 감가상각비를 상계하여 표시하는 순액법만 인정되지만, K-IFRS는 총액법도 인정하고 있습니다. 총액법은 이연수익(부채)로 인식한 후 보조금수익을 별도로 인식하는 방법입니다.

한편, 자산 취득 관련 보조금이 일시적으로 예금 등 금융자산으로 계상되었을 경우 회계처리는 다음과 같습니다.

	회계처리
K-IFRS	해당사항 없음
일반기업회계기준	일시적으로 운용되는 자산의 차감항목으로 표시

정부출연금에는 기술료 등의 명목으로 일부 금액을 상환하는 조건이 부여되어 있는 경우가 많습니다. 나중에 상환되는 금액은 정부보조금의 정의에 부합하지 않습니다. 그 경제적 실질은 정부로부터 차입한 것이므로 부채에 해당합니다. 따라서 장기미지급금 등의 계정과목으로 계상합니다.

(1) 수익관련 보조금

예제 45

• 계정의 변동

	기초	기말
현금	10,000	20,500
선수수익	–	4,500
장기미지급금	–	4,000
이익잉여금	10,000	12,000

• MD프로젝트는 정부출연금 10,000원과 민간출연금 10,000원으로 구성됨.
• 회계기간 중 정부로부터 10,000원을 수령함.
• 연구과제가 종료된 후 40%를 기술료로 상환해야 함.
• 회계기간 중 지출한 연구비는 5,000원임.
• 회계기간 중에 인식한 당기순이익은 2,000원임.

[요구사항]
현금흐름을 분석하시오.

정부보조금을 수령하는 시점의 회계처리는 다음과 같습니다.

(차변) 현금	10,000	(대변) 선수수익	6,000
		장기미지급금$^{(*)}$	4,000

(*) 재무활동 현금흐름

정부출연금은 10,000원이지만 4,000원은 상환조건부이므로 정부보조금의 정의에 부합하지 않습니다. 따라서 MD프로젝트에 소요된 20,000원 중 정부보조금은 6,000원이며, 14,000원은 회사의 부담으로 지출됩니다. 그러므로 지출 금액 중 정부보조금 비율은 30%(= 6,000원 ÷ 20,000원)입니다.

순액법은 당기 중 지출한 비용과 선수수익을 상계하는 회계처리입니다.

(차변) 연구비	5,000	(대변) 현금	5,000
선수수익$^{(*)}$	1,500	연구비	1,500

(*) 5,000원 × 30%

반면, 총액법은 정부보조금 중 일부를 수익으로 대체하는 회계처리입니다.

| (차변) 연구비 | 5,000 | (대변) 현금 | 5,000 |
| 선수수익 | 1,500 | 보조금수익 | 1,500 |

　순액법이나 총액법 중 어떠한 방법을 적용하더라도 순이익과 순자산에 미치는 영향은 없습니다. 다만, 보조금을 비용과 상계하는지 또는 별도의 수익으로 표시하느냐의 차이만 있습니다.

◎ 계정 분석
　① 선수수익은 영업활동 계정이므로 증감액 4,500원을 '영업활동 – 유입'에 기재
　② 상환조건부 정부출연금은 차입금 성격이므로 '재무활동 – 유입'에 기재

계정과목	전기 BS	당기 BS	증감 금액	영업활동		재무활동		검증
				유입	유출	유입	유출	
현금	10,000	20,500	10,500					10,500
선수수익	–	4,500	4,500	4,500				–
장기미지급금	–	4,000	4,000			4,000		–
이익잉여금	10,000	12,000	2,000	2,000 (PL)				–

◎ 현금흐름표

구 분	금 액	
Ⅰ. 영업활동 현금흐름		6,500
1. 당기순이익	2,000	
2. 선수수익의 증가	4,500	
Ⅱ. 재무활동 현금흐름		4,000
1. 장기미지급금의 증가	4,000	
Ⅲ. 현금의 증가		10,500
Ⅳ. 기초현금		10,000
Ⅴ. 기말현금		20,500

(2) 자산 취득 관련 보조금

예제 46 순액법

- 계정의 변동

	기초	기말
현금	10,000	12,200
유형자산	–	10,000
유형자산(국고보조금)	–	(7,200)
감가상각누계액	–	(2,000)
장기미지급금	–	1,000
이익잉여금	10,000	12,000

- 정부로부터 10,000원을 수령하였는데, 연구용 자산의 취득 목적임.
- 연구과제가 종료된 후 회사는 10%를 기술료로 상환해야 함.
- 연초에 연구용 자산을 10,000원에 취득함(내용연수 : 5년)
- 회계기간 중에 인식한 당기순이익은 2,000원임.

[요구사항]
현금흐름을 분석하시오.

정부보조금을 수령하는 시점의 회계처리는 다음과 같습니다. 선수금은 자산을 취득하기 위해 수취한 것이므로 투자활동으로 분류하고, 장기미지급금은 향후 상환해야 하는 차입금과 유사한 성격이므로 재무활동으로 분류합니다.

(차변) 현금	10,000	(대변) 선수금	9,000
		장기미지급금	1,000

당기 중 지출한 금액에 대한 순액법 회계처리는 다음과 같습니다.

(차변) 유형자산	10,000	(대변) 현금[*1]	10,000
선수금[*2]	9,000	유형자산(보조금)[*2]	9,000

(*1) 투자활동 현금유출
(*2) 현금무관거래

결산 시 회계처리는 다음과 같습니다.

(차변) 감가상각비	2,000	(대변) 감가상각누계액	2,000
유형자산(보조금)	1,800	감가상각비	1,800

자산에 대한 감가상각비는 2,000원이지만 자산취득 금액 중 보조금에 해당하는 90%만큼은 보조금과 상계합니다. 결국 감가상각누계액은 2,000원만큼 증가하지만, 감가상각비는 200원 (= 2,000원 - 1,800원)만 계상됩니다. 따라서 상각누계액 중 1,800원은 현금무관거래로 처리하는데, 회계처리를 아래와 같이 구분하면 이해에 도움이 될 것입니다.

| (차변) 감가상각비[*1] | 200 | (대변) 감가상각누계액 | 200 |
| 유형자산(보조금)[*2] | 1,800 | 감가상각누계액[*2] | 1,800 |

(*1) 비현금항목으로 가산
(*2) 현금무관거래

◎ 계정 분석

계정과목	전기BS	당기BS	증감금액	영업활동		투자활동		재무활동		현금무관거래		검증
				유입	유출	유입	유출	유입	유출	유입	유출	
현금	10,000	14,200	4,200									4,200
유형자산	-	10,000	10,000				10,000					-
보조금	-	(7,200)	(7,200)							9,000	1,800	-
상각누계액	-	(2,000)	(2,000)	200 (PL)						1,800		-
선수금	-	-	-			9,000					9,000	
장기미지급금		1,000	1,000					1,000				-
이익잉여금	10,000	12,000	2,000	2,000								-

◎ 현금흐름표

구 분	금 액	
I. 영업활동 현금흐름		2,200
1. 당기순이익	2,000	
2. 감가상각비	200	
II. 투자활동 현금흐름		(1,000)
1. 정부보조금 수령	9,000	
2. 유형자산 취득	(10,000)	
III. 재무활동 현금흐름		1,000
1. 장기미지급금의 증가	1,000	
IV. 현금의 증가		2,200
V. 기초현금		10,000
VI. 기말현금		12,200

- 계정의 변동

	기초	기말
현금	10,000	12,200
유형자산	−	10,000
감가상각누계액	−	(2,000)
이연수익	−	7,200
장기미지급금	−	1,000
이익잉여금	10,000	12,000

- 회사는 정부보조금에 대해 총액법을 적용하고 있음.
- 정부로부터 10,000원을 수령하였는데, 연구용 자산의 취득 목적임.
- 연구과제가 종료된 후 회사는 10%를 기술료로 상환해야 함.
- 연초에 10,000원의 연구용 자산을 취득함(내용연수 : 5년)
- 회계기간 중에 인식한 당기순이익은 2,000원임.

[요구사항]
현금흐름을 분석하시오.

정부보조금을 수령하는 시점의 회계처리는 다음과 같습니다. 선수금은 자산을 취득하기 위해 수취한 것이므로 투자활동으로 분류하고, 장기미지급금은 향후 상환해야 하는 차입금과 유사한 성격이므로 재무활동으로 분류합니다.

(차변) 현금	10,000	(대변) 선수금	9,000
		장기미지급금	1,000

한편, 당기 중 지출한 금액에 대한 총액법 회계처리는 다음과 같습니다.

(차변) 유형자산	10,000	(대변) 현금[*1]	10,000
선수금[*2]	9,000	이연수익[*2]	9,000

(*1) 투자활동−현금유출
(*2) 현금무관거래

결산 시 회계처리는 다음과 같습니다.

| (차변) 감가상각비 | 2,000 | (대변) 감가상각누계액 | 2,000 |
| 이연수익 | 1,800 | 보조금수익$^{(*)}$ | 1,800 |

(*) 비현금항목으로 차감

◎ 계정 분석

① 감가상각비는 현금유출을 수반하지 않으므로 '영업활동 – 유입'으로 기재

② 보조금수익은 현금유입을 수반하지 않으므로 '영업활동 – 유출'로 기재

계정과목	전기BS	당기BS	증감 금액	영업활동		투자활동		재무활동		현금무관거래		검증
				유입	유출	유입	유출	유입	유출	유입	유출	
현금	10,000	12,200	4,200									4,200
유형자산	–	10,000	10,000				10,000					–
상각누계액	–	(2,000)	(2,000)	2000 (PL)								–
이연수익	–	7,200	7,200		1,800 (PL)					9,000		–
선수금	–	–	–			9,000					9,000	–
장기미지급금	–	1,000	1,000					1,000				–
이익잉여금	10,000	12,000	2,000	2,000								–

◎ 현금흐름표

구 분	금 액	
Ⅰ. 영업활동 현금흐름		2,200
1. 당기순이익	2,000	
2. 감가상각비	2,000	
3. 보조금수익	(1,800)	
Ⅱ. 투자활동 현금흐름		(1,000)
1. 정부보조금 수령	9,000	
2. 유형자산 취득	(10,000)	
Ⅲ. 재무활동 현금흐름		1,000
1. 장기미지급금의 증가	1,000	
Ⅳ. 현금의 증가		2,200
Ⅴ. 기초현금		10,000
Ⅵ. 기말현금		12,200

14 자 본

빈번하게 발생하는 자본 거래의 유형과 현금흐름 분류는 다음과 같습니다.
① 재무활동 현금흐름 : 유상증자와 유상감자, 주식발행비, 자기주식의 취득과 처분,
　 신주인수권의 행사
② 현금무관거래 : 무상증자와 무상감자, 결손보전, 주식배당, 전환사채의 전환

(1) 자기주식과 전환사채 전환

예제 48

• 계정의 변동

	기초	기말
현금	1,000	3,500
전환사채	2,000	–
자본금	1,500	2,500
자본잉여금	500	1,600
자기주식	(800)	(400)
이익잉여금	2,000	4,000

• 2,000원의 전환사채가 주식으로 전환됨(자본금과 자본잉여금이 각각 1,000원 증가).
• 회계기간 중 100원의 주식발행비가 발생함.
• 자기주식을 처분하면서 200원의 처분이익이 발생함.
• 회계기간 중에 인식한 당기순이익은 2,000원임.

[요구사항]
자본계정 및 전환사채의 변동내역과 현금흐름을 분석하시오.

각 계정의 변동내역은 다음과 같습니다.

계정과목	기초	대체	주식발행비	자기주식 처분	기말
전환사채	2,000	(2,000)	–	–	–
자본금	1,500	1,000	–	–	2,500
자본잉여금	500	1,000	(100)	200	1,600
자기주식	(800)	–	–	400	(400)

326   Part Ⅱ 현금흐름표 작성

비현금항목은 당기손익(PL)에 영향을 미치는 항목입니다. 자기주식처분손익(자본잉여금 또는 자본조정)은 자본손익이므로 비현금항목에 해당하지 않습니다. 자기주식처분손익은 현금을 수반하는 손익이므로, 재무활동 현금유입으로 처리됩니다.

(차변) 현금	600	(대변) 자기주식	400
		자기주식처분이익	200

한편 전환사채가 자본으로 대체되는 거래는 당기순이익과 현금흐름에 영향을 미치지 않으므로 현금무관거래에 해당합니다.

◎ 계정 분석

① 처분된 자기주식 400원과 자기주식처분이익 200원을 각각 '재무활동 – 유입'에 기재
② 주식발행비 100원은 '재무활동 – 유출'에 기재
③ 전환사채의 주식 전환은 현금무관거래로 분류

계정과목	전기 BS	당기 BS	증감 금액	영업활동		재무활동		현금무관거래		검증
				유입	유출	유입	유출	유입	유출	
현금	1,000	3,500	2,500							2,500
전환사채	2,000	–	(2,000)						2,000	–
자본금	1,500	2,500	1,000					1,000		–
자본잉여금	500	1,600	1,100			200	100	1,000		–
자기주식	(800)	(400)	400			400				–
이익잉여금	2,000	4,000	2,000	2,000(PL)						–

◎ 현금흐름표

구 분		금 액
I. 영업활동 현금흐름		2,000
1. 당기순이익	2,000	
II. 재무활동 현금흐름		500
1. 주식발행비의 지급	(100)	
2. 자기주식의 처분	600	
III. 현금의 증가		2,500
IV. 기초현금		1,000
V. 기말현금		3,500

(2) 주식선택권

◎ 주식기준보상 거래

주식기준보상 거래는 거래상대방에게 재화나 용역을 제공받고 주식가격에 기초하여 지분상품(또는 현금)을 지급하는 거래입니다.

주식기준보상 거래에 대한 회계처리는 다음과 같습니다.

| (차변) 재화 및 용역(①) | ××× | (대변) 자본 or 부채(②) | ×××(③) |

주식기준보상 거래에 대한 논점은 다음 세 가지입니다.
① 재화 및 용역의 분류 : 성격에 따라 자산 또는 비용으로 분류
② 자본 or 부채 해당 여부 : 지분상품을 제공하면 자본, 현금을 지급하면 부채
③ 금액측정의 원칙
  • 1순위 : 재화 및 용역의 공정가치
  • 2순위 : 지분상품(또는 현금)의 공정가치

일반적으로 용역의 공정가치를 측정하기는 어려우므로, 지분상품(또는 현금)의 공정가치를 측정하여 장부에 반영하게 됩니다.

주식기준보상 거래에 대한 판단 절차는 다음과 같습니다.

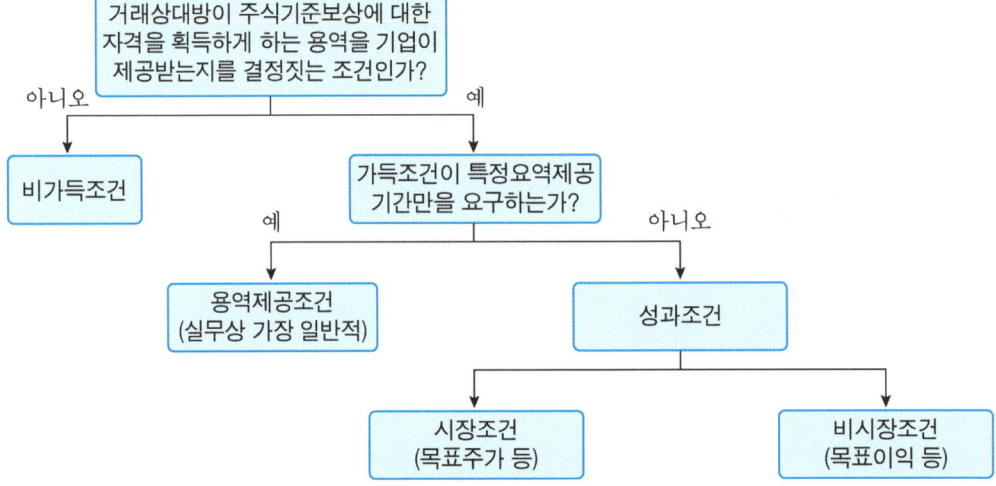

본서에서는 실무상 가장 일반적으로 발생하는 용역제공 조건을 설명하고 있습니다. 나머지 내용에 관심 있는 분은 주식보상거래를 깊이 있게 설명한 책을 참조하시기 바랍니다.

임직원과의 주식기준보상 거래는 일정 기간 동안 근무할 경우 지정된 가격(행사가격)을 지급하고 회사의 주식을 취득하는 주식결제형과, 주식가치에 기초한 금액만큼 현금을 수령하는 현금결제형으로 구분할 수 있습니다.

◎ **주식결제형**

주식결제형은 회사가 재화나 용역을 제공받는 대가로 신주나 자기주식을 부여하는 거래로서, 주식보상원가는 다음과 같이 산정됩니다.

① 총보상원가 = 주식선택권 공정가치 × 수량 × 행사 예상 수량
② 당기 누적 비용(BS 상 주식선택권) = 총보상원가 × 용역의 완료 정도
③ 당기 비용(당기 주식보상원가) = 당기까지 누적 비용 − 전기까지 누적 비용

한편, 행사가능 기간이 지난 주식선택권은 손익으로 환입할 수 없으나, 자본 항목으로 대체할 수는 있습니다.

주식결제형 주식선택권에 대한 구체적인 회계처리는 다음 사례로 설명합니다.

예제 49

- 01년초 종업원 500명 각각에게 3년의 근무를 조건으로 주식선택권 100주(공정가치, 주당 15원)를 부여함.
- 1주의 액면금액은 10이며, 주식선택권을 행사하면 1주를 20원에 교부받을 수 있음.
- 01년말과 02년 말 현재 추정 퇴사율은 각각 15%와 12%였으며, 03년 말 현재 실제 누적 퇴사자는 57명임.
- 04년에 20,000주가 행사되었으며, 나머지 주식선택권은 실권됨.

[요구사항]
회계처리와 현금흐름 분류를 예시하시오.

주식결제형 주식선택권은 자본으로 분류되므로, 처음에 측정된 주당 공정가치를 지속적으로 유지합니다.

각 연도 별로 인식할 주식보상비용 산정 과정은 다음과 같습니다.

구 분	01년	02년	03년
총보상원가	637,500 (= 500×85%×100×15)	660,000 (= 500×88%×100×15)	664,500 (= 443×100×15)
당기 누적 비용(BS)	212,500	440,000	664,500
전기 누적 비용	–	(212,500)	(440,000)
당기 비용(PL)	212,500	227,500	224,500

01년부터 03년까지 손익계산서에 표시할 주식보상비용은 212,500원, 227,500원 및 224,500원인데, 01년 회계처리를 예시하면 다음과 같습니다.

(차변) 주식보상원가[*]   212,500   (대변) 주식선택권(자본)   212,500

(*) 비현금항목으로 가산

04년에 주식선택권 20,000주가 행사되었을 시점의 회계처리는 다음과 같습니다.

(차변) 주식선택권[*1]   300,000   (대변) 자본금   200,000
        현금[*2]   400,000   자본잉여금   700,000

(*1) 15원 × 20,000주, 현금무관거래
(*2) 20원 × 20,000주, 재무활동 현금유입

권한이 상실된 주식선택권은 당기손익이 아닌 다른 자본 항목으로 대체할 수 있는데, 일반적으로 자본잉여금으로 조정하고 있습니다.

(차변) 주식선택권   364,500   (대변) 자본잉여금   364,500

◎ 현금결제형

현금결제형은 회사가 재화나 용역을 제공받는 대가로 회사의 주식가치에 기초한 금액을 보상해주는 제도입니다. 현금결제형 주식기준보상 거래는 부채로 계상되므로, 결산시점마다 공정가치 평가가 필요합니다.

> **예제 50**
>
> - 01년초 2년의 근로를 조건으로 주가차액보상권을 100주(공정가치 : 100원) 교부함.
> - 01년말과 02년말 현재 주식차액보상권의 공정가치는 120원 및 150원임.
> - 03년초에 10주가 행사되었으며, 지급된 금액은 주당 140원임.
>
> [요구사항]
> 회계처리와 현금흐름 분류를 예시하시오.

01년 말에 계상되는 장기미지급비용은 부여 시점의 공정가치가 아니라, 결산 시점의 공정가치로 반영됩니다.

(차변) 주식보상원가^(*)   60,000   (대변) 장기미지급비용(부채) 60,000

(*) 100주 × 120원 × 1년 ÷ 2년, 비현금항목으로 가산

02년의 회계처리는 다음과 같습니다.

(차변) 주식보상원가^(*)   90,000   (대변) 장기미지급비용(부채) 90,000

(*) 100주 × 150원 − 60,000원(전기 부채 금액)

주가차액보상권은 일정 기간 동안 행사될 수 있으므로 (시간 가치가 있으므로) 행사 시점의 공정가치와 현금 지급액은 상이할 수 있습니다. 03년 초의 회계처리는 다음과 같습니다.

(차변) 장기미지급비용^(*2)   1,500   (대변) 현금^(*1)   1,400
                                            주식보상비용^(*3)   100

(*1) 10주 × 140원, 영업활동 현금유출
(*2) 10주 × 150원
(*3) 비현금항목으로 차감

- 계정의 변동

	기초	기말
현금	1,000	3,600
자본잉여금	400	900
주식선택권	1,200	900
자기주식	(800)	(400)
이익잉여금	2,000	4,000

- 당기 중 주식결제형 주식선택권을 인식하며 계상한 주식보상비용은 300원임.
- 당기 중 200원의 주식선택권이 행사되어, 원가가 400원인 자기주식을 임직원에게 300원 받고 교부함(교부 당시 자기주식의 공정가치는 500원).
- 행사기간이 경과하여 자본잉여금으로 대체한 자본잉여금은 400원임.

[요구사항]
현금흐름을 분석하시오.

주식보상비용(PL)을 인식하더라도 현금흐름에 영향을 미치지 않습니다. 따라서 비현금항목으로 가산합니다.

(차변) 주식보상원가	300	(대변) 주식선택권	300

주식선택권이 행사되어 원가가 400원인 자기주식이 500원에 교부되었습니다. 따라서 자기주식처분이익(자본손익) 100원을 인식합니다.

(차변) 주식선택권	200	(대변) 자기주식	400
현금	300	자기주식처분이익	100

상기 회계처리를 나누어 분석해 보겠습니다. 자기주식처분이익은 자본손익이므로, 비현금항목으로 조정하지 않습니다.

(차변) 주식선택권^(*1)	200	(대변) 자기주식^(*1)	200
현금^(*2)	300	자기주식	200
		자기주식처분이익	100

(*1) 현금무관거래

(*2) 재무활동 현금유입

주식선택권을 자본잉여금으로 대체하더라도 당기순이익과 현금흐름에 영향을 미치지 않습니다. 따라서 현금무관거래로 분류됩니다.

(차변) 주식선택권　　　　　　　400　　（대변）자본잉여금　　　　　　　400

◎ 계정 분석

① 주식보상비용 300원은 '영업활동-유입'에 기재
② 자본잉여금으로 대체된 주식선택권 400원은 현금무관거래로 분류
③ 주식선택권을 행사하여 수령한 300원은 재무활동으로 분류
④ 자기주식 변동금액 중, 주식선택권 200원에 해당하는 금액은 현금무관거래로 분류

계정과목	전기 BS	당기 BS	증감 금액	영업활동		재무활동		현금무관거래		검증
				유입	유출	유입	유출	유입	유출	
현금	1,000	3,600	2,600							2,600
자본잉여금	400	900	500			100		400		-
주식선택권	1,200	900	(300)	300(PL)				200 +400		-
자기주식	(800)	(400)	400			200		200		-
이익잉여금	2,000	4,000	2,000	2,000(PL)						-

◎ 현금흐름표

구 분	금 액	
Ⅰ. 영업활동 현금흐름		2,300
1. 당기순이익	2,000	
2. 주식보상비용	300	
Ⅱ. 재무활동		300
1. 주식선택권의 행사	300	
Ⅲ. 현금의 증가		2,600
Ⅳ. 기초현금		1,000
Ⅴ. 기말현금		3,600

(3) 기타의 자본거래

◎ 결손보전

결손보전은 누적된 이월결손금을 보전하기 위하여 임의적립금, 기타법정적립금, 이익준비금 또는 자본잉여금을 이입하는 회계처리입니다.

(차변) 자본잉여금	×××	(대변) 이월결손금	×××
임의적립금	×××		
기타법정적립금	×××		
이익준비금	×××		

결손보전은 기업의 순자산에 영향을 미치지 않으며, 결손보전이 이루어지면 순자산을 구성하는 계정과목만 변동됩니다. 결손보전은 당기순이익과 현금흐름에 영향이 없으므로 현금무관거래입니다.

◎ 주식배당

주식배당은 주주에게 주식을 분배하여 형식적인 배당욕구를 충족시킵니다. 그러나 실질적으로는 기업이 보유하고 있는 이익잉여금을 영구적으로 자본화시키기 위한 것입니다.

| (차변) 이익잉여금 | ××× | (대변) 자본금 | ××× |

주식배당이 실시되더라도 외부에 유출되는 순자산은 없습니다. 따라서 현금무관거래로 처리합니다.

◎ 채무재조정

출자전환 회계처리는 다음과 같습니다.

(차변) 장기차입금	×××	(대변) 자본금	×××
사채	×××	채무면제이익	×××
미지급이자	×××		

채무면제이익은 당기손익에 반영되나 현금흐름과 관련이 없으므로 비현금항목으로 차감하며, 출자전환된 금액은 현금무관거래로 처리합니다.

예를 들어, 장기차입금 1,000원이 출자전환되어 자본금 500원만큼 증가하면, 채무면제이익(당기순이익)이 500원 발생합니다.

| (차변) 장기차입금 | 1,000 | (대변) 자본금 | 500 |
| | | 채무면제이익 | 500 |

현금이 유입이 없는 채무면제이익 500원은 비현금항목으로 차감하며, 나머지 500원은 현금무관거래로 분류합니다.

이 경우 정산표는 다음과 같습니다.
① 당기순이익 500원은 '영업활동 – 유입'에 기재
② 장기차입금 중 500원과 자본금 증가액 500원은 현금무관거래로 분류
③ 장기차입금 중 500원(채무면제이익)은 '영업활동 – 유출'에 기재

| 계정과목 | 증감금액 | 영업활동 | | 현금무관거래 | |
		유입	유출	유입	유출
장기차입금	(1,000)		500(PL)		500
자본금	500			500	
이익잉여금	500	500(PL)			

◎ 무상감자

무상감자는 결손을 보전하기 위해 자본을 감소시키는 절차입니다. 무상감자가 이루어지면 이월결손금을 우선하여 차감하고, 자본감자액이 결손금을 초과한다면 그 초과액을 감자차익으로 합니다.

| (차변) 자본금 | ××× | (대변) 결손금 | ××× |
| | | 감자차익 | ××× |

감자차익은 자본손익으로서 당기순이익과 현금흐름에 영향을 미치지 않으므로, 현금무관거래로 처리합니다.

15 이자와 배당금

이자와 배당의 조정 ☆☆☆

K-IFRS는 이자, 배당, 법인세를 회사의 회계정책에 따라 선택하여 분류할 수 있습니다. 따라서 **당기순이익에 계상된 손익을 비현금항목으로 부인하고 (영업활동에 반영된 내역을 제거하고), 회계정책에 따라 현금 수취액(또는 지출액)을 분류**합니다.

- 법인세 지급액 : 영업활동
- 배당금 지급액 : 재무활동
- 이자 수취액과 배당금 수취액 : 영업활동 또는 투자활동
- 이자 지급액 : 영업활동 또는 재무활동

한편, 일반기업회계기준은 이자, 배당, 법인세를 영업활동으로 규정하고 있습니다. 따라서 관련된 조정은 없습니다.

(1) 이자수익

예제 52

- 계정의 변동

	기초	기말
현금	1,000	3,330
미수수익(이자)	1,200	800
미수수익	450	520
이익잉여금	2,000	4,000

- 재무제표에 표시된 이자수익은 1,000원임.
- 현금 수취된 이자수익은 1,400원임.
- 이자 수취액은 영업활동으로 분류하고 있음.
- 회계기간 중 당기순이익은 2,000원임.

[요구사항]
K-IFRS와 일반기업회계기준에 따라 현금흐름을 분석하시오.

현금으로 수취하거나 지급한 이자의 총액을 표시하기 위해, 미수수익과 미지급비용은 이자와 관련이 있는 부분과 그렇지 않은 부분으로 각각 구분해야 합니다.

① 이자수익이나 이자비용과 관련된 항목 : 총액으로 조정

② 이자와 관련이 없는 항목 : 순액을 운전자본의 변동에 반영

한편 재무상태표에 미지급이자, 미수이자 및 미수배당금이 없는 경우(즉, 손익계산서 금액이 현금흐름과 동일)가 있습니다. 이 경우에도 **손익계산서 항목은 비현금항목으로 제거하고, 현금 수취액(또는 지출액)은 회계정책에 따라 분류합니다.**

◎ 계정 분석

① 손익계산서에 표시된 이자수익과 이자비용은 비현금항목의 조정으로 제거

② 손익계산서상 이자수익 1,000원은 '영업활동 – 유출'에 기재

③ 현금 수취된 이자수익 1,400원은 '영업활동 – 유입'에 기재

④ 이자와 관련이 없는 미수수익 증가액 70원은 '영업활동 – 유출'에 기재

계정과목	전기BS	당기BS	증감금액	영업활동		검증
				유입	유출	
현금	1,000	3,330	2,330			2,330
미수수익(이자)	1,200	800	(400)	1,400	1,000(PL)	–
미수수익	450	520	70		70	–
이익잉여금	2,000	4,000	2,000	2,000(PL)		–

◎ 현금흐름표

구 분	금 액
Ⅰ. 영업활동 현금흐름	2,330
1. 당기순이익	2,000
2. 비현금항목의 조정	
–이자수익	(1,000)
3. 미수수익의 증가	(70)
4. 이자의 수취	1,400
Ⅱ. 현금의 증가	2,330
Ⅲ. 기초현금	1,000
Ⅳ. 기말현금	3,330

◎ **일반기업회계기준**

　일반기업회계기준은 이자비용과 이자수취액에 대한 조정사항이 없습니다. 따라서 미수수익의 증감액(운전자본의 변동) 330원만 현금흐름표에 반영됩니다.

계정과목	전기BS	당기BS	증감금액	영업활동		검증
				유입	유출	
현금	1,000	3,330	2,330			2,330
미수수익(이자)	1,650	1,320	(330)	330		-
이익잉여금	2,000	4,000	2,000	2,000(PL)		-

　일반기업회계기준에 따른 현금흐름표는 다음과 같습니다.

구 분		금 액
Ⅰ. 영업활동 현금흐름		2,330
1. 당기순이익	2,000	
2. 미수수익의 감소	330	
Ⅱ. 현금의 증가		2,330
Ⅲ. 기초현금		1,000
Ⅳ. 기말현금		3,330

(2) 이자수익과 이자비용 : K-IFRS

예제 53

• 계정의 변동

	기초	기말
현금	1,000	4,200
미수수익	–	–
미지급비용(이자 관련)	1,000	2,100
사채할인발행차금	(400)	(300)
이익잉여금	2,000	4,000

• 재무제표에 계상된 이자수익과 이자비용은 각각 400원과 1,700원임.
• 이자비용 1,700원 = 100원(할인차금 상각) + 1,600원(일반 이자)
• 현금수취된 이자수익과 현금지급된 이자비용은 각각 400원과 500원임.
• 회계정책으로 이자수취액과 이자지급액은 영업활동으로 분류함.
• 회계기간 중 당기순이익은 2,000원임.

[요구사항]
K-IFRS와 일반기업회계기준에 따라 현금흐름을 분석하시오.

이자비용은 미지급비용, 사채발행할인차금 및 현재가치할인차금 등 다양한 계정에서 발생할 수 있습니다. 따라서 손익계산서에 표시된 이자비용이 어떠한 내역으로 구성되었는지 원장 분석을 통해 파악하고 정리해야 합니다. 그리고 현금흐름 분석 시에는 해당 계정에서 이자비용을 조정해야 합니다.

이자수익도 미수수익이나 현재가치할인차금 등 여러 계정과 관련이 있다면, 마찬가지로 별도 자료 정리가 필요합니다.

본 예제에서 이자비용에 대한 회계처리는 다음과 같습니다.

(차변) 이자비용(PL)[*1]　　　　1,600　　(대변) 미지급비용(BS)[*2]　　1,100
　　　　　　　　　　　　　　　　　　　　　　　현금[*3]　　　　　　　500

(차변) 이자비용(PL)[*1]　　　　100　　(대변) 사채할인발행차금　　100

(*1) 비현금항목의 조정으로 가산
(*2) 미지급비용의 증감 = 1,600원(일반 이자) - 500원(현금 지급)
(*3) 회계정책으로 영업활동이나 재무활동 중 선택

본 예제에서 미수수익은 없으나 이자수익은 총액으로 표시되어야 합니다. 따라서 미수수익 계정에 현금유입과 현금유출을 각각 표시하는 것이 편리합니다.

◎ 계정 분석

① 손익계산서에 표시된 이자수익과 이자비용은 비현금항목의 조정으로 제거

② 이자수익 400원은 '영업활동 – 유출'에 기재하고, 이자비용 1,700원(= 1,600원 + 100원)은 '영업활동 – 유입'에 기재

③ 이자비용은 미지급비용 계정과 사채할인발행차금 계정에서 발생하였으므로, 1,600원과 100원으로 구분하여 각 계정 별로 '영업활동 – 유입'에 기재

④ 현금 수취된 이자수익 400원은 '영업활동 – 유입'에 기재하고, 현금으로 지급된 이자비용 500원은 '영업활동 – 유출'에 기재

계정과목	전기BS	당기BS	증감금액	영업활동		검증
				유입	유출	
현금	1,000	4,200	3,200			3,200
미수수익	–	–	–	400	400(PL)	–
미지급비용	1,000	2,100	1,100	1,600(PL)	500	–
사채할인발행차금	(400)	(300)	100	100(PL)		–
이익잉여금	2,000	4,000	2,000	2,000(PL)		–

◎ 현금흐름표

구 분	금 액
Ⅰ. 영업활동 현금흐름	3,200
1. 당기순이익	2,000
2. 비현금항목의 조정	
– 이자수익	(400)
– 이자비용	1,700
3. 이자의 수취	400
4. 이자의 지급	(500)
Ⅱ. 현금의 증가	3,200
Ⅲ. 기초현금	1,000
Ⅳ. 기말현금	4,200

◎ **일반기업회계기준**

일반기업회계기준은 이자비용과 이자수취액에 대한 조정사항이 없습니다. 따라서 미지급비용 증감액(운전자본의 변동) 1,600원과 사채할인발행차금 상각액 100원만 현금흐름표에 반영됩니다.

계정과목	전기BS	당기BS	증감금액	영업활동 유입	영업활동 유출	검증
현금	1,000	4,200	3,200			3,200
미지급비용	1,000	2,100	1,100	1,600(PL)		–
사채할인발행차금	(400)	(300)	100	100(PL)		–
이익잉여금	2,000	4,000	2,000	2,000(PL)		–

◎ **현금흐름표**

구 분	금 액
I. 영업활동 현금흐름	3,200
1. 당기순이익 2,000	
2. 비현금항목의 조정	
－이자비용(사채할인발행차금 상각) 100	
3. 미지급비용의 증가 1,100	
II. 현금의 증가	3,200
III. 기초현금	1,000
IV. 기말현금	4,200

(3) 배당금의 수취와 배당금의 지급

예제 54

• 계정의 변동

	기초	기말
현금	1,000	2,400
미수수익	1,200	800
미지급비용	1,000	2,200
이익잉여금	5,000	4,800

• 재무제표에 표시된 배당금수익은 1,000원이며, 현금으로 수취한 배당금은 1,400원임.
• 회계기간 중 당기순이익은 2,000원임.
• 회계기간 중 2,200원의 배당금 지급을 결의하였으나 실제 지급은 익년도에 이루어졌으며, 전기에 미지급하였던 배당금 1,000원을 회계기간 중 지급함.
• 배당금수취는 영업활동으로 분류함.

[요구사항]
현금흐름을 분석하시오.

일반기업회계기준은 배당금수익을 영업활동으로 분류하지만, K-IFRS에서는 영업활동이나 투자활동으로 분류할 수 있습니다. 따라서 다음의 조정이 이루어집니다.
① 손익계산서에 표시된 배당금수익은 비현금항목으로 차감
② 현금 수취액은 회계정책에 따라 분류 : 영업활동 또는 투자활동

현금으로 수취하거나 지급한 배당금을 총액으로 표시하기 위하여 미수수익과 미지급비용은 다음과 같이 구분합니다.
① 명세서 중 배당금과 관련된 항목 : 총액으로 조정
② 명세서 중 배당금과 관련이 없는 항목 : 순증감액을 운전자본의 변동에 반영

배당금 지급은 K-IFRS나 일반기업회계기준 모두 재무활동으로 분류합니다. 본 예제에서 배당금 지급에 관한 회계처리는 다음과 같습니다.

(차변) 미지급비용	1,000	(대변) 현금$^{(*1)}$	1,000
이익잉여금$^{(*2)}$	2,200	미지급비용$^{(*2)}$	2,200

(*1) 재무활동-유출
(*2) 현금무관거래

◎ 계정 분석

① 손익계산서에 표시된 '배당금수익' 1,000원은 '영업활동 – 유출'에 기재하고, 현금으로 수령한 배당금 1,400원은 '영업활동 – 유입'에 기재

② 전기에 선언하였으나 당기에 지급한 1,000원의 배당금은 '재무활동 – 유출'에 기재

③ 배당하기로 결의한 2,200원의 미지급비용(부채)은 '현금무관거래 – 유입'에 기재

④ 이익잉여금 처분으로 감소한 금액은 '현금무관거래 – 유출'에 기재

계정과목	전기 BS	당기 BS	증감 금액	영업활동 유입	영업활동 유출	재무활동 유입	재무활동 유출	현금무관거래 유입	현금무관거래 유출	검증
현금	1,000	2,400	1,400							1,400
미수수익	1,200	800	(400)	1,400	1,000(PL)					–
미지급비용	1,000	2,200	1,200				1,000	2,200		–
이익잉여금	5,000	4,800	(200)	2,000(PL)					2,200	–

참고로 일반기업회계기준은 배당금수익을 별도로 구분하여 분석하지 않습니다. 따라서 배당금 수취에 관련된 상기 조정은 없습니다. 즉, 미수수익 증감액만 운전자본의 변동에 반영됩니다. 반면, 배당금 지급에 대한 사항은 K – IFRS와 동일합니다.

◎ 현금흐름표

구 분	금 액
Ⅰ. 영업활동 현금흐름	2,400
1. 당기순이익	2,000
2. 비현금항목의 조정	
– 배당금수익	(1,000)
3. 배당금의 수취	1,400
Ⅱ. 재무활동 현금흐름	(1,000)
1. 배당금의 지급	(1,000)
Ⅲ. 현금의 증가	1,400
Ⅳ. 기초현금	1,000
Ⅴ. 기말현금	2,400

16 **법인세비용**

법인세회계는 난이도가 있는 분야 중의 하나입니다. 현금흐름 조정에 앞서 법인세회계처리를 설명합니다.

> **법인세회계 Framework** ☆☆☆
>
> **1단계 : 법인세비용 계산**
>
> • 법인세비용 = 당기법인세 ± 이연법인세
> • 당기법인세 = 세무조정 + 추납액 − 환급액
> • 이연법인세 = 기말 이연법인세자산(부채) − 기초 이연법인세자산(부채)
> • 결산 시점마다 누적 일시적차이에 대한 이연법인세자산(부채) 계산
>
> **2단계 : 법인세 기간 배분**
>
> • 법인세비용(1단계 계산 결과) = 손익에 대한 법인세 + 자본에 대한 법인세
> • 손익에 대한 법인세(PL) = 당기법인세 + 이연법인세
> • 자본에 대한 법인세 = 당기법인세 + 이연법인세

◎ **당기법인세**

법인세비용은 당기법인세와 이연법인세로 구성되는데, 먼저 당기법인세에 대해 살펴봅시다. 당기법인세는 연차 세무조정 결과 신고납부하는 세액과 세무조사 결과 추납하거나 환급되는 법인세로 구분됩니다. 회계처리를 예시하면 다음과 같습니다.

① 중간예납

(차변) 당기법인세자산(선급법인세)　×××　(대변) 현금　　　　　　　×××

② 법인세 신고납부

(차변) 법인세비용　　　　　　×××　(대변) 당기법인세자산(선급법인세)　×××
　　　　　　　　　　　　　　　　　　　 당기법인세부채(미지급법인세)　×××

③ 추납액 또는 환급액

| (차변) 법인세비용 | ××× | (대변) 현금 | ××× |
| 현금 | ××× | 법인세비용 | ××× |

◎ 이연법인세

이연법인세는 일시적차이를 대상으로 합니다. 일시적차이는 과거 또는 현재의 권리로 미래의 경제적효익이 증가하거나 경제적유출이 발생하는 법인세효과입니다. 일시적차이는 실무상 유보, 이월세액공제, 결손금으로 구성되지만, 반드시 그에 한정되지는 않습니다.

일시적차이가 법인세부담액에 영향을 미치는 시기는 현재가 아닌 미래입니다. 따라서 일시적차이가 소멸되는 미래 시점의 세율을 반영하여 이연법인세를 계산합니다.

| (차변) 법인세비용 | ××× | (대변) 이연법인세부채 | ××× |
| 이연법인세자산 | ××× | 법인세비용 | ××× |

예제 55 **법인세비용**

- 중간예납세액 50,000원을 납부하였으며, 세무조사 결과 15,000원을 추징당함.
- 연차 세무조정 시 120,000원이 산출됨.
- 기초 이연법인세자산은 10,000원임.
- 당기말 유보 : 대손충당금 50,000원 및 재고자산평가손실 1,000원
- 주민세를 포함한 법인세율 : 22%

당기법인세 회계처리는 다음과 같습니다.

| (차변) 법인세비용 | 135,000 | (대변) 당기법인세부채 | 70,000 |
| | | 현금 | 65,000 |

이연법인세 회계처리는 다음과 같습니다.

| (차변) 이연법인세자산 | 1,220 | (대변) 법인세비용 | 1,220 |

- 기말이연법인세자산 = 51,000원 × 22% = 11,220원
- 이연법인세자산의 변동 = 11,220원 - 10,000원 = 1,220원

따라서 당기에 인식할 법인세비용은 133,780원(= 135,000원 - 1,220원)입니다.

◎ 자본에 대한 법인세 – 당기법인세

회계에서 손익은 크게 자본손익과 당기손익(PL)으로 구분되듯이, 법인세도 손익과 자본에 대한 법인세로 구분됩니다. 그리고 손익에 대한 법인세와 동일하게 자본에 대한 법인세도 당기법인세와 이연법인세로 구성되어 있습니다. 다만, 자본에 대한 법인세는 일부 항목에 의하여 발생하므로, 총 법인세가 계산(1단계)되면 자본에 대한 법인세를 별도로 계산하여 차감하는 방식으로 손익에 대한 법인세를 구합니다.

당기손익(PL)에 대한 법인세비용은 손익계산서에 '법인세비용'이라는 계정으로 표시하지만, 자본에 대한 법인세비용은 해당 자본 계정에서 직접 차감한다는 특징이 있습니다. 설명이 다소 추상적인데 예를 들어 보겠습니다.

장부금액이 400원인 자기주식을 900원에 처분하였을 경우 자기주식처분이익(자본손익)을 인식하게 됩니다.

| (차변) 현금 | 900 | (대변) 자기주식 | 400 |
| | | 처분이익(자본잉여금) | 500 |

세무상 자기주식처분이익은 과세대상입니다. 따라서 적용세율이 22%라면 110원(= 500원 × 22%)을 납부하게 됩니다.

| (차변) 처분이익(자본잉여금) | 110 | (대변) 현금 | 110 |

상기 회계처리를 보시면 법인세비용(PL)이 아닌 자기주식처분이익으로 법인세 납부액을 처리하고 있습니다. 이러한 현상을 자본에 대한 법인세는 해당 계정에서 직접 차감한다고 표현하고 있습니다.

◎ 자본에 대한 법인세 – 이연법인세

시세차익 목적으로 10,000원에 취득한 투자주식이 1,000원만큼 시가가 상승하면, 매도가능증권평가이익(기타포괄손익)을 1,000원 인식합니다. 그리고 매도가능증권평가이익에 대해 법인세효과(22%)를 후속적으로 인식하게 됩니다.

| (차변) 매도가능증권 | 1,000 | (대변) 매도가능증권평가이익 | 1,000 |

| (차변) 매도가능증권평가이익 | 220 | (대변) 이연법인세부채 | 220 |

이와 같이 자본에 대한 법인세는 항상 해당 계정에서 직접 가감합니다.

예제 56 종합사례

- 당기 세무조정 결과 납부할 법인세 : 20,000원
- 당기에 발생한 자기주식처분이익(자본이익) : 500원
- 기초 이연법인세자산은 10,000원임.
- 당기 말 유보 : 대손충당금은 50,000원과 매도가능증권평가손실 1,000원
- 주민세를 포함한 법인세율 : 22%

① 당기법인세 인식

(차변) 법인세비용   20,000   (대변) 당기법인세부채   20,000

② 이연법인세 인식

(차변) 이연법인세자산   1,220   (대변) 법인세비용   1,220

- 기말이연법인세자산 = 51,000원 × 22% = 11,220원
- 이연법인세자산의 변동 = 11,220원 − 10,000원 = 1,220원
- 법인세비용 = 20,000원 − 1,220원 = 18,780원

①과 ② 즉, 1단계를 통해 계산된 총 법인세비용은 18,780원(= 20,000원 − 1,220원)입니다. 이제 2단계 과정으로 갑니다.

③ 자본에 대한 법인세

- 당기법인세(자기주식처분이익에 대한 법인세) = 500원 × 22% = 110원
- 이연법인세(평가손실에 대한 법인세) = 1,000원 × 22% = 220원

총 법인세에서 자본에 대한 법인세를 차감하여 손익에 대한 법인세를 계산한다고 하였습니다. 그 내용을 표로 요약하면 다음과 같습니다.

구 분	당기법인세	이연법인세	법인세비용
총 법인세	20,000	(1,220)	18,780
자본에 대한 법인세	110	(220)	(110)
손익에 대한 법인세(PL)	19,890	(1,000)	18,980

자본에 대한 법인세를 인식하는 회계처리(법인세 기간배분)는 다음과 같습니다.

(차변) 법인세비용   220   (대변) 매도가능증권평가손실   220
　　　 자기주식처분이익   110   법인세비용   110

(1) 당기법인세

예제 57

- 계정의 변동

	기초	기말
현금	10,000	31,600
이연법인세자산	1,200	800
미지급법인세(당기법인세부채)	1,000	2,200
이익잉여금	20,000	40,000

- 손익계산서의 법인세비용은 3,100원이고, 세무조정상 법인세납부세액은 2,700원임.
- 회계기간 중에 인식한 당기순이익은 20,000원임.
- 자본에 대한 법인세는 발생하지 아니함.

[요구사항]
K-IFRS와 일반기업회계기준에 따른 현금흐름을 분석하시오.

본 예제에서 법인세비용의 계산절차는 다음과 같습니다.
- 당기법인세 = 2,700원
- 이연법인세자산의 변동 = 800원 - 1,200원 = (400)원
- 법인세비용 = 당기법인세 + 이연법인세 = 2,700원 + 400원 = 3,100원

이연법인세는 평가 계정이므로, 현금흐름에 영향을 미치지 않습니다. 따라서 **법인세 현금흐름을 가져오는 것은 당기법인세**에 국한됩니다. 현금지출액을 계산하면 다음과 같습니다.

미지급법인세

현금지출	1,500	기초	1,000
		법인세비용 (당기법인세)	2,700
기말	2,200		

법인세로 발생한 현금유출은 영업활동으로 분류하는 것이 일반적입니다. 자기주식 거래 등 재무활동으로 발생한 현금흐름도 있겠지만, 실무상 법인세 현금흐름은 식별할 수 없는 경우가 많으며, 거래와 현금흐름이 발생한 회계연도가 다른 경우도 있기 때문입니다.

◎ 계정 분석 : K-IFRS

① 손익계산서에 표시된 법인세비용 3,100원은 '영업활동-유입'에 기재

→ 법인세비용 3,100원은 발생원천 별로 나누어 해당 계정에 반영

② 실제로 납부한 세액 1,500원은 '영업활동-유출'에 기재

계정과목	전기 BS	당기 BS	증감 금액	영업활동		검증
				유입	유출	
현금	10,000	31,600	21,600			21,600
이연법인세자산	1,200	800	(400)	400(PL)		–
미지급법인세	1,000	2,200	1,200	2,700(PL)	1,500	–
이익잉여금	20,000	40,000	20,000	20,000(PL)		–

◎ 현금흐름표 : K-IFRS

구 분	금 액
I. 영업활동 현금흐름	21,600
1. 당기순이익	20,000
2. 비현금항목의 조정	
– 법인세비용	3,100
3. 법인세의 납부	(1,500)

◎ 현금흐름표 : 일반기업회계기준

구 분	금 액
I. 영업활동 현금흐름	21,600
1. 당기순이익	20,000
2. 이연법인세자산의 감소	400
3. 미지급법인세의 증가	1,200

(2) 공정가치평가금융자산 : K-IFRS

- 계정의 변동

	기초	기말
현금	10,000	13,000
공정가치측정금융자산	5,200	3,000
이연법인세부채	440	200
공정가치측정금융자산평가이익	1,760	800
이익잉여금	2,000	4,000

- 당기 중에 1,200원을 처분하고 200원의 처분이익을 인식함.
- 결산 시 시가를 반영하여 주식의 장부금액과 평가이익(세전)이 1,000원만큼 감소함.
- 법인세율은 20%임.
- 회사는 FVOCI로 분류하고 있으며, 처분 시점에 기타포괄손익을 이익잉여금으로 대체함.
- 회계기간 중에 인식한 당기순이익은 1,800원임.

[요구사항]
현금흐름을 분석하시오.

각 계정의 변동내역은 다음과 같습니다.

계정과목	기초금액	처분	평가	기말금액
공정가치측정금융자산	5,200	(1,200)	(1,000)	3,500
평가이익(법인세전)	2,200	(200)	(1,000)	1,000

공정가치측정금융자산의 처분 회계처리는 다음과 같이 구분할 수 있습니다.

(차변) 현금^(*)	1,200	(대변) 공정가치측정금융자산	1,200
평가이익(OCI)	160	이익잉여금	200
이연법인세부채	40		

(*) 투자활동 현금유입

아래 부분은 당기순이익과 현금흐름에 영향을 미치지 않기 때문에 현금무관거래로 분류합니다.

결산 시 평가 회계처리는 다음과 같습니다.

(차변) 평가이익(OCI)   800   (대변) 공정가치측정금융자산   1,000
       이연법인세부채   200

(*) 당기순이익과 현금흐름에 영향이 없으므로 현금무관거래로 분류

◎ 계정 분석

① 공정가치측정금융자산의 처분으로 유입된 1,200원은 '투자활동 – 유입'에 기재

② 공정가치측정금융자산평가이익과 이연법인세부채의 변동은 모두 현금무관거래

③ 이익잉여금 변동 중 당기순이익(PL)에 해당하는 금액만 영업활동에 반영

평가로 인한 기타포괄손익의 변동은 현금무관거래에 해당합니다. 그리고 기타포괄손익에 대한 법인세효과도 현금무관거래로 반영됩니다.

계정과목	전기 BS	당기 BS	증감 금액	영업활동		투자활동		현금무관거래		검증
				유입	유출	유입	유출	유입	유출	
현금	10,000	13,000	3,000							3,000
공정가치측정 금융자산	5,200	3,000	(2,200)			1,200		1,000		–
이연법인세 부채	440	200	(240)					40+ 200		–
평가이익(OCI)	1,760	800	(960)					160+ 800		–
이익잉여금	2,000	4,000	2,000	1,800(PL)				200		–

◎ 현금흐름표

구 분		금 액
Ⅰ. 영업활동 현금흐름		1,800
1. 당기순이익	1,800	
Ⅱ. 투자활동 현금흐름		1,200
1. 공정가치측정금융자산의 처분	1,200	
Ⅲ. 현금의 증가		3,000
Ⅳ. 기초현금		10,000
Ⅴ. 기말현금		13,000

(3) 매도가능증권 : 일반기업회계기준

예제 59

• 계정의 변동

	기초	기말
현금	10,000	13,000
매도가능증권	5,200	3,000
이연법인세부채	440	200
매도가능증권평가이익	1,760	800
이익잉여금	2,000	4,000

• 당기 중에 1,200원을 처분하고 200원의 처분이익을 인식함.
• 결산 시 시가를 반영하여 주식의 장부금액과 평가이익(세전)이 1,000원만큼 감소함.
• 법인세율은 20%임.
• 회계기간 중에 인식한 당기순이익은 2,000원임.

[요구사항]
현금흐름을 분석하시오.

각 계정의 변동내역은 다음과 같습니다.

계정과목	기초금액	처분	평가	기말금액
매도가능증권	5,200	(1,200)	(1,000)	3,500
평가이익(법인세전)	2,200	(200)	(1,000)	1,000

매도가능증권 처분 회계처리는 다음과 같이 구분할 수 있습니다.

(차변) 현금(*1)	1,200	(대변) 매도가능증권	1,000
		매도가능증권처분이익(*2)	200
매도가능증권평가이익	160	매도가능증권	200
이연법인세부채	40		

(*1) 투자활동 현금유입
(*2) 당기순이익에 포함되어 있으나 투자활동에 해당하므로 비현금항목으로 차감

아래 부분은 당기순이익과 현금흐름에 영향을 미치지 않기 때문에 현금무관거래로 분류합니다.

결산 시 평가 회계처리는 다음과 같습니다.

| (차변) | 매도가능권평가이익 | 800 | (대변) | 매도가능증권 | 1,000 |
| | 이연법인세부채 | 200 | | | |

(*) 당기순이익과 현금흐름에 영향이 없으므로 현금무관거래로 분류

◎ 계정 분석

① 매도가능증권처분이익 200원은 '영업활동 – 유출'에 기재

② 매도가능증권의 처분으로 유입된 1,200원은 '투자활동 – 유입'에 기재

③ 매도가능증권평가이익과 이연법인세부채의 변동은 모두 현금무관거래

평가로 인한 기타포괄손익의 변동은 현금무관거래에 해당합니다. 그리고 기타포괄손익에 대한 법인세효과도 현금무관거래에 반영됩니다.

계정과목	전기 BS	당기 BS	증감 금액	영업활동		투자활동		현금무관거래		검증
				유입	유출	유입	유출	유입	유출	
현금	10,000	13,000	3,000							3,000
매도가능증권	5,200	3,000	(2,200)		200(PL)	1,200		200+ 1,000		–
이연법인세 부채	440	200	(240)					40+ 200		–
평가이익(OCI)	1,760	800	(960)					160+ 800		–
이익잉여금	2,000	4,000	2,000	2,000(PL)						–

◎ 현금흐름표

구 분	금 액	
Ⅰ. 영업활동 현금흐름		1,800
1. 당기순이익	2,000	
2. 매도가능증권처분이익	(200)	
Ⅱ. 투자활동 현금흐름		1,200
1. 매도가능증권의 처분	1,200	
Ⅲ. 현금의 증가		3,000
Ⅳ. 기초현금		10,000
Ⅴ. 기말현금		13,000

(4) 확정급여부채에 대한 법인세효과 : K-IFRS

예제 60

• 계정의 변동

	기초	기말
현금	10,000	11,850
사외적립자산	2,000	2,340
확정급여채무	3,500	3,640
이연법인세부채	–	10
이익잉여금	10,000	12,040

• 회계기간 중에 인식한 당기순이익은 2,000원임.

• 법인세율은 20%임.

• 계리보고서 검토 결과 확정급여채무와 사외적립자산의 증감내역은 다음과 같음.

	확정급여채무	사외적립자산
기초	3,500	2,000
근무원가	600	–
이자원가	140	60
재측정요소(*)	(100)	(50)
기여금	–	430
지급액	(500)	(100)
기말	3,640	2,340

(*) 재측정요소는 보험수리적이익으로 기타포괄손익에 해당함.

[요구사항]
현금흐름을 분석하시오.

본 예제는 〈예제 35〉에 법인세효과를 반영한 것입니다. 〈예제 35〉를 먼저 살펴보시기 바랍니다.

① 확정급여채무 재측정요소에 대한 법인세효과 = 이연법인세부채 20원
② 사외적립자산 재측정요소에 대한 법인세효과 = 이연법인세자산 10원

보험수리적손익에 대한 법인세효과와 이익잉여금 상계가 결합된 회계처리는 다음과 같습니다.

(차변) 보험수리적이익	100	(대변) 이연법인세부채	20
		이익잉여금	80

(차변) 이연법인세부채	10	(대변) 보험수리적손실	50
이익잉여금	40		

◎ 계정 분석

① 확정급여채무의 근무원가 600원과 이자원가 140원은 '영업활동 – 유입'에 기재

② 퇴직금 지급액 500원은 확정급여채무 계정의 '영업활동 – 유출'로 기재

③ 사외적립자산에서 발생한 이자수익 60원은 '영업활동 – 유출'에 기재

④ 사외적립자산에서 발생한 기여금과 지급액의 합계(사외적립자산의 변동 330원 = 430원 – 100원)은 '영업활동 – 유출'에 반영

⑤ 재측정요소에 대한 법인세효과 및 이익잉여금 상계는 현금무관거래로 처리

계정과목	전기 BS	당기 BS	증감 금액	영업활동		현금무관거래		검증
				유입	유출	유입	유출	
현금	10,000	11,850	1,850					1,850
이연법인세부채	–	10	10			20	10	–
확정급여채무	3,500	3,640	140	600(PL) + 140(PL)	500		100	–
사외적립자산	(2,000)	(2,340)	(340)		60(PL) + 330	50		–
이익잉여금	10,000	12,040	2,040	2,000(PL)		80	40	–

◎ 현금흐름표

구 분		금 액
Ⅰ. 영업활동 현금흐름		1,850
1. 당기순이익	2,000	
2. 퇴직급여(=600원+140원 – 60원)	680	
3. 퇴직금 지급액(비현금항목의 조정)	(500)	
4. 사외적립자산 증가(운전자본의 변동)	(330)	
Ⅱ. 현금의 증가		1,850
Ⅲ. 기초현금		10,000
Ⅳ. 기말현금		11,850

회계처리가 현금흐름표에 미치는 영향

〈예제 35〉는 법인세가 없는 경우의 사례이며, 〈예제 60〉은 법인세회계를 적용한 사례입니다. 재무제표(BS 및 PL)를 비교하면 차이가 납니다. 회계처리가 다르니 재무제표가 바뀐 것이죠.
그러나 〈예제 35〉와 〈예제 60〉에서 예시된 현금흐름표는 동일합니다. 왜 그럴까요?

〈예제 58〉은 K-IFRS에 따른 투자주식 회계처리가 반영된 사례인 반면, 〈예제 59〉는 일반기업회계기준을 전제한 사례입니다. 양자 간의 손익은 다릅니다.
그러나 〈예제 58〉과 〈예제 59〉에서 예시된 현금흐름표는 동일합니다. 왜 그럴까요?

현금흐름표는 발생주의에 따라 작성된 재무상태표와 손익계산서를 보완하고 있는 재무제표입니다. 발생주의와 현금주의의 차이를 Reconcile하며 현금흐름을 영업, 투자, 재무활동으로 구분하여 보여주고 있습니다. 현금흐름에 초점을 맞추는 재무제표이므로 거래가 동일하다면 (회계처리에 관계없이) 동일한 모습을 보입니다.

이와 같은 특성 때문에 재무상태표와 손익계산서는 회사의 Opinion이지만, 현금흐름표는 Fact라고 표현합니다.

〈제Ⅰ부〉의 〈제6장〉 '현금흐름 분석 사례'에서는 현금흐름표에 표시된 정보를 어떻게 해석해야 할 것인가를 논의하고 있습니다.

(5) 자본에 대한 법인세와 법인세 지급액 분석

예제 61

- 계정의 변동

	기초	기말
현금	10,000	12,850
당기법인세부채	1,000	700
이연법인세부채	1,200	1,600
자기주식	(400)	–
자본잉여금	–	350
이익잉여금	10,000	12,000

- 회계기간 중 자기주식을 900원에 처분하고, 500원의 처분이익이 발생하였으며, 이로 인해 150원의 법인세를 납부함(세율 : 30%).
- 재무제표에 계상된 법인세비용(PL)은 2,950원임.
- 세무조정계산서상 법인세부담액은 2,700원임.
- 회계기간 중 당기순이익은 2,000원임.

[요구사항]
1. K-IFRS에 따라 현금흐름을 분석하시오.
2. 일반기업회계기준에 따라 현금흐름을 분석하시오.

자기주식 처분 시 회계처리는 다음과 같습니다.

(차변) 현금$^{(*)}$ 900   (대변) 자기주식   400
                                              처분이익(자본잉여금)   500

(*) 재무활동 현금흐름

자기주식처분이익은 자본손익입니다. 당기손익에 해당하지 않으므로 비현금항목의 조정에 해당하지 않습니다. 자기주식처분으로 인해 현금이 유입되므로 900원은 '재무활동 – 유입'으로 기재합니다.

재무제표에 반영되는 법인세 관련 계정은 다음과 같이 정리됩니다.
① 법인세비용 = 당기법인세 + 이연법인세
              = 세무조정 결과 + 이연법인세자산(부채)의 증감
              = 2,700원 + 400원 = 3,100원

② 자본에 대한 당기법인세 = 500원 × 30% = 150원

③ 자기주식처분이익(자본잉여금) = 500원 − 150원 = 350원

이연법인세는 평가 계정이므로 현금흐름에 영향을 미치지 않습니다. 따라서 **법인세 현금흐름을 가져오는 것은 당기법인세**에 국한됩니다. T 계정을 이용하면 현금지출액이 3,000원으로 계산됩니다.

미지급법인세

현금지출	3,000	기초	1,000
		법인세비용 (당기법인세)	2,700
기말	700		

지금까지의 내용을 표로 정리하면 다음과 같습니다.

구 분	법인세비용	당기법인세	이연법인세
총 법인세	3,100	2,700	400
자본에 대한 법인세	150	150	−
손익에 대한 법인세(PL)	2,950	2,550	400

당기법인세와 이연법인세 회계처리는 다음과 같습니다.

(차변) 법인세비용	3,100	(대변) 이연법인세부채	400
당기법인세부채	300	현금	3,000

법인세 기간배분 처리는 다음과 같습니다.

(차변) 자기주식처분이익	150	(대변) 법인세비용	150

상기 회계처리들을 종합하면 다음과 같습니다.

(차변) 법인세비용(손익)[*1]	2,950	(대변) 이연법인세부채	400
자기주식처분이익	150	현금[*2]	3,000
당기법인세부채	300		

(*1) 비현금항목으로 가산
(*2) 영업활동−유출

◎ **계정 분석**(K-FRS)

① 이연법인세부채 감소액 400원은 '영업활동-유입'에 기재

② 손익에 대한 법인세비용 2,950원은 비현금항목으로 가산 : 이연법인세부채(영업활동-유입) 400원과 당기법인세부채(영업활동 - 유입) 2,550원으로 구성

③ 법인세 지급액 3,000원은 당기법인세부채(2,850원, 손익법인세)와 자본잉여금(150원, 자본법인세)으로 구성

④ 자기주식 처분으로 유입된 900원은 자기주식과 자본잉여금으로 나뉘어 '재무활동 유입'에 각각 400원과 500원 기재

⑤ 자기주식처분이익에 대한 법인세 납부액 150원은 '영업활동-유출'에 기재

계정과목	전기 BS	당기 BS	증감 금액	영업활동		재무활동		검증
				유입	유출	유입	유출	
현금	10,000	12,850	2,850					2,850
당기법인세부채	1,000	700	(300)	2,550 (PL)	2,850			-
이연법인세부채	1,200	1,600	400	400 (PL)				-
자기주식	(400)	-	400			400		-
자본잉여금	-	350	350		150	500		-
이익잉여금	10,000	12,000	2,000	2,000 (PL)				-

◎ **현금흐름표**(K-IFRS)

구 분		금 액
I. 영업활동 현금흐름		1,950
1. 당기순이익	2,000	
2. 법인세비용	2,950	
3. 법인세의 납부	(3,000)	
II. 재무활동 현금흐름		900
1. 자기주식의 처분	900	
III. 현금의 증가		2,850
IV. 기초현금		10,000
V. 기말현금		12,850

◎ 계정 분석(일반기업회계기준)

일반기업회계기준은 법인세비용(PL)과 법인세 납부액에 대한 총액 조정이 없다는 점이 특징적입니다.

① 이연법인세부채 감소액 400원은 '영업활동 – 유입'에 기재

② 당기법인세부채 감소 400원과 자기주식처분이익에 대한 법인세 150원을 각각 '영업활동 – 유출'에 기재

③ 자기주식 처분으로 유입된 900원은 자기주식과 자본잉여금으로 나뉘어 '재무활동 – 유입'에 각각 400원과 500원 기재

계정과목	전기 BS	당기 BS	증감 금액	영업활동		재무활동		검증
				유입	유출	유입	유출	
현금	10,000	12,850	2,850					2,850
당기법인세부채	1,000	700	(300)		300			–
이연법인세부채	1,200	1,600	400	400				–
자기주식	(400)	–	400			400		–
자본잉여금	–	350	350		150	500		–
이익잉여금	10,000	12,000	2,000	2,000 (PL)				–

◎ 현금흐름표(일반기업회계기준)

구 분	금 액	
Ⅰ. 영업활동 현금흐름		1,950
1. 당기순이익	2,000	
2. 이연법인세부채의 증가	400	
3. 당기법인세부채의 증가	(300)	
4. 자기주식처분이익에 대한 법인세	(150)	
Ⅱ. 재무활동 현금흐름		900
1. 자기주식의 처분	900	
Ⅲ. 현금의 증가		2,850
Ⅳ. 기초현금		10,000
Ⅴ. 기말현금		12,850

제 **4** 장

현금흐름표 작성 사례

현금흐름표의 작성 사례는 엑셀로 구성되어 있습니다. 관련 자료는 다운로드 받아 사용하시기 바랍니다.

사례의 해답은 제공된 엑셀에 포함되어 있습니다.

1. 비교식 재무상태표

계정과목	01년	02년	증감액
I. 유동자산	12,161,545	13,235,020	
(1) 당좌자산	4,856,315	7,410,969	
1. 현금및현금성자산	617,253	1,470,146	852,893
2. 단기금융상품	173,030	120,000	(53,030)
3. 매출채권	3,947,782	5,748,628	1,800,846
대손충당금	(110,810)	(140,976)	(30,166)
4. 단기대여금	189,730	174,270	(15,460)
5. 미수수익	39,330	38,901	(429)
(2) 재고자산	7,305,230	5,824,051	
1. 상품	7,305,230	5,824,051	(1,481,179)
II. 비유동자산	87,023,894	112,027,654	
(1) 투자자산	8,535,765	8,696,586	
1. 공정가치측정금융자산	6,127,000	6,429,000	302,000
2. 보증금	2,408,765	2,267,586	(141,179)
(2) 종속기업투자	44,868,570	73,341,079	
1. 종속기업투자	44,868,570	73,341,079	28,472,509
(3) 유형자산	33,619,559	29,989,989	
1. 토지	26,515,326	21,515,326	(5,000,000)
2. 건물	8,186,684	9,474,369	1,287,685
감가상각누계액	(3,591,304)	(3,732,187)	(140,883)
3. 기계장치	12,422,060	12,894,583	472,523
감가상각누계액	(10,733,359)	(10,820,067)	(86,708)
4. 건설중인자산	820,152	657,965	(162,187)
자산총계	99,185,439	125,262,674	
I. 유동부채	20,239,969	11,029,972	
1. 매입채무	7,023,840	7,271,852	248,012
2. 미지급금	10,606,112	900,705	(9,705,407)
3. 미지급비용	2,001,552	2,347,415	345,863
4. 당기법인세부채	608,465	510,000	(98,465)
II. 비유동부채	29,281,479	40,765,138	

계정과목	01년	02년	증감액
1. 장기차입금	12,250,000	12,850,000	600,000
2. 사채	14,559,050	24,850,000	10,290,950
사채발행할인차금	(12,598)	(15,362)	(2,764)
3. 확정급여채무	5,319,847	5,986,982	667,135
사외적립자산	(4,592,320)	(4,600,102)	(7,782)
국민연금전환금	(8,347)	(7,511)	836
4. 이연법인세부채	1,765,847	1,701,131	(64,716)
부채총계	49,521,448	51,795,110	
I. 자본금	3,000,000	5,000,000	2,000,000
II. 자본잉여금	5,000,000	21,995,000	16,995,000
III. 기타포괄손익누계액	420,000	630,000	
1. FVOCI(평가이익)	420,000	630,000	210,000
IV. 이익잉여금	41,243,991	45,842,564	4,598,573
자본총계	49,663,991	73,467,564	
부채및자본총계	99,185,439	125,262,674	

2. 손익계산서

(1) 요약 손익계산서

계정과목	금액
매출액	197,877,165
매출원가	170,719,119
매출총이익	27,158,046
판매비와관리비	22,578,628
영업이익	4,579,418
영업외손익	4,603,962
법인세비용	2,884,857
당기순이익	6,298,523

(2) 매출원가와 판관비 내역

	매출원가	판관비	합계
감가상각비	315,985	96,606	412,591
퇴직급여	1,383,053	266,493	1,649,546
대손상각비	–	180,166	180,166
합계	1,699,038	543,265	2,242,303

(3) 영업외손익 내역

계정과목	영업외수익	영업외비용
이자수익	595,841	–
배당금수익	30,000	–
외화환산이익	138,378	–
유형자산처분이익	35,000	–
종속기업투자처분이익	4,472,509	–
잡이익	153,841	–
이자비용	–	(95,874)
외화환산손실	–	(87,238)
유형자산처분손실	–	(100,000)
기타	27,955	(566,450)
합계	5,453,524	(849,562)

(4) 이자수익과 이자비용

	이자수익	이자비용
사채발행할인차금	–	1,036
기타	595,841	94,838
합계	595,841	95,874

(5) 외화환산손익

계정과목	외화환산이익	외화환산손실
현금	–	35,984
매출채권	–	51,254
매입채무	72,504	–
미지급금	65,874	–
합계	138,378	87,238

3. 추가자료

(1) 현금

• 외화환산손익만 정산표에 반영되며, 증감금액은 전체 현금흐름 분석후 순증감액과 대사하는 데 활용됨.

(2) 단기금융상품 증감내역

계정과목	기초	취득	처분	기말
단기금융상품	173,030	2,863,000	(2,916,030)	120,000

(3) 매출채권과 대손충당금

• 매출채권에 대한 외화환산손실 금액은 51,254원임.

• 회계기간 중 매출채권과 대손충당금은 각각 150,000원씩 상계되어 제각됨.

(4) 단기대여금 증감내역

계정과목	기초	대여	상환	기말
단기대여금	189,730	174,270	(189,730)	174,270

(5) 이자와 배당

• 미수수익과 미지급비용 계정의 분석 내용은 다음과 같음.

	기초	증가	감소	기말
미수수익(이자수익)	12,500	595,841	597,390	10,951
미지급비용(이자비용)	72,550	94,838	71,901	95,487
미지급비용(배당금지급)	1,500,000	1,700,000	1,500,000	1,700,000
미수수익(기타)	26,830	256,841	255,721	27,950
미지급비용(기타)	429,002	3,659,841	3,536,915	551,928

• 당기 중 미수수익을 통하여 현금으로 획득한 이자수익은 597,390원임.

• 당기 중 미지급비용을 통하여 현금으로 지급된 이자비용은 71,901원임.

• 당기 이자비용 중 1,036원은 사채할인차금의 상각으로 발생된 것임.

• 당기 중 지급한 배당금은 1,500,000원이며, 배당 결의되었으나 지급되지 아니한 배당금은 1,700,000원임.

• 당기 중 배당금수익은 30,000원이며, 기초와 기말에 계상된 미수배당금은 없음.

(6) 재고자산

• 회계기간 중 일부 장부에 누락된 재고자산을 발견하여 잡이익(153,841원)으로 처리함.

(7) 공정가치측정금융자산

- 회계기간 중 2,000원을 취득하였으며, 결산일 현재 공정가치측정금융자산의 공정가치는 300,000원 증가함.

- 법인세율은 30%이며, 공정가치측정금융자산에 대한 회계처리는 다음과 같음.

(차변) 공정가치측정금융자산	2,000	(대변) 현금	2,000
공정가치측정금융자산	300,000	이연법인세부채	90,000
		평가이익(OCI)	210,000

(8) 보증금

- 보증금 증감내역(현금흐름은 투자활동으로 분류)

계정과목	기초	증가	감소	기말
보증금	2,408,765	560,921	(702,100)	2,267,586

(9) 종속기업투자

- 종속기업투자주식의 변동내역은 다음과 같음.

계정과목	기초	증가	감소	기말
종속기업투자	44,868,570	40,000,000	(11,527,491)	73,341,079

- 처분 시 4,472,509원의 처분이익이 발생함.
- 회계기간 중 종속기업으로부터 30,000원의 배당금을 수령함(미수배당은 없음).

(10) 유형자산

- 유형자산 변동내역

계정과목	기초	상각	처분	취득	대체	기말
토지	26,515,326	–	(5,000,000)	–	–	21,515,326
건물	8,186,684	–	(350,000)	600,000	1,037,685	9,474,369
감가상각누계액	(3,591,304)	(325,883)	185,000	–	–	(3,732,187)
기계장치	12,422,060	–	–	–	472,523	12,894,583
감가상각누계액	(10,733,359)	(86,708)	–	–	–	(10,820,067)
건설중인자산	820,152	–	–	1,348,021	(1,510,208)	657,965
합계	33,619,559	(412,591)	(5,165,000)	1,948,021	–	29,989,989

- 토지 처분 시 100,000원의 손실이 발생함.
- 건물의 처분 회계처리는 다음과 같음.

(차변) 현금	200,000	(대변) 건물	350,000
감가상각누계액	185,000	유형자산처분이익	35,000

(11) 매입채무

• 매입채무에 대한 외화환산이익은 72,504원임.

(12) 미지급금

• 전기에 계상된 미지급금 중 10,000,000원은 리스부채이며, 02년말 현재 잔존하고 있는 리스부채는 없음.

• 미지급금에 대한 외화환산이익은 65,874원임.

(13) 차입금과 사채

• 회계기간 중 600,000원을 장기 차입함.

• 회계기간 중 10,290,950원의 사채를 발행하였고, 3,800원의 사채발행비가 지출됨.

(14) 확정급여채무

• 확정급여채무의 변동내역

	확정급여채무	사외적립자산
기초	5,319,847	4,592,320
근무원가	1,645,000	–
이자원가	65,800	61,254
재측정요소	(100)	(50)
기여금	–	926,929
지급액	(1,043,565)	(980,351)
기말	5,986,982	4,600,102

• 확정급여채무에 대한 현금흐름 정보

	확정급여채무	사외적립자산
증감액	667,135	7,782
퇴직급여	1,710,800	61,254
퇴직금지급액	(1,043,565)	–
사외적립자산의 증감	–	(53,422)
보험수리적손익	(100)	(50)

• 중요성을 감안하여 보험수리적손익에 대한 이연법인세효과를 별도로 인식하지 아니함.

(15) 유상증자

• 회계기간 중 2,000주(액면금액 : 1,000원)를 주당 9,500원에 발행함.

• 17,000,000원의 유상증자 과정 중에 5,000원의 주식발행비가 발생함.

(16) 법인세

• 법인세비용의 구성내역

(단위 : 천원)

	금액
법인세부담액	3,039,573
이연법인세 변동	(64,716)
자본에 대한 법인세비용	(90,000)
손익계산서상 법인세비용	2,884,857

• 법인세 회계처리

(차변) 당기법인세부채   98,465   (대변) 현금   3,138,038
          법인세비용   3,039,573

          (*) 당기법인세(법인세부담액)에 대한 회계처리

(차변) 평가이익(OCI)   90,000   (대변) 법인세비용   154,716
          이연법인세부채   64,716

          (*) 이연법인세부채 인식 및 법인세 기간내 배분

(17) 자본변동표

	자본금	자본잉여금	기타포괄손익누계액	이익잉여금	합계
기초(02.1.1)	3,000,000	5,000,000	420,000	41,243,991	49,663,991
유상증자	2,000,000	17,000,000	−	−	19,000,000
주식발행비	−	(5,000)	−	−	(5,000)
FVOCI 평가	−	−	210,000	−	210,000
당기순이익	−	−	−	6,298,523	6,298,523
배당금의 결의	−	−	−	(1,700,000)	(1,700,000)
보험수리적손익	−	−	−	50	50
기말(02.12.31)	5,000,000	21,995,000	630,000	45,842,564	73,467,564

요구사항

02년 현금흐름표를 작성하시오.

1. 비교식 재무상태표

계정과목	01년	02년	증감액
I. 유동자산	12,161,545	13,235,020	
(1) 당좌자산	4,856,315	7,410,969	
1. 현금및현금성자산	617,253	1,470,146	852,893
2. 단기금융상품	173,030	120,000	(53,030)
3. 매출채권	3,947,782	5,748,628	1,800,846
대손충당금	(110,810)	(140,976)	(30,166)
4. 단기대여금	189,730	174,270	(15,460)
5. 미수수익	39,330	38,901	(429)
(2) 재고자산	7,305,230	5,824,051	
1. 상품	7,305,230	5,824,051	(1,481,179)
II. 비유동자산	87,023,894	112,027,654	
(1) 투자자산	8,535,765	8,696,586	
1. 매도가능증권	2,600,000	2,900,000	300,000
2. 만기보유증권	3,527,000	3,529,000	2,000
3. 보증금	2,408,765	2,267,586	(141,179)
(2) 투자자산	44,868,570	73,341,079	
1. 지분법적용투자주식	44,868,570	73,341,079	28,472,509
(3) 유형자산	33,619,559	29,989,989	
1. 토지	26,515,326	21,515,326	(5,000,000)
2. 건물	8,186,684	9,474,369	1,287,685
감가상각누계액	(3,591,304)	(3,732,187)	(140,883)
3. 기계장치	12,422,060	12,894,583	472,523
감가상각누계액	(10,733,359)	(10,820,067)	(86,708)
4. 건설중인자산	820,152	657,965	(162,187)
자산총계	99,185,439	125,262,674	
I. 유동부채	20,239,969	11,029,972	
1. 매입채무	7,023,840	7,271,852	248,012
2. 미지급금	10,606,112	900,705	(9,705,407)
3. 미지급비용	2,001,552	2,347,415	345,863
4. 당기법인세부채	608,465	510,000	(98,465)

계정과목	01년	02년	증감액
II. 비유동부채	29,281,479	40,765,138	
1. 장기차입금	12,250,000	12,850,000	600,000
2. 사채	14,559,050	24,850,000	10,290,950
사채발행할인차금	(12,598)	(15,362)	(2,764)
3. 퇴직급여충당부채	5,319,847	5,986,982	667,135
퇴직보험예치금	(4,592,320)	(4,600,102)	(7,782)
국민연금전환금	(8,347)	(7,511)	836
4. 이연법인세부채	1,765,847	1,701,131	(64,716)
부채총계	49,521,448	51,795,110	
I. 자본금	3,000,000	5,000,000	2,000,000
II. 자본잉여금	5,000,000	21,995,000	16,995,000
III. 기타포괄손익누계액	1,688,514	422,687	
1. 매도가능증권평가이익	420,000	630,000	210,000
2. 지분법자본변동	1,268,514	(207,313)	(1,475,827)
IV. 이익잉여금	39,975,477	46,049,877	6,074,400
자본총계	49,663,991	73,467,564	
부채및자본총계	99,185,439	125,262,674	

2. 손익계산서

(1) 요약 손익계산서

계정과목	금액
매출액	197,877,165
매출원가	169,243,242
매출총이익	28,633,923
판매비와관리비	22,578,628
영업이익	6,055,295
영업외손익	4,693,962
법인세비용	2,974,857
당기순이익	7,774,400

(2) 매출원가와 판관비 내역

	매출원가	판매비와관리비	합계
감가상각비	315,985	96,606	412,591
퇴직급여	1,259,845	276,117	1,535,962
대손상각비	–	180,166	180,166
합계	1,575,830	552,889	2,128,719

(3) 영업외손익 내역

계정과목	영업외수익	영업외비용
이자수익	595,841	–
배당금수익	2,045	–
외화환산이익	138,378	–
유형자산처분이익	35,000	–
지분법이익	5,984,215	–
잡이익	153,841	–
매출채권처분손실	–	(51,254)
이자비용	–	(95,874)
외화환산손실	–	(35,984)
유형자산처분손실	–	(100,000)
지분법적용투자주식처분손실	–	(535,879)
기타	–	(1,396,367)
합계	6,909,320	(2,215,358)

(4) 이자손익

	이자수익	이자비용
사채발행할인차금	–	1,036
만기보유금융자산	2,000	–
기타	593,841	94,838
합계	595,841	95,874

(5) 외화환산손익

계정과목	외화환산이익	외화환산손실
현금	–	35,984
매입채무	72,504	–

계정과목	외화환산이익	외화환산손실
미지급금	65,874	–
합계	138,378	35,984

3. 추가자료

(1) 현금

• 정산표에 반영되지 아니하며, 전체 현금흐름 분석후 순증감액과 대사하는데 활용됨.

(2) 단기금융상품 증감내역

계정과목	기초	취득	처분	기말
단기금융상품	173,030	2,863,000	(2,916,030)	120,000

(3) 매출채권과 대손충당금

• 회계기간 중 매출채권과 대손충당금은 각각 150,000원씩 상계되어 제각됨.

• 회계기간 중 매출채권처분손실은 51,254원임.

• 회계기간 중 인식한 대손충당금은 180,166원임.

(4) 단기대여금 증감내역

계정과목	기초	대여	상환	기말
단기대여금	189,730	174,270	(189,730)	174,270

(5) 재고자산

• 회계기간 중 일부 장부에 누락된 재고자산(153,841원)을 발견하여 잡이익으로 처리함.

(6) 매도가능증권

• 회계기간 중 매도가능증권의 공정가치는 300,000원 증가함.

• 회계기간 중 적용된 법인세율은 30%이며, 매도가능증권에 대한 회계처리는 다음과 같음.

(차변) 매도가능증권   300,000   (대변) 이연법인세부채   90,000

                                                  매도가능증권평가이익   210,000

(7) 만기보유금융자산

• 회계기간 중 만기보유금융자산에 대한 상각을 통하여 2,000원의 이자수익을 인식함.

• 만기보유금융자산에 대한 회계기간 중 2,000원의 이자수익을 인식함.

(8) 보증금

• 보증금 증감내역(현금흐름은 투자활동으로 분류)

계정과목	기초	증가	감소	기말
보증금	2,408,765	560,921	(702,100)	2,267,586

(9) 지분법적용투자주식

• 지분법적용투자주식 변동내역은 다음과 같음.

계정과목	기초	지분법이익	취득	처분	배당	지분법자본변동	기말
지분법적용투자주식	44,868,570	5,984,215	50,000,000	(25,535,879)	(500,000)	(1,475,827)	73,341,079

• 지분법적용투자주식을 처분하는 과정에서 535,879원의 처분손실이 발생함.

• 처분가능성과 배당가능성 판단을 통하여 지분법적용투자주식에 대한 이연법인세는 인식하지 아니함.

(10) 유형자산

• 유형자산 변동내역

계정과목	기초	상각	처분	취득	대체	기말
토지	26,515,326	–	(5,000,000)	–	–	21,515,326
건물	8,186,684	–	(350,000)	600,000	1,037,685	9,474,369
감가상각누계액	(3,591,304)	(325,883)	185,000	–	–	(3,732,187)
기계장치	12,422,060	–	–	–	472,523	12,894,583
감가상각누계액	(10,733,359)	(86,708)	–	–	–	(10,820,067)
건설중인자산	820,152	–	–	1,348,021	(1,510,208)	657,965
합계	33,619,559	(412,591)	(5,165,000)	1,948,021	–	29,989,989

• 건물처분 회계처리는 다음과 같음.

(차변) 현금	200,000	(대변) 건물	350,000
감가상각누계액	185,000	유형자산처분이익	35,000

• 토지처분 시 100,000원의 처분손실이 발생함.

(11) 매입채무

• 매입채무에 대해 72,504원의 외화환산이익이 발생함.

(12) 미지급금과 미지급비용

• 전기에 계상된 미지급금 중 10,000,000원은 리스부채이며, 02년말 현재 잔존하고 있는 리스부채는 없음.

• 미지급금에 대해 65,874원의 외화환산이익이 발생함.

• 미지급비용의 증감내역은 다음과 같음.

	BS상 증감액	배당금 지급	미지급배당금	기타 증감액
미지급비용	345,863	(1,500,000)	1,700,000	145,863

(13) 차입금과 사채

• 회계기간 중 600,000원을 장기 차입함.

• 회계기간 중 10,290,950원의 사채를 발행하며, 3,800원의 사채발행비가 지출됨.

• 사채발행비가 3,800원 발행하였으며, 1,036원(이자비용)이 상각함.

(14) 퇴직급여충당부채의 증감내역

	확정급여채무	퇴직급여	지급액	기말
퇴직급여충당부채	5,319,847	1,535,962	(868,827)	5,986,982

(15) 유상증자

• 회계기간 중 2,000주(액면금액 : 1,000원)를 주당 9,500원에 발행함.

• 유상증자 과정 중에 5,000원의 주식발행비가 지급됨.

(16) 법인세

• 법인세비용의 구성내역   (단위:천원)

	금액
법인세부담액	3,000,141
이연법인세 변동	64,716
자본에 대한 법인세비용	(90,000)
손익계산서상 법인세비용	2,974,857

• 법인세 회계처리

(차변) 당기법인세부채   98,465   (대변) 현금   3,228,038
         법인세비용   3,129,573
         (*) 법인세부담액에 대한 회계처리

(차변) 이연법인세부채   64,716   (대변) 법인세비용   154,716
         매도가능증권평가이익   90,000
         (*) 이연법인세부채 인식 및 법인세 기간내 배분

(17) 자본변동표

	자본금	자본잉여금	매도가능증권평가이익	지분법자본변동	이익잉여금	합계
기초(02.1.1)	3,000,000	5,000,000	420,000	1,268,514	39,975,477	49,663,991
유상증자	2,000,000	17,000,000	–	–	–	19,000,000
주식발행비	–	(5,000)	–	–	–	(5,000)
매도가능증권 평가	–	–	210,000	–	–	210,000
지분법적용투자주식 평가	–	–	–	(1,475,827)	–	(1,475,827)
당기순이익	–	–	–	–	7,774,400	7,774,400
배당금의 결의	–	–	–	–	(1,700,000)	(1,700,000)
기말(02.12.31)	5,000,000	21,995,000	630,000	(207,313)	46,049,877	73,467,564

요구사항

02년 현금흐름표를 작성하시오.

■ 박 길 동

〈학력 및 자격증〉
* 서강대학교 경영학과
* 공인회계사, 세무사, 미국공인회계사

〈경력〉
* 전) 삼일회계법인
* 현) 우리회계법인

〈저서〉
* K-IFRS 연결회계 이론과 실무(2022)
* 경영권승계와 지배구조개선(2024)
* 일반기업회계기준 지분법과 연결회계(2023)

개정증보판　**현금흐름 분석과 현금흐름표 작성**

2019년 5월 16일　초판 발행
2024년 5월 14일　4판 발행

저　　　자　박　길　동
발　행　인　이　희　태
발　행　처　**삼일인포마인**
서울특별시 용산구 한강대로 273 용산빌딩 4층
등록번호 : 1995. 6. 26 제3-633호
전　　　화 : (02) 3489-3100
F A X : (02) 3489-3141
I S B N : 979-11-6784-273-2　93320

저자협의
인지생략

♣ 파본은 교환하여 드립니다.　　　　　　　　　**정가 33,000원**

삼일인포마인 발간책자는 정확하고 권위 있는 해설의 제공을 목적으로 하고 있습니다. 다만 그 완전성이 항상 보장되는 것은 아니고 또한 특정 사안에 대한 구체적인 의견제시가 아니므로, 적용결과에 대하여 당사가 책임지지 아니합니다. 따라서 실제 적용에 있어서는 충분히 검토하시고, 저자 또는 능력 있는 전문가와 상의하실 것을 권고합니다.